이 책에 쏟아진 찬사

★★★★★

우리는 모두 일터에서 온전한 정신을 유지하고, 충만한 노동 생활을 영위하고, 자기 경력을 성공으로 이끌기 위해 고민한다. 특히 카페인에 의존하며 항상 온라인에 연결된 삶을 사는 요즘 사람들에게 집중력을 유지하는 일은 예전보다 훨씬 더 어려워졌다. 이를 해결하기 위해서 네드 할로웰 박사는 이 책에 공감과 현실적인 조언을 가득 담았다. 집중력은 네드 할로웰 박사의 전문 분야이자 우리에게 가장 부족한 능력이다. 그는 흥미로운 스토리텔링과 사려 깊은 해결책으로 적게 일하면서도 더 많은 것을 성취하는 방법을 알려준다. 이 방법을 알게 되면 매 순간을 최대한 즐기면서 정신을 온전히 집중할 수 있다. 이 책은 현대 세계에서 살아남기 위해 꼭 필요한 생존 지침서다. 자, 머뭇거릴 필요 없다. 지금 당장 이 책을 읽어보자.

– 제프리 F. 레이포드, 하버드대학교 경영대학원 교수·전략 고문·투자가

기업들은 점점 더 품질, 속도, 그리고 집중력을 중요하게 여기고 있다. 오늘날 생산성을 극대화할 수 있는 최고의 도구를 찾아낸 기업만이 경쟁에서 우위를 점할 수 있다. 이 책에서 할로웰 박사가 제시한 방법들은 직장에서 집중력을 방해하는 다양한 문제를 효과적으로 해결하는 데 도움을 준다.

– 래리 웨버, 레이스포인트 글로벌 회장 겸 최고경영자·웨버샌드윅 설립자·베스트셀러 『소셜 웹 마케팅』 저자

지금까지 원하는 일에 집중할 시간이 없었거나 무엇을 원하는지조차 깊이 생각해볼 기회가 없었다면 이 책을 펼쳐보자. 할로웰 박사는 우리의 삶, 일, 그리고 타인과의 관계를 효과적으로 관리하는 방법에 관해 최신 연구를 바탕으로 현명하고 실질적인 해결책을 제시한다. 주변 환경을 우리를 방해하는 요소가 아닌 도움을 주는 요소로 바꾸는 요령도 상세히 안내한다. 자신의 상황에 가장 적합한 몇 가지 간단한 방법을 실천하기만 해도 당신의 삶 그리고 당신과 관계를 맺는 사람들의 삶이 극적으로 달라질 것이다.

– 댄 L. 먼로, 피바디 에섹스 뮤지엄 상임이사 겸 최고경영자

우리는 종종 작고 사소한 일에 압도되거나, 꾸준히 집중하지 못하거나, 인터넷에 계속 연결된 채로 인간관계를 소홀히 한다. 그러면서 왜 생산성을 발휘하지 못하는지 의아해한다. 이 책은 이러한 문제들에 대한 명쾌한 설명과 실질적인 해결책을 제공한다. 그래서 누구에게나 꼭 필요한 필독서다. 할로웰 박사는 복잡한 문제를 누

구나 이해할 수 있는 쉬운 언어로 풀어낸다. 이 책은 당신의 인생을 완전히 바꿔놓을 것이다.

– 마리 브레너, 『사과와 오렌지』 저자 · 「배너티 페어」 기자

할로웰 박사는 흥미로운 이야기, 도발적인 이론, 그리고 의사로서 수십 년간 쌓아온 경험을 바탕으로 집중력 분산과 업무 과부하 문제를 해결할 수 있는 실용적인 방법을 제시한다. 집중력 부족과 업무 과부하는 현대인의 일상에서 흔히 마주치는 문제다. 이 책을 통해 당신은 무심코 놓쳤던 집중력을 되찾고 더 나은 일상을 만들어 갈 수 있을 것이다.

– 수지 웰치, 『10-10-10, 인생이 달라지는 선택의 법칙』 저자

오늘날 세상은 우리 모두의 집중력을 끊임없이 방해하고 있다. 이를 해결하기 위한 할로웰 박사의 처방을 잘 따르면 인간의 생각하는 능력과 발전하는 능력을 유지할 수 있으며 기술도 효과적으로 활용할 수 있다. 이 책의 독자는 독창적으로 생각하고 문제를 해결할 수 있으며 끊임없이 변화하는 환경도 효과적으로 관리할 수 있다. 할로웰 박사는 현대사회에서 장기적이고 전략적인 우위를 확보할 수 있는 생산성에 관해 명확하게 설명하고 있다.

– 팀 암스트롱, AOL 회장 겸 최고경영자

일터에서 완벽하게 집중해 생산성을 높이는 것이 가능할까? 에드워드 할로웰은 이 획기적인 책을 통해 최고가 되려는 노력을 가로막

는 내면의 장애물을 극복하는 실질적인 방법을 제시한다.
– 존 보웬, CEG 월드와이드 설립자 겸 최고경영자

할로웰 박사는 수십 년간 최고의 '집중력 전문가'로 활동해왔다. 그는 이 획기적인 책에서 일터에서의 집중력 분산이라는 우리 시대의 중요한 문제에 관해 다룬다. 생생하고 흥미로운 이야기로 현대사회의 심각한 딜레마를 설명하며 매우 현실적이고 실행할 수 있는 해결책을 제시한다. 이 책은 인생과 일의 판도를 바꿔놓을 것이다.
– 스티븐 코틀러,『슈퍼맨의 성공』저자

주변 상황에 압도당하거나 마음이 조급하고 주의가 산만하다고 느낀 적이 있는가? 점점 안달이 나고 불만족스럽거나 좌절감과 함께 화가 치밀어 오른다면 이 책을 펼쳐보라. 할로웰 박사는 일터에서 집중력을 유지하며 생산성을 높일 수 있는 검증된 계획을 제시한다. 이 책에는 혼란 속에서도 집중력을 되찾아 목표를 달성하기 위해 활용할 수 있는 다양한 기술, 정보, 그리고 비법이 담겨 있다. 만약 자신의 집중력을 되찾고 싶고 더 건강하고 행복한 삶을 추구하고 싶다면 이 책이 그 해답을 제시해줄 것이다.
– 조 폴리시, 지니어스 네트워크 설립자

주의력과 집중 문제 분야의 세계적인 전문가가 주의력 결핍 성향과 관련해 우리가 알아야 할 모든 것을 알려준다. 정보와 기술의 과부하로 인해 집중력을 잃고 생산성이 저하되는 현상은 오늘날 모든

비즈니스맨과 기업이 직면한 공통된 문제다. 직원의 행복과 회사의 생산성을 걱정하는 경영진이라면 직원들이 화면 앞에서 벗어나 이 책을 읽을 수 있도록 독려해야 한다.

– 린다 고스덴 로빈슨, 글로벌 마케팅·커뮤니케이션 전문가

에드워드 할로웰이 쓴 책들은 모두 세상의 판도를 바꾸는 데 큰 영향을 미쳤다. 그중에서도 이 책은 최고의 자리를 차지할 만하다. 그는 기존 관점에서 벗어나 일터에서 집중을 방해하는 요인들과 효과적으로 싸울 수 있는 혁신적인 방법을 제시한다. 성공의 비결은 산만해지기 쉬운 사람들에게 집중할 수 있는 환경을 제공하고 모든 상황에서 최선의 결과를 이끌어낼 수 있는 체계적이고 일상적인 프로세스를 구축하는 데 있다.

– 댄 설리번, 스트래티직 코치 설립자 겸 대표

수백만 명의 독자가 중요한 문제를 해결하기 위해 '집중력 의사' 할로웰 박사에게 의지하고 있다. 그는 "시간을 들여 천천히 일을 진행하지 않으면 결국 시간의 노예가 되어버린다."라고 말한다. 그는 현대인들과 관련된 다양한 일화와 유머를 통해 독자들에게 재미를 선사할 뿐만 아니라 일터에서 최선을 다할 수 있는 실질적인 해결책도 제시한다.

– 린다 스톤, 마이크로소프트 전 부사장

직장인들을 위한
집중력
수업

직장인들을 위한
집중력 수업

하버드 의대 교수로 21년 재직

주의력 결핍 치료 세계적 권위자 할로웰 교수의 집중력 특강

에드워드 할로웰 지음 정태희 옮김

다시 우리는 주의 집중력 훈련을 해야 한다

왜 직장에 출근만 하면 집중력이 흐트러지는가

당신도 문제라는 것을 잘 알고 있다. 집중을 방해하는 것들이 너무 많고 끊임없이 나타난다. 여기저기서 쉬지 않고 울려 퍼지는 알림음, 사방에 가득한 '화면에 빨려 들어간' 사람들, 회의 중 테이블 아래에서 몰래 문자 메시지 보내기, 정신 회로의 과부하, 동시에 너무 많은 일을 제시간에 처리하려고 애쓰면서 느끼는 좌절감. 현대 직장인들이 일하는 환경이 대부분 이렇다. 당신을 주의산만으로 이끄는 것이 직장 자체든 수많은 요구 사항이든 최종적인 결과는 똑같다. 직장에서 그 무엇에도 집중할 수 없어서 당신의 업무 성과와 행복감도 타격을 받는다.

앤 크리텐든Ann Crittenden은 브리짓 슐트Brigid Schulte의 저서 『타임 푸어: 항상 시간에 쫓기는 현대인을 위한 일, 가사, 휴식 균형 잡기』를 읽고 『뉴욕타임스』에 쓴 평론에서 현대인 사이에 널리 퍼진 절망감을 다루었다. 그녀는 그 책이 제시하는 해결책이 "좋은 제안"이라고 인정하면서도 암울한 체념을 드러낸다. "모든 자기계발서의 조언과 마찬가지로 대다수 미국인의 정서적 건강에 무관심하고 심지어 적대적이기까지 한, 이제는 견고해져 버린 힘에 맞서기에는 턱없이 역부족이다. 가위를 들고 미 해군 특공대인 네이비 실SEAL의 최정예팀SEAL Team Six과 싸우는 것과 마찬가지이다."

이 책은 다른 관점을 제시한다. 나는 우리가 이전에는 볼 수 없었던 힘과 싸우고 있다는 사실에 - 현대 직장에 주의를 산만하게 하는 것들이 그 어느 때보다 많이 널려 있다는 것도 - 전적으로 동의한다. 하지만 누구라도 방해와 과부하를 조절하는 법을 배울 수 있고 그 과정에서 행복, 건강, 생산성이 커질 수 있다는 것도 잘 알고 있다. 크리텐든과 슐트 그리고 수많은 평론가가 상세하게 보여주었듯 오늘날 우리가 잘 정돈된 건강한 삶을 살아가지 못하게 방해하는 거대한 힘은 눈에 보이지 않는 어딜 가나 펜치처럼 우리를 꽉 붙잡고 놓아주지 않는다. 그 힘은 절대로 약해지지 않을 것이다. 오히려 방해물의 숫자는 앞으로 기하급수적으로 증가할 것이다.

일반적인 조언들이 - 시간과 할 일 목록을 효율적으로 관리하고 멀티태스킹을 잘하고 체계적으로 정리를 잘하는 방법 등 - 효과 없는 이유도 그 때문이다. 효과 있을 수가 없다. 우리는 주의 집중력을 다시 훈련해야 한다. 주의산만의 근본적인 문제점 - 직장에서 더 커지고 통제하기가 어려워진다 - 은 통제 범위 내에 있음을 알아야 한다. 환경을 통제할 수 없더라도 우리가 일반적으로 시간과 주의를 통제하기 위해 사용하는 혼란스러운 방법 대신 계획, 준비, 기술을 이용해서 더 생산적인 정신 집중 상태에 도달하는 방법을 배울 수 있다.

그것이 불가능하다고 생각하기 전에 팀 암스트롱Tim Armstrong을 한번 보자. 그는 적자 상태의 기업을 흑자로 돌리는 임무를 맡은 AOL의 CEO다. 그는 '나노 사고 질환nano-thinking disease'을 무찌르기 위해 그가 '10% 생각 시간'이라고 이름 붙인 정책을 테스트하는 중이다. 이것은 모든 경영진이 일주일에 최소 4시간 이상 이제는 필요 없어진 '생각' 활동에 의무적으로 참여해야 한다는 내용이다. 암스트롱은 나에게 말했다. "이 정책은 저도 그렇고 AOL에 결정적인 변화를 가져오고 있습니다. 생각의 중요성을 진지하게 받아들이는 기업은 향후 전략적으로 중요한 이점을 갖추게 될 것입니다."

현대인의 문제점, 즉 혼잡한 러시아워가 24시간 반복되는 듯한 지속적인 정신적 교통체증 – 또는 정체 상태 – 은 우리가 거둔 놀라운 성공이자 이 시대를 규정하는 놀라운 발명품에서 비롯됐다. 오늘날 우리는 노동력을 절약하기 위해 발명한 장치가 일으킨 예기치 않은 폭발 상태 속에서 살아가고 있다. 하지만 암스트롱을 비롯해 전 세계의 깨어 있는 기업인들이 깨닫고 있다. 우리는 우리가 만든 것을 관리하는 법을 배울 수 있다. 내어준 통제권을 되찾는 방법을 배우면 주의 집중력을 제대로 관리하고 방해물에 굴복하지 않을 수 있다.

이 책은 직장에서 집중하고 생산성을 높이는 방법을 알려줄 것이다. 1부에서는 직장에서 주의 집중력이 어떤 식으로 흐트러지는지 가장 흔한 6개 유형을 다루고 각각의 상황을 다루는 해결책을 제공한다. 2부에서는 장기적으로 집중력을 관리하고 훈련하여 어떤 방해물이 나타나더라도 대처할 수 있도록 해주는 전반적인 계획을 제시한다.

그전에 내가 어째서 현대인의 주의력 결핍 문제를 해결하는 방법을 알려줄 수 있는 적임자인지부터 알려주겠다.

뇌는 머릿속 소음이 가득하면 주의를 기울이지 못한다

나는 집중력을 전문적으로 다루는 의사다. 이 글을 쓰는 현재 64세의 의학박사$_{MD}$로 경력 내내 주의력과 생산성을 연구했다. 나는 1994년에 현대의 직장에서 주의력 결핍 성향$_{ADT, attention deficit trait}$이 점점 더 흔해지는 문제를 발견했다. 주의력 결핍 성향은 현대 직장인들의 문제를 설명하기 위해 내가 만든 용어이다.

남녀 할 것 없이 많은 사람이 자기가 어떤 형태로든 주의력결핍장애나 주의력결핍과잉행동장애$_{ADHD}$가 있는지 알아보려고 주의력결핍장애$_{ADD}$ 전문가인 나를 찾아온다. 그들이 나를 찾아오는 이유는 집중하는 능력을 잃었기 때문이다. 그들은 항상 서두르고 물살을 거슬러 올라가려다 튕겨 나가는 배처럼 이 일과 저 일 사이를 왔다 갔다 한다. 남보다 앞서가려고 노력하는데도 오히려 뒤처지는 것 같아서 걱정한다. 멀티태스킹, 여러 프로젝트를 왔다 갔다 하면서 처리하기, 통화면서 이메일 보내기, 회의와 회의 사이를 정신없이 오가기, 테이블 아래에서 몰래 문자 보내기, 약속 장소에 제시간에 도착하려고 혼비백산하면서 마지막 전화 한 통 더 걸기, 평온함은커녕 목표를 하나도 달성하지 못하거나 최선을 다하지 못했다는 좌절감으로 하루를 마무리하기. 이런 사람들은 주의력결핍장애가 있는 것처럼 보이지만 실제로는 아닌 경우가 대부분이다.

그런데 그들 중 대부분이 현대인의 생활에서 나타나는 심각한 증상을 겪고 있다. 나는 바로 그것을 주의력 결핍 성향이라고 부르게 됐다. 주의력 결핍 성향은 유전이 원인인 주의력결핍장애나 주의력결핍과잉행동장애와 달리 맥락에 따라 발생한다. 다시 말하자면 주의력 결핍 성향ADT은 있다가도 없을 수 있다. 주중에는 있다가 주말이나 휴가에는 없을 수도 있고 특정한 업무 환경에 놓여 있을 때나 어떤 사람들과 접촉할 때는 있지만 다른 사람들과 있을 때는 없을 수도 있다. 주의력 결핍 성향은 스트레스에 대처하기 위해 만들어지는 것이다. 그 증상은 단기적으로 실질적인 도움이 되므로 계속 '들러붙어' 삶에 여유가 생기고 스트레스가 줄어들어도 확고한 습관으로 굳어질 수 있다.

나는 주의력 결핍 성향 사례를 더 많이 접하게 되면서 『하버드 비즈니스 리뷰』에 이 문제를 다룬 「회로의 과부하: 똑똑한 사람의 성과가 저조한 이유」라는 글을 실었다. 뒤이어 펴낸 저서 『크레이지비지CrazyBusy: Overstretched, Overbooked, and About to Snap!』에서도 다루었듯이 주의력 결핍 성향은 바이러스처럼 외부에서 생기고 감각과 뇌를 통해 삶에 침투한다. 끊임없는 요구, 유혹, 기회에 의해 발생해 주의 집중력을 강탈하고 머릿속을 불협화음으로 가득 채운다. 뇌는 머릿속에 소음—시냅스가 경련하듯 연결되지만 아무런 의미도 전달하지 않음—이 가득하면 그 무엇에든 완전하고 신중하게 주의를 기울이는 능력을 잃는다.

주의력 결핍 성향 증상은 서서히 인간을 장악한다. 그때까지 당사자는 단 한 번의 위기도 경험하지 않는다. 그렇기에 주의력 결핍 성향이 "상사가 폭발한 날부터 시작됐다."라거나 "합병 당일부터

시작됐다." "아이폰을 산 날부터 시작됐다."라고 말하는 사람은 없
다. 주의력 결핍 성향은 치매와 비슷하지만 훨씬 미묘하고 은밀하
게 시작한다. 일반적인 직장인이라면 사소하게 짜증이 나고 기억
력이 떨어지거나 근무 시간이 점점 예측할 수 없고 너무나 길게만
느껴지고 날이 갈수록 업무의 흐름을 따라잡기가 버거워진다. 상
황이 얼마나 크게 변화하는지 알아차리지 못한 채 늘 하던 일을 계
속한다. 일을 계속하고 맡은 책임도 다한다. 그저 "참고 견디고" 업
무가 도저히 맞서 싸울 수 없는 괴물처럼 변해버려도 불평하지 않
는다.

　암울한 예를 들어보겠다. 삶은 개구리 이야기를 떠올려보자. 개
구리를 끓는 물에 넣으면 빠져나오려고 미친 듯 뛰어오를 것이다.
하지만 찬물이 든 냄비에 넣고 서서히 물을 끓이면 개구리는 삶아
지는 신세를 면치 못한다. 현대인은 인터넷의 보급, 보조 인력의
감소, 인적 비용과 상관없이 효율성과 생산성만 신경 쓰는 기업으
로 서서히 물에 삶아지는 개구리가 됐다.

현대 직장인들에게 주의력 결핍 성향 전염병이 퍼지고 있다

　나는 현대인에게 주의력 결핍 성향ADT이라는 전염병이 퍼지는 모
습을 관찰할 수 있는 좋은 위치에 있었다. 주의 집중력이 마치 펄
펄 끓는 물에서 나오는 수증기처럼 증발해버리고 사람들이 제아무
리 명석한 두뇌라도 절대로 처리할 수 없는 방대한 데이터를 처리
하려고 발버둥 치는 모습이 보였다. 현대의 생활 방식이 주의력 결

핍 성향$_{ADT}$을 일으킨다. 아침에 일어났을 때는 그렇지 않았는데 오전 10시만 되어도 많은 증상이 나타나 다음과 같은 일이 발생한다.

- 산만함이 커지고 전혀 그럴 필요가 없는데도 급하거나 서두르는 듯한 느낌이 계속 든다. 여기에 더해서 삶의 깊이가 없어졌다는 느낌도 심해진다. 할 일은 많지만 생각이나 느낌의 깊이가 없다.
- 생각, 대화, 이미지, 문단, 다이어그램, 노을이 지는 풍경 등 그 무엇에도 오래 완전히 집중하지 못한다. 아무리 애를 써도 마찬가지이다.
- 조급함, 지루함, 불만, 불안, 짜증, 좌절 또는 통제 불능이 커지고 공황발작에 가까운 상태가 될 때도 있다.
- 업무에서 업무로, 아이디어에서 아이디어로, 심지어 장소에서 장소로 정신없이 왔다 갔다 한다.
- 되돌아보거나 다시 생각할 시간을 가지기보다는 충동적으로 결정하는 경향이 있다.
- 마치 사치라도 되듯 생각 자체를 아예 하지 않으려는 경향이 심해진다.
- 어려운 일이나 대화를 미루고 하루 동안 너무 많은 일을 하면서 바쁘지만 무의미하게 움직이는 경향이 있다.
- 별것 아닌데도 압도되는 느낌을 받는다.
- 일을 완전히 끝내지 못한 것에 죄책감을 느끼면서도 애초에 그 일이 주어진 것에 불만을 느낀다.
- 즐거운 순간과 진정한 성취감을 온전히 즐기지 못한다.

- 직장에서나 연애에서나 "정말 열심히 노력하는데 원하는 목표에 닿지 못하는" 느낌이 자주 든다.
- 자신의 삶에 대한 통제력을 잃은 듯하고 "내가 놓치고 있는 게 뭐지?"라는 생각이 떠나지 않아서 신경에 거슬린다.
- "정말 중요한 일들에는 나중에 시간을 낼 거야. 지금은 시간이 없어."라는 생각을 계속한다.
- 이메일 확인, 아이폰 통화, 문자 전송 또는 수신, 무작위 구글 검색, 좋아하는 웹사이트 방문, 게임 등 '클릭'에 대한 욕구가 커져서 강박에 가까워지고 인터넷을 쓰지 못할 때는 거의 중독자처럼 괴로워진다.
- 너무 많은 일을 맡고 사람들의 요청을 들어주고 거절을 어려워해서 방해물이 너무 많이 생긴다.

이러한 감정과 성향의 대부분 또는 전부에 해당한다면 현대의 생활방식에 따라 살아가는 현대인이라는 뜻이다. 주의력 결핍 성향ADT는 어디에나 특히 직장에서 쉽게 찾아볼 수 있다.

주의력 결핍 성향ADT의 해로운 영향에 대해 살펴보자. 다른 사람들에게 평소와 다르게 반응하게 된다. 동료나 친구가 하는 긴 이야기를 듣는 척하면서 재미있지만 마음은 딴 곳에 가 있었던 적이 얼마나 많은가? 중요한 문제를 설명하려는 사람에게 무례하게 반응한 적도 있을 것이다. "결론만 말하세요."나 "엘리베이터 스피치로 하세요."라고 말하지는 않는가?

너무 빠른 속도는 우리가 새롭거나 색다른 것을 흡수하지 못하게 만든다. 평소와 다르게 생각하도록 도와주는 새로운 정보를 찾아보는 대신 익숙한 것들로 이루어진 한입 크기의 편리하고 똑같은 덩어리, 즉 상투적인 반응을 촉발하는 고정관념, 슬로건, 유행어로만 생각하게 된다. 그것들이 사전에 만들어진 뻔한 믿음, 이해, 신념을 만든다.

현대 직장인들은 집중력 저하와 함께 생산성도 잃었다

주의력 결핍 성향 문제가 만연하고 심각해지면서 조직은 해마다 수천억 달러의 피해를 보고 개인은 삶의 환희 또는 온전한 정신을 대가로 치르고 있다. 주의 집중력을 잃었을 때 치러야 하는 가장 큰 대가는 업무 생산성이다. 화면 중독, 온라인이나 화면에서 낭비되는 시간, 기타 방해물로 인한 직장 내 생산성 손실 추정치는 매우 다양하지만 하나같이 엄청나게 큰 수치라는 점은 똑같다. 2006년 『Inc.』지에 게재된 연구에 따르면 미국에서는 화면 중독으로 매년 2,820억 달러의 손실이 발생하는 것으로 추정된다(이 수치를 내놓은 연구에서는 직장인이 직장에서 보내는 8시간 중 약 2시간을 낭비하고 그중 52%는 '인터넷 서핑'에 사용되는 것으로 나타났다. 낭비된 시간의 총비용은 5,440억 달러였고 그중 52%는 2,820억 달러에 해당한다).

정보 과부하 문제를 다루는 단체가 실제로 존재한다. 실무자, 연구원, 컨설턴트 및 기타 전문가로 구성된 정보 과부하 연구 그룹 Information Overload Research Group, IORG, IORGforum.org이라는 비영리 단체이다. 이 단체의 웹사이트에 따르면 정보 과부하는 정보 분야 근로자의 시간 중 25%를 낭비하고 미국 경제에만 연간 9,700억 달러의 손실을 준다. 비록 이 추정치는 출처마다 크게 다르지만 이것만은 확실하다. 실제 정확한 수치는 매우 방대할 것이며 시간과 비용의 낭비는 대부분 미리 막을 수 있다.

'멀티태스킹'이라는 악마도 은밀하게 수백만 명을 유혹해 생산성을 떨어뜨린다. 대부분 사람은 한 번에 두 가지 일을 하면 일을 더 많이 할 수 있다고 믿는다. 하지만 실제로 멀티태스킹은 한 작업에서 다른 작업으로 빠르게 주의를 전환하는 것에 불과하며 오히려 정확성을 떨어뜨리고 오류를 증가시키며 작업의 질을 떨어뜨린다. 이미 1995년에 인지 심리학자 로버트 로저스_{Robert Rogers}와 스티븐 몬셀_{Stephen Monsell}의 연구로 증명된 사실이다.

물론 주의력 결핍 성향_{ADT} 때문에 치러야 하는 대가는 생산성의 저하보다 훨씬 더 심각하다. 주의력 결핍 성향_{ADT}이 수술실에서 어떤 모습일지 생각해 보자. 최근 외과의사 교육을 담당하는 의사로부터 이메일을 받았다.

저는 레지던트 프로그램 책임자로 비뇨기과와 이식 외과 의사들을 관리하고 그들의 근무 시간(수술실 안팎에서 모두)에 올바른 의사결정이 내려질 수 있는 환경을 만들어주고자 노력하고 있습니다. 주의력 결핍 성향_{ADT}과 뇌의 '생존 모드'에 대한 박사님의 설명이 수술과 일상적인 의료 행위에 따른 의사결정에도 적용되는 것 같다는 생각이 들었습니다. 제 경험상 수술실의 외과 의사들은 수술 도중 일반적으로 다수의 인풋(무선 호출기, 전화, 간호사들, 마취, 긴 수술 일정의 지연으로 인한 압박 등)을 처리하며 집중이 흐트러지는 상황을 많이 마주하는 것 같습니다. '만성 주의력 결핍 성향_{ADT}'이 발생할 수밖에 없는 환경 같아요. 특히 수술 과정이 계획대로 진행되지 않거나 예상치 못한 일이 생기거나 실행적 인지 기능, 창의성, 맑은 머리가 필요한 상황에서 특히 문제가 됩니다. 모두가 수술하는 동안 수술실을 안전한 공간으로 만드는 데는 온갖 주의를 기울이면서 정작 환자와 수술에 별로 주의를 기울이지 않는다는 것은 참 재미있는 일이라는 것을 발견했습니다.

호세 오르테가 이 가세트José Ortega y Gasset는 지금과 완전히 달랐던 시대에 이렇게 적었다. "모든 운명은 가장 심오한 면에서 보면 비극이다. 우리 시대의 위험이 손바닥에서 박동하는 것을 느끼지 못한 사람은 운명의 핵심을 꿰뚫지 못하고 그저 표면을 찔렀을 뿐이다." 우리 시대의 표면은 오르테가가 글을 쓴 1930년보다 훨씬 광활해졌고 도저히 피할 수 없게 됐다. 이제는 모든 사람이 삶의 핵심을 완전히 놓치고 표면만 찌를 위험이 훨씬 커졌다.

현대인은 별로 중요하지 않은 일에 깊이 몰두하고 유혹당하고 수많은 다급한 일로 바쁘게 움직이느라 정작 중요한 일과 목표를 간과하고 망치고 있다.

주의산만은 최고의 능력 발휘를 가로막는 장애물이다

나는 의과대학 시절이나 레지던트 시절에 계획한 것은 아니지만 지난 30여 년 동안 집중력과 주의력을 전문 분야로 삼게 됐다. 지금은 큰 주목을 받고 있지만 당시만 해도 그런 전공 분야가 없었다. 아마존에서 '집중력'이라는 단어를 검색하면 2013년 출간된 다니엘 골먼의 책『포커스』를 포함해 46만 3,374권이 뜬다.『포커스』는 목표 달성에 집중력이 중요한 이유를 잘 설명해주지만 직장에서 어떤 식으로 집중력이 떨어지는지 살펴보거나 주의력을 훈련하고 통제력을 되찾는 실용적인 해결책을 제공하지는 않는다.

대부분 사람은 집중력 부족을 문제의 원인으로 보지 않고 그 가능성조차 의심하지도 않는다. 나를 찾아오는 사람들도 대부분 단순히 더 행복하거나 더 성공하지 못한 것에 대해 자신을 책망할 뿐이다. 변명하지도 않고 시스템이나 까다로운 상사를 탓하지도 않는다. "제가 타고나기를 성취 능력이 부족해서 그런 것 같아요." "저에겐 원하는 목표를 이룰 능력이 없는 것 같아요."라는 식으로 결론을 내린다. 자신의 직업, 인간관계, 가족에 대해 걱정하지만 마주한 문제에 대해서는 오직 자신을 탓할 뿐이다.

그들이 느끼는 고통은 겉으로 털어놓는 것보다 훨씬 크다. 자신의 문제가 집중력 저하 때문이라는 사실을 알아차려도 무조건 강하게 밀고 나가는 식으로 문제를 해결하려고 한다. 하지만 그것은 눈을 힘껏 가늘게 떠서 근시를 치료하려는 것이나 마찬가지이다. 아이러니하게도 열심히 노력할수록 오히려 실패할 가능성이 커지게 되고 결국은 자신에 대한 원망만 심해지고 문제가 악화된다. 해결책은 더 열심히가 아니라 더 똑똑하게 일하는 것이다.

이 책은 더 열심히가 아니라 더 똑똑하게 일하는 방법을 가르쳐줄 것이다. 첫째, 직장인의 주의력을 산만하게 하는 대표적인 요인, 즉 가장 흔한 주의력 결핍 성향ADT 패턴 6가지를 알고 다뤄야 한다. 둘째, 장기적으로 주의 집중력을 관리하는 새로운 기술을 배워 최고의 능력 발휘를 가로막는 어떤 방해물이든 이겨낼 수 있는 도구를 갖춘다.

주의력 결핍 성향에는 6가지 유형이 있다

정보의 홍수가 일어나기 전인 10년, 15년, 20년 전과 같은 수준의 집중력으로 일할 수 있다고 생각해보자. 당신을 흔들어놓고 주의를 산만하게 만드는 온갖 방해물과 갑작스러운 변화의 쓰나미를 물리칠 수 있다고 해보자. 정신과 업무 환경을 통제하고 초집중력을 발휘해 항상 최고 수준의 결과물을 내놓을 수 있다면? 프로젝트를 빨리 진행하고 싶은 마음과 잘해낼 수 있다는 확신으로 출근할 수 있다면? 매일의 혼돈, 좌절, 두려움, 실망에서 벗어날 수 있다면? 예측할 수 없는 세상에 속수무책으로 휘둘리는 것이 아니라 자신의 생각과 감정에 대한 통제권을 되찾고 계속 한계를 밀어붙여 수준을 높이고 자신감 있게 새로운 영역을 개척하고 스스로 인생의 운전대를 잡은 느낌으로 살아갈 수 있다면? 그렇게 되도록 이 책이 도와줄 수 있다.

1부에서는 완전히 진행된 주의력결핍과잉행동장애ADHD 사례 하나를 포함해 직장인의 집중력을 떨어뜨리는 가장 흔한 주의력 결핍 성향ADT 유형 6가지로 시작한다. 각각의 증후군이 어떻게 나타나는지 알려주고 실용적인 도구와 조언을 제공한다. 사례 등장 인물들은 내가 30년 넘게 정신과 의사로 일하면서 실제로 만난 사람들의 사례를 합쳐서 만든 가공의 존재다. 그들은 우리와 마찬가지로 압박감이 심한 삶을 살고 있다. 직장과 가정을 지키고 생계를 유지하고 아이들을 키우는 등 그리스인 조르바가 "완벽한 재앙"이라고 표현한 모든 것을 해내기 위해 꼭 필요한 일을 하면서 살아간다.

다음은 1장부터 6장까지 차례로 다룰 6가지 유형을 간략하게 요약한 내용이다.

전자기기 화면에 빨려들어가고 있다: 전자기기는 제대로 사용하면 엄청난 도움이 된다. 하지만 전자 화면에 초집중하면 황홀감을 느끼고 그러지 않을 때는 상실감을 느끼는 새로운 유형의 중독을 퍼뜨렸다. 이 장에서는 화면 중독으로 인해 창의적으로 사고하고 다른 사람들과 교감하는 능력을 잃은 금융 분석가 레스를 만난다. 과거로 거슬러 올라가는 깊은 무력감과 통제력의 상실이 그의 중독 원인이다.

멀티태스킹은 불가능한 환상일 뿐이다: 할 일이 너무 많아서 시간이 부족할 때 거절하는 방법. 이 장에서는 압도적인 업무량을 처리하기 위해 온갖 방법을 동원해가며 발버둥 치는 변호사 진을 만난다. 진 같은 이들은 매일 쏟아지는 살인적인 업무 공격 속에서 겉으로는 용맹하게 모든 것을 통제하는 척한다. 하지만 점점 서두르고 퉁명스럽고 독단적이고 집중하지 못하는 모습으로 변해간다. 진의 문제는 모든 일을 완벽하게 해내는 '착한' 아이가 돼야만 한다는 어렸을 적의 생각 때문에 악화되고 있다. 하지만 실제로 그녀에게 완벽을 요구하는 사람은 하나도 없다. 자기 자신과 삶에 만족하는 가장 좋은 방법이라고 생각해서 스스로에게 지운 짐이었다.

아이디어 호핑만 하고 끝내지 못한다: 시작한 일을 끝내는 방법. 동요에 나오는 신발 속에 사는 할머니는 아이들이 너무 많아

어쩔 줄 몰라서 쩔쩔맨다. 이 장에서 만나게 될 애슐리가 그렇다. 창의성과 기업가정신이 뛰어난 이들 중에는 아이디어는 넘치지만 제대로 개발할 만큼 오래 집중하지 못하는 경우가 있다. 애슐리는 어렸을 때 욕심 많은 엄마가 자신의 성취를 비웃은 기억이 있다. 그래서 성공에는 위험과 거절이 따른다고 믿게 됐고 이 점이 문제를 악화시켰다.

걱정 중독에 사로잡혀 헤어 나올 수 없다: 해로운 걱정을 문제 해결로 바꾸는 방법. 많은 사람이 불안감 때문에 정작 중요한 일이 아닌 엉뚱한 일에 집중하느라 많은 시간을 낭비한다. 이 장에서는 경제적으로는 성공했지만 끊임없는 걱정에 시달리는 기업 임원 잭을 만난다. 어린 시절의 불안과 두려움의 패턴이 어른이 된 후에도 이어져서 건강을 해쳤다. 또 불안은 경력을 최대한 활용하지 못하게 했으며 가족과 좋은 관계를 맺지 못하게 했다.

영웅 역할을 떠맡느라 자신을 내팽개친다: 모든 사람의 문제를 해결해주려고 하지 않는 방법. 자신보다 타인을 우선시해서 자신을 망치는 사람들이 많듯이 메리도 조직의 궂은일을 도맡으려는 경향이 있다. 브리티시컬럼비아대학교의 고 피터 프로스트 Peter Frost 교수는 자신을 희생해 조직을 하나로 뭉치게 만드는 사람들을 영웅적인 독성 처리인toxic handler이라고 표현했다. 메리는 어린 시절 나르시시스트 폭군 아버지로부터 가족들을 지키기 위해 그 역할을 학습했다.

자기 자신을 자책하며 스스로 자멸한다: 낮은 성과에서 벗어나는 방법. 주의력 결핍 성향$_{ADT}$이 아니라 진단되지 않은 주의력 결핍과잉행동장애$_{ADHD}$ 때문에 정리 정돈을 못 해서 낮은 성과를 내는 사람들도 있다. 샤론과 마찬가지로 그들은 외적인 혼란과 업무 환경의 잡동사니 때문에 집중력이 흐트러진다. 이것저것 쌓인 물건들, 흩어져 있는 종이 및 서류 목록, 일지, 메모, 기타 서신, 각종 수집품 등. 집과 일터에서 나날이 늘어나는 물건들이다. 샤론의 문제는 어렸을 때 자신을 심하게 비판하고 자신이 좋아하고 잘하는 일을 찾기보다 못하는 일을 잘 해내야만 한다는 의무감을 느끼면서 자책하는 습관이 생기는 바람에 악화됐다.

각 장에서는 일반적이고 실용적인 팁과 함께 개인의 심리에 뿌리를 둔 조언을 함께 제공한다. 각각의 혼란스러운 상황을 나열하는 데서 그치지 않고 관련된 감정에도 초점을 맞출 것이다. 그리고 각 증후군을 물리치는 데 사용할 수 있는 팁과 요점을 한꺼번에 정리해서 제시한다.

집중력을 훈련하고 통제력을 회복하자

2부에서는 일반적으로 집중력을 관리하는 기본 계획을 구성하는 요소들을 알려준다. 집중이 흐트러질 때마다 다시 집중하고 목표를 달성하는 데 도움이 되는 습관을 기르는 기술도 함께 알려줄 것이다. 사례와 구체적인 팁도 나온다. 집중력을 관리하는 기본 계획은 다음의 요소들로 구성된다.

에너지. 우리의 뇌는 충분한 에너지가 없으면 집중할 수 없다. 에너지 공급이 부족하면 집중력이 약해지기 시작한다. 뇌의 에너지 공급을 모니터링하는 것은 자동차 연료 탱크에 기름을 가득 채우는 것만큼이나 기본적이고 필수적인 일이다. 사람들은 대부분 에너지가 무한하게 공급되기라도 하는 것처럼 그 기본적인 일을 무시하거나 당연시한다. 에너지가 어떻게 소비되는지 주의 깊게 모니터링하지 않아 사소한 과제에 많은 에너지를 낭비한다. 하지만 에너지를 현명하게 투자하고 항상 에너지 탱크가 가득 차 있도록 하면 긍정적인 감정을 느낄 수 있다.

감정. 감정은 학습과 최고 수행 능력의 스위치와도 같다. 무시되거나 당연시될 때가 많지만 감정 상태는 집중력의 질을 높여준다. 결과의 질도 높아질 수밖에 없다. 두려움이 이끄는 신뢰도 낮은 조직에서 일한다면 성과가 낮아진다. 이것은 신경학적으로도 사실이다. 하지만 상호 신뢰도가 높고 두려움이 적은 환경에서 일하면 최대한의 능력을 발휘할 수 있다. 자기 자신, 개인의 심리, 감정의 핵심 사안을 잘 이해할수록 집중력에 도움 되는 감정 상태에 머무를 수 있고 집중을 방해하는 부정적인 상태를 피할 수 있다. 긍정적인 감정은 참여도 높여준다.

참여. 세심하게 주의를 기울이려면 관심이 있어야 한다. 동기부여도 필요하다. '관심+동기=참여'다. 참여는 자신의 '스위트 스폿sweet spot'에서 일할 때 자연스럽게 발달한다. 좋아하는 일, 잘하는 일, 집단의 사명이나 돈 받고 하는 일을 발전시켜 주는 일. 이세 가지 영역이 겹치는 부분이 바로 스위트 스폿이다. 주의가 지속되려면 일에 새로움의 요소가 있어야 하고 개인적으로 창의적인 인풋을 추가할 수 있도록 허용돼야 한다. 새로움이 없으면 지루함을 느끼게 되고 집중력의 상실로 이어진다. 하지만 새로움과 창의적인 인풋이 너무 많아도 방황하고 혼란스러워질 수 있으므로 구조가 필요하다.

구조. 단순한 단어지만 창의적이고 현명하게 사용하면 매우 훌륭한 도구이다. 암스트롱의 '10% 생각 시간'은 구조의 완벽한 예를 보여준다. 하루를 어떻게 구성하고, 시간을 어떻게 보내고, 어떤 경계를 만들고, 어떤 규칙을 따르고, 어떤 비서를 고용하고, 어떤 방식으로 파일과 데이터를 저장하고 정리하고, 언제 일어나고 언제 잠자리에 들고, 언제 휴식을 취하고, 우선순위를 어떻게 설정하고, 어떤 과제를 직접 맡거나 위임하고, 어떤 계획을 세우고, 어느 정도로 유연성을 유지하는지에 관한 모든 것이 다 구조다. 구조가 없으면 집중이 불가능하다. 혼돈이 지배한다. 나에게 가장 잘 맞는 구조를 만들고 지키고 활성화하려면 스스로 통제권을 쥐어야 한다.

통제. 현대인은 시간을 스스로 통제하지 않으면 속수무책으로 빼앗긴다. 사람들은 자기가 시간을 어떻게 쓰는지에 대한 통제권을 제대로 확보하지 못하고 있다. 시간 통제권을 되찾아야 한다. 실제로 대다수는 매일 자신도 모르는 사이에 의도하지 않은 곳으로 많은 시간과 관심을 흘려보낸다. 마치 애초에 싸움도 되지 않는다는 듯 겨뤄보지도 않고 현대의 생활 방식에 시간을 내줘버리는 것이다. 매일 150달러를 쓰레기통에 버린다는 것은 상상도 할 수 없는 일이지만 많은 이들이 자신도 모르게 매일 최소 150분을 버리고 있다.

에너지, 감정, 참여, 구조, 통제. 이 다섯 가지 요소를 합쳐서 계획을 세우면 기진맥진하거나 정신없이 뛰어다니거나 무책임에 빠지지 않고 최고의 성과를 낼 수 있다. 앞으로 7장~13장에서 살펴보겠다. 계획을 짤 때는 개인의 상황, 성격, 정서적 기질에 맞춰야 하지만 기본적인 구성 요소는 모두에게 적합할 것이다.

1장부터 6장에서 다루는 6가지 유형의 증후군은 저마다 집중력이 무너져서 힘들어하는 한 인물의 이야기를 통해 설명된다. 그중에는 당신과 비슷한 사람도 있을 것이다. 또 모두에게서 조금씩 자신의 모습을 발견할지도 모른다. 이 책은 여러 사례를 바탕으로 당신의 주의 집중력에 가장 큰 방해가 되는 것이 무엇인지 알려주고 직장에서의 집중력을 되찾기 위한 계획을 세우도록 도와줄 것이다.

1부

우리는 어떻게 집중력을
잃어버렸는가

1장 [화면 중독]
전자기기 화면에 빨려들어 가고 있다

◆ ◆ ◆ ◆ ◆

전자기기 화면에서 잠시도 떨어지지 못한다

레스 마셜은 평소 눈높이에 딱 맞춰놓은 컴퓨터 화면을 응시하면서 능숙하게 키보드를 쳤다. 능숙하게 타이핑하는 그 모습은 마치 자동조종장치로 비행하는 조종사나 수천 번 이상 연주해본 곡을 자동으로 연주하는 피아니스트처럼 보였다. 얼굴에는 아무런 감정이 드러나지 않았고 손가락만 바쁘게 움직일 뿐 상체가 앞뒤로 살짝 흔들리는 것 외에는 움직임도 거의 없었다.

그의 브라우저에는 창이 여러 개 열려 있었다. 하나는 보고서 작성에 필요한 최신 수익과 동향 정보를 찾아볼 수 있는 Morningstar.com이다. 「허핑턴 포스트」의 블로그와 ESPN.com 블로그 창도 열려 있다. 네 번째 창은 할리 데이비슨 오토바이에 필요한 장비와 아르데코 스타일의 램프, 조리도구, 그밖에 이런저런 제품을 검색해서 사려고 열어둔 이베이 사이트다.

아름다운 유명 여성 스타의 누드 사진이나 최신 영화들의 야한 장면만 볼 수 있는 Mrskin.com도 열려 있었다. 퇴근 후 저녁거리를 위해 장을 보아야 한다는 사실이 떠올라 그의 생각이 섹스에서 음식으로 넘어가서 Cooksillustrated.com도 열어보았다. 2세 계획이 있다 보니 아내가 말한 가임기를 알려주는 캘린더도 열려 있다. 그가 하루 동안 떠올리는 잡생각들이 이렇게 하나씩 웹사이트로 열리고 방문 기록을 이루는 듯하다. 그동안 이메일 알람음도 울리고 아이폰도 메시지가 쉴 새 없이 온다. 모두가 강아지처럼 꼬리를 흔들며 다급하게 그의 관심을 간절히 원한다.

레스는 보고서를 작성할 때 자동조종장치가 켜진 상태로 일했다. 한 번도 멈추지 않고 텍스트와 숫자를 복사해서 익숙한 형식에 붙여넣었다. 키보드가 완전히 손에 익어서 쳐다볼 필요가 없었다. 잠시 멈추고 생각할 필요도 없었다. 모니터의 정중앙과 눈이 수평을 이루는 것이 아래쪽을 향하는 것보다 정형외과적으로 바람직하다는 의사의 말에 따라 항상 일할 때는 고개를 똑바로 세우는 자세를 유지하고 있다.

상사 칼은 종종 밖을 지나치면서 레스를 알은체했다. 레스는 사적인 면담을 할 때를 제외하고 항상 사무실 문을 열어두고 일했다. 하지만 그의 모니터 뒷면이 문 쪽을 향해 있었기 때문에 뭐가 떠 있는지 볼 수 없었다. 그래서 칼은 종종 이렇게 말하곤 했다. "레스, 자네가 일하는 건지 딴생각하는 건지 모르겠군."

그럴 때마다 레스는 약간 방어적으로 대꾸했다. "제 손을 보세요, 칼. 모니터 아래로 보이시죠? 제 손가락은 항상 움직이고 있습니다. 제가 일하고 있다는 증거죠."

"내 말을 오해했군. 그게 아니라 난 가끔 자네가 잠깐이라도 손을 멈췄으면 좋겠거든. 잠깐 멈추고 우리가 어떤 새로운 회사에 투자하면 좋을지 생각해 봤으면 한다네. 예전에는 자네가 많이 하던 일이잖아. 생각도 일이야. 자네는 아주 똑똑하니까 자네 생각이 큰 도움이 될 거야."

"알겠습니다. 그렇게 해보죠." 겉으로 이렇게 말하지만 레스는 속으로 이렇게 중얼댔다. '생각 좀 하라고요? 생각할 시간이 어디 있어요? 할 일이 산더미처럼 쌓여 있는데.'

다음과 같은 주의력 결핍 성향을 보인다

핸드폰이 곁에 없으면 불안하고 초조해진다.

인터넷 서핑하다 한 시간을 훌쩍 낭비한다.

할 일은 많은데 시간이 부족하다.

나는 자제력이 부족하다.

직장이나 집에서 몰래 온라인에 접속한다.

스트레스받으면 온라인 세계로 도피한다.

점심 먹을 때도 스마트폰은 항상 가지고 간다.

항상 더 많은 것을 갈망한다.

직장에서 성취도가 떨어진다.

나는 아직 길을 찾지 못한 것뿐이고 의지는 있다.

투자 회사의 연구 분석 전문가인 레스는 주로 상사가 관심 있는 기업의 데이터를 찾는 일로 보수를 받는다. 그는 훌륭하게 정리하고 요약한 데이터를 시간에 맞춰 정기적으로 제공하는 덕분에 보상을 넉넉하게 받았다. 하지만 그는 지난 몇 년 동안, 특히 지난 6개월 동안 자신에게 변화가 일어났음을 알아차렸다. 서서히 느리게 일어났지만 확실했다. 자기가 바보가 된 것 같았다. 탁월한 투자 아이디어를 내놓던 예전의 능력이 사라졌다. 아직 그를 제외하고는 알아차린 사람이 아무도 없었다. 부인하려고 애쓰기도 했지만 불가능했다. 가끔 느껴지는 공허함을 절대로 외면할 수 없었다.

마치 보고서를 작성하는 동안 그가 머무르는 세계이자 함께하는 존재인 데이터가 독성 분자처럼 마음을 오염시키기라도 한 듯했다. 호기심, 재치, 대담함이 죽고 생기가 사라져서 머릿속이 용수철처럼 변한 것 같았다. 바쁘게 보고서를 작성하느라 분주한 것 같았는데 사실은 다 위장이었다. 손가락, 눈, 심지어 시냅스의 움직임, 생각의 반복적인 패턴에 맞춰진 손가락의 반복적인 움직임은 모두 자극을 일으킨다. 뇌의 전기 활동이 절대 줄어들지 않는다는 점에서 확실히 그렇다. 하지만 그 어느 것도 독창적이거나 심오하지는 않다. 한마디로 그는 빠른 속도로 회전하는 중립 기어 상태로 멈춰져 있었다. 어려운 과제를 맡지도 않았고 고통을 느끼지도 않았고 아무런 이득도 얻지 못했다.

레스는 지금의 자신이 불과 몇 년 전의 자신과 어떻게 다른지 알 수 있었다. 정확하게 관찰하는 능력이 떨어지고 있었다. 그의 마음은 사이렌처럼 사방에서 손짓하고 유혹하는 인터넷에 홀려서 사이버 공간으로 빨려 들어가고 있었다. 그는 기면증에 빠진 것처럼 자신을 제압하는 힘에 굴복했다.

그는 구글 세계와 연결된 수십 개의 화면에 항상 주의를 기울이고 있었다. 수많은 화면이 그의 몸에서 문어발처럼 뻗어나갔다. 직장에서는 책상에서 눈높이를 맞추고, 출퇴근길 지하철에서는 손에 쥐고, 저녁 식사 자리에서는 포크 옆에 놓고, 걷거나 조깅할 때는 바지에 꽂고 그 세계와 함께했다. 잠잘 때는 침대 옆 작은 탁자에 놓여 있었다. 화면은 한순간도 그에게서 멀어지지 않았다.

◆ ◆ ◆ ◆ ◆ ◆
항상 전자기기 화면을 켜고 온라인에 접속해 있다

사내 연애로 아내 린과 결혼했고 현재 42세인 레스는 자기가 위험에 처해 있다는 것을 알았다. 그는 멀쩡한 일상과 심연 사이에서 불안정하게 서 있었다. 곧 심연으로 떨어질 것이다. 위험에 처한 사실을 어떻게 알았는지는 잘 모른다. 인생이란 경기장의 사이드라인에서 늙은 코치가 그를 막아서며 희미한 목소리로 응원하며 관심을 끌려고 하는 것 같았다. "레스, 넌 네가 원하는 삶을 살 기회를 잃고 있어. 꿈을 놓치고 있다고. 제발 정신 차려."

하지만 그 목소리는 이내 산더미처럼 많은 할 일에 파묻힌다. 어떻게 할 일을 무시할 수 있을까? 만약 부자라면 꿈을 좇고 삶의 의미에 대해서 고민도 좀 해보고 내면의 목소리에 귀를 기울일 것이다. 하지만 부자와 거리가 먼 그는 돈을 벌기 위해서는 일해야 한다. 꿈을 추구하거나 삶의 의미를 고민하는 일로는 돈을 벌 수가 없다. 그는 아내 린에게 말했다. "현실적으로 생각해야지. 우리가 이 동네에 계속 살면서 아이를 낳으려면 현실적으로 생각해야만 해."

거기에 대고 린이 말했다. "당신은 현실적으로 생각하는 게 아니야. 그냥 현실에서 도망치는 거지. 우리가 같이 보내는 시간도 거의 없잖아. 당신이 사랑하는 건 당신 노트북이야. 당신은 최면 상태에 빠진 거야. 갈수록 심해지고 있어."

"그거야 내 업무가 전자기기와 인터넷에 의존하는 일이니까 그렇지. 당신도 잘 알잖아."

"내가 지금 당신 앞에서 벌거벗고 있어도 당신은 눈치조차 못 챌 걸? 그건 정상이 아니야."

"그걸 눈치를 왜 못 채. 여보, 난 당신을 사랑해. 세상에 당신보다 섹시한 여자는 없어." 레스는 머뭇거리며 손을 내밀었지만 린은 잡지 않았다.

"기뻐해야 할지 슬퍼해야 할지 모르겠네. 아기 계획도 분명 실패할 거야. 하늘을 봐야 별을 따지."

"미안해. 내가 요즘 일에 너무 정신이 팔려 있었지." 레스가 말했다.

"슬픈 게 뭔지 알아? 당신이 일에 정신 팔린 게 지금 벌써 몇 년 짼데 당신은 그걸 알아채지도 못한다는 거야."

하지만 그는 알고 있었다. 잠자려고 누웠을 때나 샤워할 때나 갑자기 긴장이 풀릴 때면 내면의 목소리인 인생 사이드라인에서 외치는 코치의 목소리가 들려서 온몸이 떨렸다. 마치 진실을 추적하는 경찰에게 체포되기라도 한 것처럼. 하지만 그는 경고에 귀를 기울이기보다는 서둘러 그날의 할 일로 돌아가곤 했다. 부부의 삶이 순조롭게 흘러갈 수 있도록 표면적으로는 현실적이고 실용적인 전략을 따랐다.

그는 자신이 무엇을 하는지도 모른 채 항상 화면을 켜고 온라인에 접속해 있었다. 그것은 습관이 되고 습관은 강박이 됐다. 단 1~2분 동안이라도 이메일을 확인하지 못하면 마음이 초조해졌다. 이상한 표현이지만 한시라도 빨리 이메일을 클릭하고 싶은 것이 솔직한 심정이었다. 잘못이란 것을 알면서도 해결책을 찾지 않아도 되도록 계속 부인했다. 일을 열심히 해야만 한다는 핑계를 내세워 더더욱 화면에서 얼굴을 떼지 않았다. 화장실에서도 회의실에서도 문자를 보내거나 인터넷 서핑을 했다. 그런 행동이 남들에게 무례해 보이지 않도록 점점 더 기발하면서도 교묘한 방법을 생각해내기에 이르렀다. 화면에 빠져 있느라 상대의 질문을 전혀 듣지 못했을 때도 능숙하게 대처하는 기술까지 개발했다.

예를 들어 회의 도중에 자기 이름을 부르는 소리가 들렸다고 하자. 그럼 이를 단서 삼아 그럴듯한 말을 한마디 건네면 딴짓하고 있었다는 사실을 감출 수 있었다. "인풋이 더 필요한 것 같습니다." 라거나 "괜찮은 분위기로 흘러가는 것 같네요. 우리 모두 한 팀으로 열심히 일하고 있습니다. 그 사실을 깨닫지 못하는 사람들도 있는 것 같지만요." 또는 "양쪽을 전부 살펴봐도 해로울 게 없을 것 같습니다."라고 말하는 것이다. 그가 가장 즐겨 사용하는 문구는 "아, 사실은 지난주에 논의한 아이디어에 대해 생각하고 있었습니다. 혹시 그 얘길 다시 해볼 수 있을까요?"였다. 지금까지 집중하지 않고 있었다는 사실을 인정하면서도 모두를 위해서 그랬음을 과시할 수 있었다.

화면을 들여다보며 보내는 시간이 늘어날수록 진짜 인간과의 상호작용은 줄어들었다. 얼마 후 레스는 사람들에게 더 쉽게 짜증을 내는 자신을 발견했다. 인간은 그의 마음대로 통제할 수도 없고 무례하고 툭하면 반대 의견을 내고 이기적이었다. 그는 전자 세계가 주는 편안함과 자극이 점점 더 좋아진다는 사실도 알아차렸다. 게임은 거의 하지 않았지만 - 그가 아직 손대지 않은 분야였다 - 전자 세계는 평범한 삶의 업그레이드처럼 느껴졌다. 화면 속 세계에서는 모든 것을 통제할 수 있었다. 자극이 항상 있어서 지루할 틈이 없었다. 업무 시간에도 그 세계를 즐기면서 돈도 벌 수 있다는 사실이 가장 좋았다.

전자 세계는 노다지나 마찬가지였다. 레스는 화면에 집중하는 행동이 어떻게든 자기를 구하고 꿈을 이뤄줄 것으로 생각했다. 하지만 자신을 구해주리라고 믿었던 것이 오히려 망가뜨리고 있었다. 그의 꿈과 결혼 생활이 하루하루 조금씩 망가지고 있었다. 그는 전자장 속으로 빨려 들어가고 있었다.

아내 린은 그가 위태로운 상태라고 경고했다. 상사 칼의 경고도 있었다. 칼이 레스에게 생각을 좀 더 많이 하라고 말한 것은 진심이었다. 그는 레스의 창의성을 매우 높이 샀다. 레스가 아내와 상사의 조언을 진지하게 받아들여서 잠재력을 완전히 발휘할 수 있다면 얼마나 좋을까. 하지만 그는 자기도 모르게 커져버린 강박관념 때문에 주변 사람들의 객관적으로 타당한 조언을 받아들이지 않았다.

◆ ◆ ◆ ◆ ◆ ◆
화면 중독은 빠르게 증가하는 심각한 문제가 됐다

레스의 인터넷 접속에 대한 강박관념이 커져서 다른 것에는 전혀 집중하지 못하는 증상은 오늘날 가장 빠르게 증가하는 유형의 주의력 결핍 성향$_{ADT}$이다. 전자제품의 강박적 사용은 한때 농담거리로 취급됐지만 이제는 심각하고 광범위한 문제가 됐다. 이것은 가장 최근에 등장한 중독 현상이며 다른 모든 중독과 마찬가지로 심각할 경우 비극적인 결과를 가져올 수 있다.

지금까지 온갖 다양한 중독증을 보이는 환자들과 일하면서 알게 된 사실이 있다. 대부분 사람은 잘 모르지만 사실 그들은 대부분 매우 뛰어난 재능을 가진 사람들이다. 아주 오래전부터 중독자들은 레스 같은 행동을 해왔다. 서서히 자신을 파괴하는 행동 말이다. 그 유형이 무엇이든 중독의 이면에는 엄청난 능력, 추진력, 천재성, 탁월한 재능이 파묻혀 있다. 일반적으로 우리 사회는 중독자들에게 엄청난 경멸의 태도를 보이며 수많은 장애물을 놓고 수치심까지 더한다. 하지만 중독자라고 할지라도 만약 중독을 통제할 수만 있다면 세상에 엄청나게 놀라운 기여를 할 수 있다.

레스 같은 화면 중독은 비교적 새로운 문제라서 알아차리지 못하거나 중독으로 여겨지지 않는 경우가 많다. 레스처럼 문제를 똑바로 인식하고 있으면서도 현실을 부정하는 태도는 중독자가 필요한 도움을 받지 못하는 가장 큰 이유이다. 현실 부정은 중독자들이 중독을 계속 이어가는 것을 정당화하기 위해 스스로에게 저지르는 가장 일반적인 속임수다. 전자기기는 대다수의 업무에 필수적이다 보니 중독자의 심리와 연관 짓는 일이 드물다.

하지만 레스가 빠져들고 있는 함정은 중독이 맞았다. 그가 자신의 과거를 되돌아보았다면 부모가 모두 본격적인 알코올 중독까지는 아니어도 음주 습관을 제어하지 못해서 아들에게 당황스러운 모습을 자주 보였다는 사실을 떠올릴 수 있었을 것이다. 게다가 레스는 대학 시절에 담배를 피웠고 사회적 압박감이 극도로 심해져서야 겨우 끊을 수 있었다. 유전적으로 그는 약물, 섹스, 소비, 도박, 전자기기에 이르기까지 모든 종류의 중독적이고 강박적인 행위에 취약한 사람이었다. 종류를 막론하고 중독에 빠지기 쉬운 성향은 유전적 소인에 달려 있다.

디지털 중독 또는 자기 파괴적인 디지털 습관에는 다양한 형태가 있다. 그중에서 뉴스와 나의 직접 경험을 바탕으로 몇 가지를 소개한다.

- 학생이 비디오 게임에 너무 빠져서 숙제도 뒷전이고 시험공부도 하지 않아서 유급 위험에 처했다.
- 직장 여성이 회의 도중에 스마트폰으로 몰래 인터넷 쇼핑을 한다. 그녀는 직장을 잃을 위기에 처했고 점점 불어난 신용카드 빚이 결혼 생활과 부채 상환 능력까지 위협한다.
- 직장 남성이 성인물 사이트를 너무 자주 들락거리다가 직장도 잃고 결혼 생활도 잃는다.
- 한 여성이 채팅에서 만난 남성과 사이버 불륜에 빠져서 결혼 생활이 파탄에 이르렀다.
- 한 남성이 업무 시간에 스마트폰을 사용하지 말라는 경고를 수차례 받은 끝에 결국 직장에서 해고된다.

배우자부터 부모, 상사, 승무원, (나 같은) 의사에 이르기까지 모두가 전자기기 중독 문제와 씨름한다. 세상에 들불처럼 번진 이 새로운 유형의 문제를 어떻게 다뤄야 할까? 이런 중독 형태는 전례가 없어서 과거의 정보를 자세히 살펴보는 방법으로 해결책을 찾는 것이 불가능하다. 하지만 과거 자료를 통해 중독이나 나쁜 습관에 대한 일반적인 조언을 얻을 수는 있다. 너무 걱정하지 않아도 된다. 역사적으로 모든 변화와 새로운 기술에는 언제나 공포와 절망에 가까운 반응이 뒤따랐으니까.

예를 들어 신문에는 기차가 일반적인 교통수단이 되면 흔들림 때문에 뇌 손상이 급속하게 늘어날 수 있다고 개탄하는 기사가 실렸다. 전화 서비스가 보편화됐을 때 전문가들은 앞으로 뇌종양이 유행하고 사람들이 서로 얼굴을 보고 말하는 능력을 잃을 것으로 예측했다. 그뿐인가. 텔레비전을 너무 많이 보면 어른이고 아이들이고 머리가 나빠지고 정신 이상이 될 수도 있다면서 "바보 상자"라고 외치는 소리가 아직 쩌렁쩌렁 울려 퍼지고 있다.

불필요한 우려나 지나친 기술 거부 반응을 보일 필요는 없지만 현실을 무시해서도 안 된다. 거대한 문제가 불과 몇 년 만에 빠르게 확산됐다. 새로운 기술이 우리 일상의 모든 순간에 스며들 수 있었던 탓이다. 물론 이런 화면 중독 문제가 워낙 심각해서 가려질 정도지만 기술이 주는 혜택도 많다. 전자기기는 매일, 모든 곳에서, 아주 다양한 방법으로 우리를 도와준다. 보스턴마라톤 참가자와 방문객들이 폭탄 테러 이후에 묵을 장소를 찾을 수 있었던 것도 전자기기 덕분이었다. 인도의 가난한 사람들을 건강, 물, 음식에 대한 중요한 정보와 연결해준다. 독재자 아래에서 고통받는 사람들의 해방도 돕는다. 오늘날 전자기기를 사용하지 못하면 경제적으로 사회적으로 큰 타격을 받을 수 있다. 전자기기도 불처럼 선과 악의 측면을 모두 가진 거대한 힘이 됐다. 이로운 점은 분명하지만 해로운 점은 더 자세히 들여다보아야 알아차릴 수 있다(이로운 점과 해로운 점은 아래의 표 참조).

전자기기의 이로운 점과 해로운 점

이로운 점	해로운 점
음성, 문자, 영상, 사진을 통해 실시간으로 소통할 수 있다.	방해가 잦고 참조 메일을 남용한다.
전송과 수신 시간이 빠르다.	충동성이 있다.
어디에서든 사용 가능하다.	무례함과 불쾌함을 느낄 수 있다.
세상의 모든 지식과 생각에 즉각 접근할 수 있다.	걸러내지 않거나 신뢰할 수 없는 정보가 너무 많다.
휴대용 오락 기기다.	습관 또는 중독이 된다.
전 세계 사람들에게 하루 24시간 언제든 접근할 수 있다.	'기계적 접촉'이 '인간적인 접촉'을 대신한다.
사적이다.	사생활을 보호해준다는 느낌을 주나 대화 내용을 감시하거나 해킹할 수 있다.
속도가 빠르다.	깊이가 없다.
대용량 데이터이다.	속도는 빠르고 인위적 데이터는 많지만 생각은 적어진다.
화면이 집중력을 올려준다.	최면을 거는 시간 낭비 도구다.

◆ ◆ ◆ ◆ ◆ ◆
화면 중독은 도박, 섹스, 소비 중독과 같다

몇 시간이고 습관적으로 계속 텔레비전을 시청하거나 라디오를 듣는 사람들도 많다. 하지만 그것은 한 방향으로 이루어지는 행동이다. 방송에서 내보내는 것을 우리가 흡수할 뿐이다. 우리에게서 송출되는 것은 없으니까. 하지만 디지털 기기는 쌍방향이다. 라디오나 텔레비전과 달리 우리가 온라인 세계에 합류한다. 인터넷은 무엇이든 가능한 디지털 세계에서 살 수 있게 해준다. 그 세계에서는 창업부터 사랑에 빠지는 것까지 모든 것이 가능하다. 물건이나 서비스를 사거나 팔고 대화하고 유혹하고 인터뷰하고 정원을 계획하고 결혼을 하고 집을 사고 배우자를 찾고 대학교 이상의 학위를 취득하고 선거 운동을 벌일 수도 있다.

온라인 활동에 쉽게 빠져들 수도 있다. 수많은 웹사이트는 화면 속의 카지노나 마찬가지다. 신용카드 번호만 입력하면 나만의 라스베이거스에 있을 수 있다. 카지노에서와 마찬가지로 순식간에 돈을 따거나 잃을 수 있다. 진짜 카지노에 있는 것처럼 뇌에 도파민이 넘친다. 섹스와 온라인 쇼핑뿐만 아니라 실제로 그 자리에 있지 않아도 되는 모든 중독적이고 강박적인 행동이 마찬가지다.

상황은 더욱 악화된다. 레스처럼 우리는 도박, 섹스, 소비 같은 잘 알려진 중독 행위가 아니더라도 중독에 빠질 수 있다. 사람은 온라인에 접속된 느낌에도 중독될 수 있는 것이다. 생물학적으로 보면 일반적인 중독 행위에 활성화되는 도파민 회로가 이제는 온라인에서 너무 많은 시간을 보내는 것만으로 활성화된다.

나는 이 문제를 안고 있는 여러 사람과 인터뷰했다. 그들은 온라인이 뭐든지 가능하고 그 무엇에도 가로막히지 않는 자유분방한 마음 상태를 제공하기 때문에 온라인에 접속해야만 한다는 충동을 느낀다. 온라인을 이용할 수 없을 때는 심한 갈망을 느낀다. 와이파이를 사용할 수 없는 비행기 안에서 짜증과 불안감이 몰려온다. 욕구를 제어하지 못해서 관계와 직장을 잃는다. 실제로 그들은 온라인 연결이 일상생활의 고통을 줄여주는 일종의 마취제와 같다고 표현한다.

어떻게 해야 할까? 우리는 이 문제의 해결책을 찾기 전에 이것에 이름을 붙여야 한다. 현대인이 봉착한 이 상황을 헤쳐 나가려면 이해의 틀과 어휘가 필요하다. 의외로 느껴질 수도 있지만 전자기기의 사용에 관해 가장 표준화된 절차를 마련해 놓은 것이 바로 항공사들이다. 그들은 오랫동안 그 작업에 돌입했다. 이제는 우리도 어떤 정책과 절차가 필요한지 찾아야 한다. 화면 중독을 다룰 때는 경험이 부족한 사람이 더 부족한 사람을 이끌어주어야 한다. 전자기기의 과도하거나 부적절한 사용 현상을 뭐라고 불러야 할지 모르므로 우리는 그 문제에 대해 어떻게 말해야 하는지 모른다. 정확히 어느 정도가 과하거나 부적절한지도 알지 못한다.

10년 전에 전 마이크로소프트 임원 린다 스톤Linda Stone은 사람들이 거의 항상 '지속적인 부분 집중 상태continuous partial attention'에 놓여 있다는 사실을 발견했다. 우리는 항상 다음 순간에 주의를 집중할 대상을 찾고 있다. 관심 대상, 히트작, 좋은 소식이나 나쁜 소식이 가져오는 행복이나 분노의 감정, 뇌의 구석구석을 활성화하는 디지털 이미지나 생각. 도박꾼처럼 화면이라는 주사위에 어떤 숫자가 나오는지 보려고 화면에 바짝 붙어서 떠나지 않는다.

스톤이 처음 제안한 지속적인 부분 집중 상태 개념은 이 시대의 가장 중대한 문제 중 하나로 떠올랐다. 전자장치의 지나친 사용이라는 특징을 보이는 이 문제적 상태에 여러 집단이 다양한 이름을 붙였다. 문제적 컴퓨터 사용PCU, problematic computer use, 컴퓨터 중독CA, computer addiction, 의사소통 중독 장애CAD, communication addiction disorder, 인터넷 중독IA, internet addiction 등이다.

안타깝게도 줄임말이 IUD인 인터넷 사용 장애internet use disorder라는 용어도 있다. 자궁 내 피임 장치의 줄임말도 IUD이다. 이것은 정신 건강 의료 전문가들을 위해 정신질환의 표준 분류체계를 담은 『정신질환의 진단 및 통계 편람(DSM-5)』에서 처음 제시했다. 나중에는 정의가 좁혀지고 용어도 인터넷 게임 장애로 바뀌었다. 공식 진단이라기보다는 "추가 연구가 필요한 문제"로 소개하고 있다. 『정신질환의 진단 및 통계 편람』은 인터넷 게임 장애의 진단 기준을 다음과 같이 제시한다.

게임을 하기 위해, 특히 다른 사용자들과 함께 게임을 하기 위해 지속적이고 반복적으로 인터넷을 사용하는 행동이 임상적으로 현저한 손상이나 고통을 일으킨다. 다음 중 5가지(또는 그 이상) 증상이 12개월 동안 나타난다.

1. 인터넷 게임에 지나치게 몰두한다. 이전 게임 내용을 생각하거나 다음 게임 실행에 대해 미리 예상한다. 인터넷 게임이 일과 중 가장 지배적인 활동이 된다.
   이 장애는 도박장애 범주에 포함되는 인터넷 도박과 구분된다.
2. 인터넷 게임이 제지될 경우에 금단 증상이 나타난다. 이러한 증상은 전형적으로 짜증, 불안, 슬픔으로 나타나지만 약물 금단 증상의 신체적 징후는 나타나지 않는다.
3. 내성이 생긴다. 더 오랜 기간 인터넷 게임을 하려는 욕구가 생긴다.
4. 인터넷 게임 참여를 통제하려는 시도에 실패한다.
5. 인터넷 게임을 제외하고 이전의 취미와 오락 활동에 대한 흥

미가 감소한다.

6. 정신사회적 문제에 대해 알고 있음에도 과도하게 인터넷 게임을 지속한다.

7. 가족과 치료자를 포함한 타인에게 인터넷 게임한 시간을 속인다.

8. 무력감, 죄책감, 불안 등 부정적인 기분에서 벗어나거나 완화시키기 위해 인터넷 게임을 한다.

9. 인터넷 게임 참여로 인해 중요한 대인관계, 직업, 학업, 진로 기회를 위태롭게 하거나 상실한다.

주의점: 이 장애의 진단은 도박이 아닌 인터넷 게임만 포함한다. 업무나 직업상 요구되는 활동으로서 인터넷 사용은 포함하지 않으며 그 외의 기분 전환이나 사회적 목적의 인터넷 사용 또한 포함하지 않는다. 마찬가지로 성적인 인터넷 사이트도 제외한다.

심각성 확인:

인터넷 게임 장애는 정상적인 활동을 방해하는 정도에 따라 경증, 중등증, 중증으로 나눈다. 인터넷 게임 장애의 정도가 심하지 않은 사람은 증상이 적게 나타나고 일상생활에 지장도 적을 것이다. 정도가 심할수록 컴퓨터를 사용하는 시간이 더 많고 인간관계, 직업, 학교 공부 등에도 큰 피해가 나타날 것이다.

하지만 『정신질환의 진단 및 통계 편람』에서 제시하는 기준은 전자기기 화면 중독의 문제를 설명하기에 그 범위가 너무 좁다.

우리가 다루고자 하는 문제는 게임의 문제를 훨씬 넘어서기 때문이다.

나는 이 문제를 최대한 넓은 범위에서 다루고자 가장 포괄적인 용어인 증후군으로 부르기로 했다. 바로 전자기기의 문제적 사용 증후군PUED, problematic use of electronic devices이다. 이 분류 기준은 의사소통, 학습, 비즈니스, 오락 등 그 어떤 목적으로 전자기기를 사용함에서 이용자, 다른 사람, 어떤 집단이 문제라고 인식하는 모든 행동을 포함한다. 의료진이나 정신 건강 전문가가 진단하고 치료할 가치가 있다고 여겨지는 모든 행동도 포함한다.

나는 이 용어를 의도적으로 모호하게 두었다. 우리가 살아가는 세상 자체가 모호하기 때문이다. 한 영역에서는 정상적인 행동이 다른 영역에서는 비정상적인 행동이 되기도 한다. 예를 들어 상품을 거래하는 증권 브로커의 사무실에서는 아무렇지도 않은 행동이 장례식장의 대기실에서는 과할 수도 있다. 앞서 언급했듯이 보편적으로 인정되는 사회적 규범은 없다. 어떤 사람들은 출퇴근 지하철 안에서 핸드폰으로 통화하는 것이 괜찮다고 생각하지만 또 어떤 사람들은 매너가 아니라고 생각한다는 말이다. 부부 사이에서도 저녁 식탁에서 배우자가 전화를 받아도 아무런 문제가 없을 수 있지만 한바탕 싸움이 벌어질 수도 있다. 사람에 따라 같은 사용 방식이 문제일 수도 있고 정상일 수도 있다.

나는 전자기기의 문제적 사용 증후군PUED을 5단계로 분류한다. 레스는 그중 5단계에 해당하는 중독 수준이었다. 도움이 필요했다. 그는 자신에게 문제가 있다는 사실을 어렴풋이 인식하고 있었다. 그가 회복을 위해 얻을 수 있는 최선의 도움은 외부 개입이었다. 이 시대의 가장 위대하고 필수적인 선물인 전자기기 제품의 사용에 '회복'이니 '중독'이니 하는 단어를 사용하는 것이 굉장히 이상하고 과장된 우려처럼 들릴 수도 있다. 하지만 지금 세상은 이 멋진 도구가 사람들의 삶을 방해하고 심지어 파멸시킬 수도 있는 단계에 이르렀다. 다행히 레스 같은 사람들을 도와주는 믿을 만한 방법이 있다. 전자기기 사용 문제를 해결하는 것은 담배를 끊거나 술을 줄이는 것보다 절대 어렵지 않다. 하지만 문제해결에 필요한 것은 금욕이 아니다. 현대인 중에 전자기기를 아예 사용하지 않고 살 수 있는 사람은 거의 없으니까. 따라서 금욕은 선택지가 아니다.

레스 같은 사람들은 문제해결을 위해 우선 문제에 이름을 붙이고 심한 정도를 인정하는 것부터 시작해야 한다. 레스는 예전에는 농담거리로 여겨졌지만 더 이상은 웃어넘길 문제가 아닌 상황에 빠졌다. 그것은 바로 전자기기를 과도하게 사용하는 상황이다. 이것은 빠른 속도로 증가하고 있는 장애다. 중독, 중독에 가까운 행위, 나쁜 습관이 모두 그렇지만 첫 번째 장애물은 부정을 떨쳐내는 것이다. 레스는 그의 '애착 대상'인 전자기기를 포기하고 싶지 않다. 실제 삶보다 화면을 선호하게 됐기 때문이다. 모든 중독자가 그렇다. 중독은 평범한 일상에서 찾기 쉽지 않은 쾌락적인 마음 상태를 제공한다. 레스는 사랑하는 아내, 기회가 가득한 직장, 그의 성장을 도와주려는 상사가 있는데도 자신에 대한 믿음이 전혀 없고 커리어를 발전시킬 힘이 자신에게 없다는 무력함 때문에 중독에 빠졌다.

내가 해야 할 일은 레스가 주의 집중력을 충분히 되찾도록 도전

전자기기의 문제적 사용 증후군의 단계

단계	증상
0단계 무증상	
1단계 대립	전자기기의 사용이 최소 한 사람 이상의 신경을 거스르게 한다.
2단계 경증	전자기기의 사용이 다른 사람들 또는 본인의 신경을 거스르게 하고 다른 사람들이 사용을 줄이라고 해도 소용이 없다.
3단계 중등증	전자기기의 사용이 다른 사람들의 신경을 거스르게 하고 본인의 사생활, 직장생활, 학교생활에 문제를 일으킨다. 사용자 본인은 문제를 거부할 수도 있고 인정할 수도 있다.
4단계 중증	전자기기의 사용이 다른 사람들의 신경을 거스르게 하고 본인의 사생활, 직장생활, 학교생활에 해를 끼친다는 사실이 명백하게 나타난다. 사용자 본인은 문제를 거부할 수도 있고 인정할 수도 있다. 문제를 제어할 수 없다고 느낀다.
5단계 중독	전자기기의 사용이 다른 사람들의 신경을 거스르게 하고 본인의 사생활, 직장생활, 학교생활에 해를 끼친다는 사실이 명백하게 나타나며 중독의 6가지 특징 중 최소 2가지에 해당하는 등 심각함의 수준이 올라간다. 1. 중요성 - 전자기기의 사용이 사용자의 삶에서 가장 중요한 활동이 된다. 2. 기분 전환 - 전자기기를 사용하면 도취감, 진정 효과, 무감각을 느낀다. 3. 내성 - 똑같은 효과를 얻기 위해 사용 시간이 점점 더 늘어난다. 4. 금단 - 전자기기의 사용이 거부되면 다음 증상의 일부 또는 전부가 나타난다. 갈망, 짜증, 분노, 동요, 협상, 접근성을 확보하기 위한 규칙 또는 법 위반, 불면증, 자다 깸, 전자기기를 사용하는 꿈을 꿈, 집중 불가능, 신체적 증상. 5. 갈등 - 전자기기의 사용으로 인해 타인 및 자신과 갈등한다. 6. 재발 - 전자기기에의 접근이 허용되면 이전의 부적응적 패턴으로 돌아가는 경향이 있다.

하게 만들되 스스로 자책감이나 패배감을 느끼지 않게 하는 것이다. 그는 이미 심한 자책감을 느끼고 있었다. 중독자들은 자신을 별로 좋아하지 않는다. 세상의 시선도 차갑다. 실제로 중독자들은

세상에서 가장 경멸받는 대상이다. 자신까지도 스스로를 비웃는다. 내가 사용한 전략은 레스의 마음 깊은 곳에 자리한 도덕적 진단을 도덕적으로 중립적인 진단으로 대신하는 것이었다. '너는 나쁘고 약하고 자제력도 없는 패배자야.'라는 생각을 '너에게는 아직 포장을 풀지 않은 선물이 있어.'처럼 일종의 희망을 주는 진단으로 바꾸는 일이다. 한편으로는 "레스, 당신에겐 재능이 있어요."라고 격려하고 다른 한편으로는 "지금 당장 일어나 그 재능을 쓰지 않고 뭐해!"라고 꾸짖었다. 레스가 화를 냈을 때는 옳거니 싶었다. 분노는 행동에 박차를 가하는 좋은 신호이자 사람이 무기력에서 빠져나올 때 나타나는 첫 번째 신호이기 때문이다. 하지만 그의 감정이 너무 상하지 않도록 주의할 필요가 있었다. 아예 마음의 문을 닫고 문제를 외면하면 안 되니까.

대부분 중독자들처럼 레스도 자신이 생각한 것보다 혹은 쓰고 있는 것보다 훨씬 큰 능력을 갖추고 있었다. 내가 중독자들과 함께 일하는 것을 좋아하는 이유는 그들에게는 잠재력이 있기 때문이다. 그 잠재력은 부정에서 벗어나 희망을 품기만 한다면 커다란 진전을 이룰 수 있게 해준다. 기업들이 온갖 유형의 중독 때문에 치러야 하는 비용은 상상을 초월한다. 중독은 병과 죽음을 가져올 뿐만 아니라 직장인들의 성과를 저하시키거나 최적이 아닌 상태에 머무르게 한다. 레스의 사례가 생생하게 보여준다. 해결책은 간단하다. 끊으면 된다. 하지만 실행하기가 어렵다. 만약 중독을 끊기가 그렇게 쉽다면 치료 프로그램 따위는 필요하지도 않았을 것이고 중독(담배, 알코올, 불법 약물, 섹스, 음식, 도박)이 미국에서만 연간 약 5,590억 달러의 비용을 발생시킬 일도 없을 것이다.

중독 치료가 그저 약간 어려울 뿐이라면 그렇게 막대한 인명 피해나 금전상의 피해가 발생하지 않을 것이다. 현실적으로 중독 문제의 해결은 과학으로 근접하지도 못하는 수준이다. 보통 수준의 성공률을 일관적으로 가져오는 프로그램조차 존재하지 않는다는 사실은 중독 치료가 얼마나 어려운지 알려준다. 익명의 알코올 중독자들AA, Alcoholics Anonymous 모임에서 사용하는 12단계 회복 프로그램만 해도 그렇다. 이것은 최고의 중독 치료 방법이라고 널리 인정받지만 충격적일 정도로 성공률이 낮다. 그런데도 현재 최고의 효과를 자랑하는 방법이다.

익명의 알코올 중독자들AA에 들어가거나 기타 12단계 프로그램에 참여하는 사람들이 알코올 중독에서 벗어나 계속 그 상태를 유지할 확률은 15명 중 1명꼴이다. 성공률이 5~10%라니 우울할 정도다. 그렇다고 익명의 알코올 중독자들AA과 12단계 프로그램을 추천하지 않는 것은 아니다. 추천한다. 현존하는 최고의 표준화된 프로그램이다. 그 프로그램은 인간과 인간 사이의 연결에서 출발한다. 이것은 모든 치료가 시작돼야만 하는 지점이기도 하다. 12단계 프로그램은 사람들이 중독된 약물의 자리에 인간의 동료애를 넣는다. 성공 비결도 바로 거기에 들어 있다.

나도 레스와 함께 일할 때 인간관계를 스크린 타임의 대체품으로 처방했다. 그를 설득하기가 쉽지 않았지만 가장 좋은 방법이었다. 그것을 출발점으로 삼은 후에는 랜스 도즈Lance Dodes 박사가 제안한 심리학 모델을 따라갔다. 은퇴한 하버드 의과대학 교수인 도즈 박사는 경력 내내 중독으로 어려움을 겪는 사람들을 도왔다. 그는 중독이 압도적인 무력감을 반전시키는 역할을 한다고 믿는다.

중독자들은 알코올, 섹스, 소비, 도박 등 중독 대상을 사용하기로 결정하는 순간 기분이 나아진다. 사용하기로 결정한 것만으로도 기쁨과 안도감을 느낀다. 처음에 그들에게 즐거움을 가져다주는 것은 약물이나 행위 자체가 아니라 그것을 사용하기로 하는 결정이다. 사용하기로 결정하면 무력감이 통제감으로 바뀌고 약물 사용이나 행위가 시작되기도 전에 몸속으로 그 혜택이 스며든다.

도즈 박사는 중독의 기능은 무력감의 해소지만 그 동인은 무력감에 대한 분노라고 설명한다. 죄수가 자신을 둘러싼 철창에 분노하는 것처럼 말이다. 분노가 너무 강해서 건전한 판단력과 자기 이익은 뒷전으로 물러난다. 분노를 느끼고 직접적으로 표현하면 중독을 반전시킬 수 있지만 중독자들은 피하려고 한다. 있는 그대로의 감정을 느끼기보다는 중독을 일으키는 약물이나 행위를 선택한다. 도즈 박사의 말처럼 "모든 중독 행위는 좀 더 직접적인 행동의 대체품이다."

레스는 나와 맺은 인간적인 관계 덕분에 있는 그대로의 감정을 끌어내고 직접적인 표현을 찾을 수 있었다. 실제로 그는 커리어를 발전시키거나 자신이나 타인의 기대를 충족하는 삶을 살 수 없으리라는 무력감을 느꼈다. 끊임없이 감정을 억누르면서 살아온 사람들이 그러하듯 무력감은 그에게 분노를 가져왔다. 일단 자신의 감정에 접근할 수 있게 되자 레스는 중독 연구 분야의 또 다른 거물 에드워드 칸치언Edward Khantzian 박사가 '자가투약self-medicating'이라고 부른 것을 그만두기가 훨씬 쉬워졌다. 대신 바람직한 방법으로 감정을 표현함으로써 중독의 구렁텅이에서 빠져나올 수 있었다.

중독, 유사 중독, 부적응적 사용 패턴 문제를 다룰 때 12단계 프로그램과 다즈 박사의 심리 모델을 함께 사용하는 것을 추천한다. 12단계 프로그램은 친구도 사귈 수 있는 데다 최고의 표준 프로그램이니 한번 시도해 봐도 밑져야 본전이다. 레스가 주변의 강요가 없는 상태에서 나를 찾아온 것은 천만다행이었다. 아직 완전한 밑바닥까지 내려가지 않았고 법정에서 치료받으라는 명령이 떨어지지도 않은 상태에서 전문가를 찾아오는 중독자는 매우 드물다. 그가 나를 찾아온 이유는 내 책에서 자신의 모습을 발견했기 때문이다. 그는 "그래서 꼭 한번 뵙고 싶었습니다."라고 말했다.

만약 먼저 도움의 손길을 찾아 나서지 않았다면 레스는 직장도 잃고 결혼 생활도 파탄에 이르렀을 가능성이 크다. 하지만 운명의 여신 덕분에 그는 미리 손을 쓸 수 있었다. 그의 아내 린과 상사 칼의 협조로 나는 레스가 자기 행동을 객관적으로 살펴볼 수 있도록 계획을 세웠다. 레스는 내가 추천해준 다양한 유형의 중독증을 가진 사람들을 위한 자조 모임에서 도움을 받고 스크린 타임을 줄이고 창의성을 활용하는 행동으로 대체하는 매일의 행동 수정 계획을 활용했다.

나는 화면 중독으로 힘들어하는 레스 같은 사람들에게 주의력 결핍 성향ADT의 기본 계획을 적용할 때 각 요소와 관련 있는 위험성을 꼭 알려준다.

1. 에너지. 전자기기 중독은 서서히 일어나는 뇌출혈처럼 정신 에너지를 고갈시킨다.
2. 감정. 화면 중독은 일종의 최면 상태와 감정적인 중립 상태에 놓이게 한다. 기쁨, 분노, 슬픔을 느끼지 못한다. 감정이 거의

느껴지지 않는다.

3. **참여.** 감정이 거의 느껴지지 않고 화면과 시냅스의 자극에 개입하는 느낌만 있으므로 중요한 일, 사람, 생각과는 단절 상태가 된다.

4. **구조.** 전자 기기의 구조와 그것이 연결된 시스템은 사용자의 주의를 빼앗는 방식으로 작동한다. 이것은 구조가 우리에게 불리하게 작용하는 예이기도 하다. 스스로가 동맹을 적으로 만드는 것과 같다.

5. **통제.** 중독과 일반적인 나쁜 습관들은 우리가 통제력을 행사하지 못하게 한다. 어느 수준에서는 통제권을 아예 잃는다. 그래서 개입 자체도 통제력의 회복을 목표로 한다.

전자기기 화면 중독 문제가 있는 사람들은 대부분 레스처럼 중독에 빠지거나 중독에 가까워지지는 않는다. 하지만 그 습관이 생산성을 크게 떨어뜨릴 수 있다. 그럴 때를 대비해 문제해결에 도움되는 몇 가지 실용적인 팁을 제공한다.

어떻게 해결할 것인가?

전자기기 화면 중독을 줄이는 10가지 팁

1. 하루에 전자기기에 얼마나 많은 시간을 할애하는지 솔직하게 평가한다. 사람들은 이 수치를 심하게 과소평가한다. 가능하다면 전자기기 사용 시간을 기록하자. 언제 로그인이나

로그아웃을 했는지 메모 또는 음성메모로 남기면 된다.

2. 전자기기 사용 기록을 참고해서 시간을 줄일 수 있는 방법을 찾아본다. 불가능하다고 생각하지 말자. 가능하다. 분명 하루에 가장 많은 시간이 전자기기의 사용에 낭비되고 있을 것이다. 잃어버린 시간을 되찾을 기회다. 놓치지 말자.

3. 스크린 타임에 쓸 시간을 미리 정해놓는다. 오전 30분이나 오후 30분 등 자신에게 맞추면 된다. 이 시간 이외에는 꺼둔 다. 비서에게 꼭 필요한 상황을 알려달라고 말해둔다. 동료와 고객들에게도 연락이 항상 닿지 않을 수도 있다는 점을 미리 알린다.

4. 점심 식사나 커피 타임 같은 사회적 참여 시간에는 기기를 꺼놓는다.

5. 지루할 때 당연한 듯 전자기기를 사용하지 않는다. 좀 더 생산적인 일을 하자. 그동안 미루었던 독서를 하거나 그동안 미루었던 사람에게 전화하거나 그동안 미루었던 메모를 해 본다.

6. 지루할 때 화면을 보는 것 말고 할 수 있는 일의 목록을 적 어둔다(평소의 메모 방법 사용).

7. 중독성 있거나 습관이 될 만한 웹사이트와 게임을 피한다. 어떤 것인지는 본인이 잘 알 것이다. 그런 사이트를 방문하 는 습관에서 벗어나면 어느새 기억에서도 잊힐 것이다.

8. 팀이나 부서와 함께 이메일 관련 정책을 만든다. 이메일을 언제 보내고 언제 보내지 않을지, 언제까지 처리해야 하는지, 읽기 힘들지 않도록 분량을 어느 정도로 할지 등을 정한다.

9. 서로 직접 마주하는 대면 의사소통을 효과적으로 활용한다. 직접 소통은 비용도 많이 들고 번거롭지만 디지털 소통과는 비교되지 않을 정도로 풍성하고 강력하다.

10. 진행 상황을 측정하고 모니터링한다. 진전이 클수록 스크린 타임을 줄이려는 강한 동기부여가 지속된다. 전자기기 사용 시간이 얼마나 줄어들었는지뿐만 아니라 일의 양과 질이 얼마나 개선됐는지도 함께 추적한다면 엄청난 즐거움을 느낄 수 있을 것이다.

2장 [멀티태스킹]
멀티태스킹은 불가능한 환상일 뿐이다

◆ ◆ ◆ ◆ ◆

인간의 뇌는 멀티태스킹을 할 수 없다

진은 또 스누즈 버튼을 눌렀다. 일어나지 않으면 안 될 때까지 몇 번이나 더 누를 수 있을까. 스누즈 버튼을 누를 때마다 10분간 달콤한 잠을 더 즐길 수 있었는데 갑자기 울려 퍼지는 라디오 전파 잡음에 잠이 깼다. 전날 밤 너무 피곤해서 새 라디오의 버튼을 잘못 누른 탓이었다. 그녀는 좋아하는 방송국에 주파수를 맞추는 방법을 몰랐지만 텔레비전을 보고 있는 남편을 방해하고 싶지 않아서 대신해달라고 부탁할 마음이 들지 않았다.

남편에게 부탁했다면 분명 "다 큰 어른이니까 당신이 알아서 할 수 있을 거야."라고 말했을 것이다. 마치 그녀가 기계를 다루지 못하는 무능하고 게으른 사람이라는 듯 말이다. 그래서 추운 겨울 아침에 시끄러운 전파 잡음 때문에 깨리라는 걸 알고도 간밤에 그냥 잔 것이었다. 너무 피곤해서 깊이 신경 쓰지 않고 사랑스럽게 두

팔 벌려 반겨주는 달콤한 잠의 품으로 달려들었다.

이제 그녀 앞에 마주한 질문은 이것이었다. 죄책감과 긴급함이 그녀를 마지못해 침대에서 끌어낼 때까지 앞으로 몇 번이나 스누즈 버튼을 더 눌러 10분씩 단잠을 얻어낼 수 있을까. 그녀는 스누즈 버튼을 두 번 더 누른 후 일어나 샤워하러 갔다. 전파 잡음이 울려 퍼져도 끄떡없던 남편 루가 몸을 뒤척이기 시작했을 때다. 진은 눈을 감고 서서 샤워기에서 쏟아지는 상쾌한 물줄기를 얼굴에 맞으며 샤워 시간이 종일 계속됐으면 좋겠다고 생각했다. 샤워 시간은 그녀가 아무런 방해도 받지 않고 혼자 있을 수 있는 유일한 시간이었다. 혼자 조용히 생각할 수 있어서 가장 좋은 아이디어와 계획이 나오는 시간이기도 했다.

마침내 물을 끄고 밖으로 나갔을 때 남편이 장난으로 그녀의 엉덩이를 때리며 말했다. "왜 그렇게 샤워를 오래 해. 뜨거운 물 혼자 다 쓰겠어."

"미안. 생각하느라 시간 가는 줄 몰랐어." 진이 말했다.

15분 후 그녀는 대충 머리 정돈과 화장을 끝냈다. 거울 속 통통한 자신의 얼굴에 못마땅한 표정을 지었다. 아무래도 10킬로그램을 빼지 않으면 안 될 것 같았다. '헬스장에 다시 다녀야겠다.' 그녀는 서둘러 속옷, 스커트, 블라우스, 재킷을 입고 신발을 신으면서 생각했다.

그녀는 남편 루가 병원에 출근할 준비를 하는 동안 릴리와 이사벨의 아침 식사를 준비하기 위해 서둘러 아래층 주방으로 내려갔다. 그녀와 남편에게는 잘 돌아가는 루틴이 있었다. 그녀가 생각하기에는 그 루틴이 남편 쪽에 더 잘 맞는 것 같았지만. 어쨌든 그녀는 남편과 딸들을 사랑했다. 하지만 자신의 삶을 사랑하는지에는 확신이 없었다.

진의 일과에는 딸들이 아래층으로 내려오게 하는 것도 포함됐다. 각각 초등학교 3학년과 5학년인 두 딸은 집에서 각자 맡은 일이 있었다. 릴리의 임무는 얼룩무늬 고양이 바운시에게 사료를 주는 것이고 이사벨은 검은색 래브라도 강아지 팔스태프에게 사료를 주는 것이었다. 진이 직접 하는 게 속이 시원하겠지만 그녀는 아이들에게 책임감을 가르치는 중이었다. 이미 아이들은 아래층으로 내려오면 아침 식사가 기다리고 있다는 사실을 당연하게 여기고 있었다.

다음과 같은 주의력 결핍 성향을 보인다

멀티태스킹을 하지 않으면 일을 끝낼 수 없다.
다른 사람의 부탁을 거절하는 것이 너무 어렵다.
만약 내가 시간을 더 효과적으로 관리할 수만 있다면 지금쯤 내 회사를 차렸거나 내가 맡은 업무의 책임자가 됐을 것이다.
정리정돈을 잘하면 지금보다 훨씬 더 성공할 수 있을 것이다.
내 클론이 한 명 있으면 얼마나 좋을까.
직장에서 업무 방해 요인을 막는 것을 다른 사람들보다 못하는 편이다.
제발 일 좀 하게 직장에서 사람들이 나를 내버려두었으면 좋겠다.
'아, 딱 한 시간만 아무런 방해물이 없다면 엄청나게 많은 일을 할 수 있을 텐데.'라고 생각한다.

"아이들이 아침을 직접 준비해서 먹으라고 하면 어때?" 언젠가 루는 화가 나서 제안했다. 하지만 어릴 때 아침 식사를 챙겨준 사람이 아무도 없었던 진은 두 딸에게는 무슨 일이 있어도 매일 영양가 있는 아침을 직접 만들어 먹이겠다는 의지가 확고했다. 자신의 부모보다 더 훌륭한 부모가 될 수 있다는 특별한 만족감이 느껴졌다.

진이 매일 아침 주방으로 가서 가장 먼저 하는 일은 충전기에서 스마트폰을 뽑고 이메일을 확인하는 것이었다. 핸드폰 조작에 워낙 능숙해서 마치 몸의 일부분 같을 정도였다. 한 손으로는 달걀을 뒤섞으며 아이들이 먹을 따뜻한 아침밥을 만들면서 다른 한 손으로는 핸드폰을 눌러 그날의 메시지를 확인했다.

평소와 마찬가지로 처음 확인한 이메일에서부터 문제가 발견됐다. "진, 지금 당장 당신이 필요해요. 테렌스가 또 난리네요. 출근하는 대로 연락 주세요. 고마워요. 모트."

하버드대학교 로스쿨을 졸업하고 보스턴의 로펌에서 일하는 진은 아이들의 육아를 위한 시간을 내고 아버지의 뒤를 이어 의대 교수가 되고 싶어 하는 남편의 꿈을 돕기 위해 파트너 변호사의 길을 선택하지 않았다. 의과대학 부속 병원에서 일하는 경력 초기의 의사들은 정신적으로나 육체적으로 상당히 힘들다. 그러다 보니 남편 루는 원하는 만큼 가족과 많은 시간을 함께할 수 없었다. 진은 기쁜 마음으로 기꺼이 남편의 빈자리를 채웠다. 적어도 자기 자신과 다른 사람들에게 그렇게 말했다.

그녀는 유연 근무를 하고 있어서 언제 파트너들에게 호출이 올지 알 수 없었다. 로펌에서 그녀의 비공식적인 직책은 '위기 관리자이자 문제해결사'였다. 그러다 보니 어떤 파트너 변호사라도 그녀에게 도움을 청할 수 있었다. 진은 똑똑하고 행동이 민첩한 데다 까다로운 사람들을 다루는 데도 능숙했기에 파트너들이 도움을 청하는 사람이 됐다. 법과 무관한 온갖 까다로운 문제가 있을 때마다 진을 가장 먼저 찾았다. 그녀는 대개 비용을 청구할 수 있는 법률 서비스에 해당하지 않는 일들을 처리하면서 시간을 보냈다. 한마디로 과로와 저임금에 시달리고 있었다.

클라이언트 테렌스는 유능하지만 자신감이 부족하다. 그런 그의 손을 붙잡고 용기를 불어넣어주려면 이번에는 또 몇 시간이나 걸릴지 생각하니 까마득했다. 진은 테렌스를 자신에게 떠넘긴 모트가 원망스러웠다. "짐에게 이 문제에 대해 말해봐야겠어." 그녀는 짜증이 나서 발을 동동 구르며 중얼거렸다.

그녀는 아이들이 스크램블드에그를 먹고 있을 때 외투를 입고 차고로 갔다. 기온이 영하 7도로 떨어져서 차를 미리 데워두기 위해서였다. 두 딸은 가깝지 않은 서로 다른 학교에 다니고 있어서 두 군데를 들른 다음에야 차를 세워두고 시내로 가는 지하철을 탈 수 있었다. 지하철에 타자 비로소 30분 동안 혼자만의 시간을 보낼 수 있었다. 소설책을 읽을까 했지만 밀린 이메일을 확인하고 회신을 보내고 보내야 할 문자도 미리 보내두었다. 비록 일하는 데 쓰지만 30분의 시간은 그녀에게 소중했다. 마치 자기가 주도권을 쥔 듯한 착각이 들었다.

'지하철 타는 시간을 기다리게 될 줄이야. 내 인생이 어쩌다 이렇게 된 걸까?' 그녀가 속으로 중얼거렸다.

지하철에서 내릴 때 핸드폰이 울렸다. 따로 지정해둔 벨소리도 아니었고 모르는 번호였다. 혹시라도 아이들에게 문제가 생겼을지 몰라 받는 게 낫겠다고 생각했다.

"안녕하세요, 진!" 전화 건 사람은 딸 이사벨이 다니는 학교의 개발 책임자였다. 그녀는 이사벨이 얼마나 훌륭한 학생인지 아부 섞인 듣기 좋은 말을 쏟아내더니 올해 열리는 경매 행사도 작년에 이어 맡아줄 수 있는지 물었다. 진은 당황한 나머지 빠져나갈 변명거리를 재빨리 생각해내지 못하고 그 일의 적임자로 자신을 떠올려줘서 고맙다고 했다. 학교가 아이들을 위해 그렇게 수고를 아끼지 않는데 자기가 그 정도는 당연히 해야 한다고 못을 박았다.

통화를 끝낸 후 그녀는 울고 싶은 기분이었다. 하지만 그녀는 눈물을 용납하지 않았다. 울 시간 따위는 없었다. 대신 그녀는 거침없는 발걸음으로 원 인터내셔널 플레이스 건물의 회전문을 통과하고 단골 카페에서 늘 마시는 무지방 커피를 주문했다. 그녀는 그곳의 바리스타 애슐리와 가볍게 나누는 따뜻한 대화가 좋았다. 커피를 들고 엘리베이터를 타고 38층으로 올라갔다. 그녀는 위로 올라가는 엘리베이터 안에서 생각했다. '아, 엘리베이터 타는 시간은 정말 좋다니까. 사무실이 38층이 아니라 1,038층이었으면 좋겠다!'

진의 삶은 매일 작은 희생을 하는 사람들의 삶을 전형적으로 보여준다. 그 과정에서 그들은 자신의 건강, 인간관계, 직업을 위험에 빠뜨린다. 왜 이런 일이 일어날까?

◆ ◆ ◆ ◆ ◆

한꺼번에 너무 많은 일을 하면 쫓기게 된다

진에게 주의력 결핍 성향이 구체적으로 어떻게 부정적인 영향을 끼치는지 자세히 살펴보자. 속도를 늦출 기회도 없이 너무 많은 책임, 너무 많은 일, 만성적인 스트레스, 피로에 시달리다 보니 그녀의 삶은 더 이상 그녀의 것이 아니게 됐다. 끝없이 쏟아지는 사람들의 요청과 요구에 대한 반응만이 그녀의 삶을 이루고 있다.

진은 명석한 두뇌를 낭비하고 있다. 그녀의 오빠에 따르면 진은 학교에서 한 지능 검사에서 149가 나왔을 정도로 "엄청나게 똑똑" 했다. 그녀는 루와 결혼했을 때 날씬하고 아름답고 유머 감각 있고 야심 차고 활기찬 사람이었다. 직장에서도 좋은 고과 점수를 받았다. 하지만 성실함에서 나오는 과잉 반응성 때문에 그녀의 선의, 고귀한 야망, 고유한 관심사, 애정이 오히려 자신에게 해로운 영향으로 돌아오는 경우가 많았다. 과잉 반응성은 관심 주제가 자주 바뀌고 끊임없이 주의가 산만해져서 한 번에 오래 집중하지 못하는 결과를 낳는다.

진은 집중이 흐트러지는 것에 너무 익숙해진 나머지 그 어떤 것에도 그 누구에게도 오랫동안 주의를 기울이지 못했다. 주의가 흐트러지기도 전에 이미 관심이 딴 데로 넘어가 있었다. 주의력결핍 장애가 있어서가 아니라 '과잉 성실 장애'가 있었기 때문이다. 진은 누군가의 기대를 충족하거나 누군가에게 도움이 되거나 가치 있는 사람이 될 수 있는 기회를 단 한 번이라도 놓치고 싶지 않았다.

주의력 결핍 성향_{ADT}으로 고통받는 많은 사람처럼 진이 집중하지 못하는 이유는 주의를 기울이는 데 필요한 정신 근육이 약해져서, 즉 근위축이 일어나서였다. 수백 개의 보이지 않는 자석에 끌리는 것처럼 주의가 여기저기 흩어져 있다. 그녀는 남편이나 자녀나 상사에게 전적으로 집중해야 할 일이 있을 때 마주 앉아서 손으로 글자를 하나 쓰는 것까지밖에 집중하지 못한다. 한때는 집중을 잘했지만 지금은 집중하려고 할 때마다 좌절감만 느낄 뿐이다.

진은 일어나겠다고 생각한 시간에 일어나지도 못하고 몇 분 더 잠을 청하기 위해 자신과 흥정해야만 했다. 직장에 출근하기도 전에 벌써 남편과 아이들, 사무실의 파트너 변호사들, 딸의 학교 관계자의 요구를 들어주었다. 진은 자신이 모든 일을 책임져야 한다고 느끼는 것뿐만이 아니었다. 그녀는 모든 일에 지금 당장 대응해야만 한다고 느꼈다. 이로 인해 더 위험한 문제가 발생했다. 예를 들어 직장, 자녀, 지역사회, 배우자와 관련해 많은 프로젝트를 동시에 진행하는 성향 때문에 그 어떤 프로젝트에도 최선을 다할 수가 없었다. 주의력 결핍 성향ADT은 기본적으로 '빠르게'를 선호하므로 진 또한 자동으로 조급함을 느꼈다. 기다림은 고통스러웠다. 빠른 속도는 올바르게 느껴지고 느린 속도는 견딜 수 없었다.

현대 문화의 특징은 진의 그런 믿음을 굳어지게 했다. 그녀는 항상 서두르고 하루 24시간 동안에도 다 처리할 수 없을 정도로 할 일이 많았다. 그렇지만 그녀를 필요로 하는 곳이 많다는 것에서 이상한 자부심을 느꼈다. 쉬고 있으면 죄책감이 들어서 전혀 급하지 않은데도 틈날 때마다 주방을 청소하거나 옷장을 정리하고 애완견의 털을 빗질해주었다.

초고속의 생활은 그녀의 시간 감각을 망가뜨렸다. 시계가 실제로 몇 시를 가리키든 항상 시간에 쫓기는 것처럼 느껴졌다. 가능한 짧은 시간에 많은 일을 하려는 욕구가 너무 강한 것도 문제였다. 이를테면 5분 동안 인간적으로 도저히 불가능한 수준의 일을 해낼 수 있다고 생각하는 바람에 자신의 부족함을 확인할 때가 많았다. 결국 스스로를 실패자라고 느꼈다.

진 같은 사람들은 그 어떤 것에도 집중할 수가 없다. 진은 한꺼번에 너무 많은 일을 감당하느라 머릿속에 여유가 없어서 사람들의 말에 귀 기울이는 것조차 힘들어졌다. 상대가 말을 끝낼 때까지 기다리지 않고 중간에 끊었다. 그녀의 인생 전체가 거대한 주의산만과도 같다는 점에서 전혀 놀라운 일도 아니었다. 그녀의 관점에서는 '현실'일 뿐이었으니까. 항상 처리할 일이 잔뜩 기다리고 있어서 대화를 끝까지 마무리하지 못하고 어떻게든 서둘러 끝냈다.

대화가 너무 느리게 움직이는 것 같으면 폭발할 것 같은 느낌이 들었다. 차가 밀리는 것이나 슈퍼마켓의 줄이 긴 것도 참을 수 없었다. 줄이 너무 느리게 줄어드는 것을 견딜 수 없어서 살 물건을 가득 넣어둔 쇼핑카트를 그대로 남겨두고 슈퍼마켓을 나와버린 적이 한두 번이 아니었다. 대화 도중에 상대방에게 핵심만 말하라고 강요하는 바람에 관계가 깨져버린 적도 많았다.

시간이 지남에 따라 그녀의 삶은 스트레스로 심각한 타격을 받기 시작했다. 진은 산더미처럼 쌓인 일들을 처리하다가 지치거나 막힐 때마다 속도를 더 내야 한다고 느꼈다. 혼란에 빠진 이들이 그러하듯 더 똑똑하게 일하는 것이 아니라 더 열심히 하려고 했다. 매일 운동에 쓸 20분도 없다는 생각에 헬스장에 가는 것도 그만두었다. 그녀가 생각하기에는 오로지 더 열심히 하고 더 늦게까지 깨어 있는 것이 유일한 해결책이었기에 점점 필사적이고 혼란스러운 소용돌이에 빠져들었다.

뭔가 잘못되고 있다는 것을 깨달았다. 진은 해결책을 찾기 위해 시간을 쪼개 자기계발서를 몇 권 읽었다. 심리치료사를 만나러 갈 시간이 없었다. 그나마 그녀에게 심리치료사에 가장 가까운 존재는 그녀의 미용사 조이였다. 미용실에 갈 때마다 그녀는 죄책감 섞인 기쁨을 느꼈다. 시간 관리와 조직, 육아, 자기주장은 물론이고 자신이 처한 곤경과 별로 관련이 없어 보이는 책까지 닥치는 대로 찾아 읽어보았다. 하지만 정곡을 정확하게 찌르는 책은 없었다. 전부 한 가지에 집중을 잘하는 독자들을 위한 책들 같았다. 그녀는 절대로 공감할 수 없었다.

사실 그녀는 자신이 시간을 잘 관리한다고 믿었다. 자신의 일은 물론이고 아이들과 남편의 일까지도 제대로 관리할 수 있지만 일이 너무 많아서 다 처리하기에는 하루 24시간으로 부족한 것뿐이라고. 한 달에 두 번씩 집안을 청소해주는 사람을 쓰고 있었지만 어질러진 집안을 항상 자기가 치우는 것처럼 느껴졌다.

그녀는 좋은 부모가 되는 법도 알고 있다고 생각했다. 더 잘하지 못해서 죄책감을 느꼈지만 스스로 좋은 부모라고 믿었다. 운동을 거의 하지 않고 자주 과식하고 자신을 잘 돌보고 있지 않았지만 습관을 바꾸기만 하면 된다고 생각했다. 그런 것쯤은 자기계발서를 읽지 않아도 알 수 있었다. 자기계발서들은 대부분 확실하게 자기 의견을 말하는 게 중요하다고 강조했다. 그런데 그녀는 그것도 별 문제가 없다고 느꼈다. 그나저나 삶을 바로잡으려면 정확히 누구에게 의견을 주장해야 한단 말인가? 신에게?

잠자리에 들면 그저 잠만 자고 싶었다. 루는 더 이상 그녀가 육체적인 사랑을 나누고 싶었던 사랑스럽고 매력적인 남편이 아니었다. 예전에는 그의 품에 안겨 가슴에 머리를 파묻고 누워 있는 것을 좋아했다. 하지만 이제 그는 옆자리에 누워 있는 다른 몸뚱어리일 뿐이었다. 주의력 결핍 성향ADT은 배우자와의 관계에도 해로운 영향을 끼쳤다.

◆ ◆ ◆ ◆ ◆ ◆

할일이 많아지다 보면 인생이 위협받게 된다

"당신 오늘 내가 한 살 더 먹은 날인 거 까먹었나 봐." 어느 날 밤 잠자리에 들려고 할 때 루가 조용히 말했다.

진은 남편의 생일을 완전히 잊어버리고 있었다.

그녀는 사과 대신 화를 냈다. "그런 것까지 일일이 어떻게 다 기억해? 그리고 당신, 생일에 집착하기에는 너무 많은 나이 아니야? 내가 케이크도 만들고 당신 친구들을 전부 초대해야겠어? 고깔모자를 쓰고 생일 축하 노래도 부르고 당신이 촛불도 끄고? 그놈의 생일 타령이나 하지 말고 날 좀 도와주지 그래? 당신의 그 잘난 의대 교수 커리어를 위해 내가 얼마나 많은 희생을 하고 있는지 알기나 해? 당신이 아버지의 뒤를 이을 수 있도록 내가 엿 같은 상황을 얼마나 견뎌야 하는지 알아? 당신이 한가하게 생일 타령이나 할 때 내가 얼마나 스트레스를 받는지 알기나 하냐고!"

진이 만약 제정신이었다면 남편에게 그렇게 퍼붓고 나서 곧바로 자신의 잘못을 깨닫고 사과했을 것이다. 일주일, 한 달, 일 년 내내 쌓인 불만 때문에 남편에게 화풀이한 것을. 하지만 그녀는 사과하지 않았고 루도 아무 말도 하지 않았다. 침대에서 일어나 손님방으로 가서 잤을 뿐이었다.

다행히 결혼 생활이 파탄에 이르지 않았지만 오랫동안 괴로운 나날이 이어졌다. 진이 해야 할 일은 더더욱 많아졌고 상처받은 남편이 더 이상 도와주지 않으려고 했다. 진은 날이 갈수록 잠을 설치고 걱정도 늘어만 갔다. 걱정은 그녀의 주변에 항상 존재하는 소음과도 같은 존재가 됐다. 잠자리에 들 때도 잠에서 깰 때도 그 자리에 있었다. 스트레스가 그녀의 주변을 둘러싸고 집안 분위기를 어둡게 만들었다. 할 일이 늘어날수록 미루는 것도 심해져서 생산성이 크게 떨어졌다. 상사의 눈에 띄어서 인사고과에도 반영됐다.

진은 우울감에 빠졌고 점점 통제 불능 상태가 됐다. 운동 부족에 대한 경각심이 약해진 데다 다른 종류의 '해결책'이 절실해졌다. 마카로니, 치즈, 피자, 치킨이 주는 위안에 빠져들었다. 몸무게 따위는 상관없어졌다. "살찌라지 뭐. 아예 엄청나게 뚱뚱해지든가! 뭐 어쩌라고! 무슨 상관이야?" 그녀는 체중계에 올라갈 자신이 없었다. 체중이 늘어나면서 성격도 더 예민해졌고 매일 저녁 와인을 서너 잔씩 마시기 시작했다. 알코올 때문에 수면의 질이 떨어졌고 숙취와 함께 더 피곤한 상태로 깨어났다. 생각보다 훨씬 더 심각했다.

진은 남편이 병원에서 보내는 시간이 길어진 이후로 아무하고나 시시덕거리기 시작했다. 슈퍼마켓의 계산대 직원, 평소 그녀에게 관심을 표시한 엉덩이가 마음에 드는 주유소 직원, 고등학교 영어 선생님과 닮은 주류 판매점의 중년 남성 등. 선을 넘어 바람을 피울 정도까지는 아니었지만 통제할 수 없는 상태에 빠져들고 있다는 사실을 알아차렸다.

신체적으로도 불편함이 느껴지기 시작했다. 목과 허리가 뻐근하고 아팠다. 처음 느껴보는 통증이었다. 음식을 먹고 나면 소화불량이 찾아오기 일쑤였고 공복에도 속이 좋지 않았다. 그녀의 오랜 특징이었던 밝고 활기찬 모습도 사라졌다.

가끔 동료나 친구가 무슨 문제가 있느냐고 가볍게 물어보면 날카롭게 쏘아붙였다. "뭐가? 그래, 나 살 좀 쪘어. 난 미디어에서 여자들에게 강요하는 비정상적인 몸매에 집착하는 노예가 아니거든. 난 내가 자랑스러워." 상대는 두 번 다시 같은 질문을 하지 않았다. 진은 주변 사람들과 점점 멀어졌고 스스로를 고립시켰다.

진은 내가 댄저DANGER 지대라고 부르는 곳에 들어갔다. 이 두문자어 'DANGER'는 다음의 약자이다.

D-실망disappointment과 패배감defeat은
A-분노anger와 비난blame으로 이어지고
N-감정과 생각이 부정적으로 변하고negativity
G-부정적인 태도가 삶의 전반에 퍼져서globalizing
E-낭비적이거나 위험한 활동으로 도피하고escape
R-다른 사람들의 도움이나 삶 자체를 거부하게 된다rejection

위험DANGER 지대에서는 인생의 모든 것이 위협을 받는다. 진도 마찬가지였다. 결혼 생활, 직업, 아이들의 행복, 심지어 인생 자체가 모두 위태로워졌다.

◆ ◆ ◆ ◆ ◆ ◆

착한 사람이 되어야 한다는 생각이 문제다

세계관, 즉 세상을 보는 관점은 보통 어릴 때 발달하고 평생 지속된다. 하지만 어렸을 때 가정에서의 생활에 대처하는 데 도움이 됐던 행동이 성인이 된 후에는 환경에 적절히 대응하지 못하게 하고 문제를 일으킬 수 있다. 진도 이 책에서 소개되는 다른 인물들처럼 그랬다.

진은 6남매 중 넷째로 태어났다. 그녀는 요즘처럼 부모가 아이들을 애지중지하며 지대한 관심을 기울이지 않는 시대에 자랐다. 그녀는 신성불가침과도 같은 어른들의 담소 시간에 할머니에게 재미있는 이야기를 해달라고 했다가 단호하게 훈계받은 일을 기억한다. "진, 아이들은 어른들 말할 때 끼어드는 거 아니다. 어른들 얘기하게 저리 가 있거라."

부모는 좋은 사람들이었지만 항상 바빴다. 그녀에게 큰 관심을 쏟지는 않았다. 진은 학교 다닐 때 성적 때문에 걱정할 일도 없었다. 부모가 그녀의 성적에 관심이 없었고 어쨌든 학교 공부는 그녀에게 꽤 쉬웠으니까. 어릴 때부터 직접 옷을 골라서 입었기 때문에 어떤 옷을 입든 부모님의 반대에 부딪힐 일도 없었다. 아침도 직접 챙겨 먹고 입맞춤은커녕 인사말조차 없이 스쿨버스를 타러 나갔다.

그렇다고 방치된 느낌을 받지는 않았다. 그냥 원래 그런 식이었다. 돌이켜보면 그녀는 어렸을 때 선택에 직면해 있었다. 인생에서 가장 중요한 선택들이 그러하듯 의식적이지는 않았지만 어쨌든 선택이었던 건 맞았다.

그녀가 그토록 간절하게 원하는 부모의 관심을 받을 방법은 두 가지가 있었다. 나쁜 아이가 되거나 착한 아이가 되거나 둘 중 하나였다. 그녀 위로 두 오빠는 나쁜 아이가 되는 쪽을 선택했다. 도둑질과 마약으로 말썽을 일으켜서 부모에게 많은 관심을 받았다. 하지만 진은 그런 관심을 원하지 않았다. 그래서 착한 아이가 되는 쪽을 선택했다.

그녀는 착해져야 한다는 생각에 사로잡혔고 마음에 각인됐다. 착하지 않은 행동을 하는 것 자체가 불가능해졌다. 그녀는 예스맨이 되고 사람들에게 무조건 맞춰주는 행동이 좋은 인격과 미덕의 신호로 받아들여진다는 사실도 깨우쳤다. 걸스카우트 지도자가 되는 것과 학교 선생님들로부터 주어진 일 이상으로 열심히 하는 것이 중요하다고 배웠다. 그녀가 성인이 된 후에도 이러한 신념에 지배당했다. 그녀에게 자신은 물론이고 타인의 기대를 충족하지 못하는 것은 있을 수 없는 일이었다. 실패할 때는 자신을 비난했고 자신이 하지 않은 일에 대해 죄책감을 느꼈다. 자존감도 큰 타격을 입었다. 잠시 숨 돌릴 기회가 생겨도 심각한 죄를 짓기라도 하는 것처럼 쉬지 않았다. 착해져야겠다는 자신의 신조를 어기게 되는 것도 두려웠다.

항상 남의 부탁을 들어주고 착하게 굴어야 한다는 생각이 너무 뿌리 깊이 박혀버려서 거절은 생각조차 할 수 없었다. 거절은 갑자기 사방에서 외국어가 들리는 곳에서 눈을 뜬다거나 갑자기 새로 변하기라도 한 것처럼 그녀에겐 낯선 일이었다. 모두의 요청을 들어주지 않는다는 것을 생각조차 할 수 없었다. 상사에게 주말 동안 연락이 닿지 않을 수도 있다고 말하거나 아이들에게 샤워할 때 방해하지 말라고 말하는 것은 상상만으로도 고통스러웠다.

아이러니하게도 진이 위험 지대에 들어갔을 때 지금까지 절대 거절을 모르고 모두에게 인정받았던 '착한 아이'는 더 이상 인정받는 상태가 아니었다. 그녀는 무너지고 있었다.

◆ ◆ ◆ ◆ ◆

거절해도 괜찮다는 것을 배워야 한다

현대인의 생활 방식 때문에 주의력 결핍 성향에 빠지는 사람들은 이로운 특징이 해로운 특징으로 변하기 쉽다. 진의 과거, 즉 어린 시절이 주의력 결핍 성향에 대한 민감성을 높였지만 그것을 완전히 진행시킨 것은 현대인의 생활 환경이었다. 오른쪽의 표는 주의력 결핍 성향이 이로운 적응 행동을 해로운 행동으로 바꿀 수 있음을 보여준다.

다행히 주의력 결핍 성향이 있는 사람들은 그릿과 회복탄력성이 뛰어나다. 보통 그들은 위험DANGER 지대에서 벗어나는 방법을 찾는다. 물론 스스로 선택해서 상담받으러 오거나 자신에게 문제가 있음을 인정하고 기꺼이 도움을 받으려는 사람들을 말한다. 나를 찾아올 때쯤이면 이미 최악의 상황은 끝났고 좀 더 평화로운 정신 상태로 돌아가려는 중이다. 완전히 무너져 내리고 가진 것을 대부분 잃는 사람들은 도움받는 것을 거부하고 스스로를 고립시켜 자폭하는 사람들이다.

진은 집중력을 회복하는 기본 계획을 따를 수 없는 상태였다. 에너지가 너무 부족해서 다른 요소들을 활용할 수 없었기 때문이다.

멀티태스커와 거절할 줄 모르는 사람들의 이로운 점과 해로운 점

이로운 점	해로운 점
모든 상황에 주의를 기울이고 무엇도 놓치고 싶어 하지 않는다.	모든 것에 주의를 쏟는 나머지 그 무엇에도 완전히 주의를 기울일 수 없다.
책임감 있고 성실하다.	자신의 책임이 아닌 일에도 책임감을 느낀다.
야망이 있고 많은 일을 하고 싶어 한다.	합리적으로 감당할 수 있는 것보다 많은 일을 맡는 경향이 있다.
적극적이고 참여하고자 하는 욕구가 강하다.	지나치게 적극적이어서 모든 일에 다 뛰어든다.
뉴스, 이슈, 패션을 잘 파악하려는 욕구가 있다.	최신 정보와 사람들의 근황 등에 집착하고 정보통이 되려고 한다.
배려심과 공감 능력이 뛰어나서 사람들을 잘 이해한다.	타인에 대한 지나친 공감과 감정 이입으로 정작 자신과 주변의 소중한 사람들에게는 충분한 관심을 쏟지 못한다.
열심히 일하고 기여하고 싶은 욕구가 있다.	스스로 부족하다는 생각에 성취감과 만족감을 느끼지 못한다.
인생을 사랑한다.	인생의 아름다운 순간을 음미하지 못한다.

그녀의 도전 과제는 그저 자고 먹고 운동할 시간을 내고 휴식 시간과 사랑을 나눌 시간도 확보하는 것이었다.

집중력을 되찾으려고 애쓰는 사람들이 마주하는 가장 큰 난관은 정신적이고 전략적인 특징을 띤다. 나는 항상 모두의 기대를 충족하지 않아도 된다고 스스로에게 허락하라고 격려했다. 그리고 그녀가 시간을 절약할 수 있는 새로운 구조를 배우고 거절하는 방법도 배우도록 돕는 것에 집중했다.

내가 진에게 가르친 새로운 구조에는 축소curtail, 위임delegate, 삭제eliminate의 약자인 CDE가 있다. 상사와 직접 대화해보라고도 조언했다. 지금처럼 모두의 부름에 응답하고 모두의 업무를 지원할 필요가 없도록 직책을 변경해 달라고 말이다. 하지만 그전에 우선 예스맨의 태도를 버릴 필요가 있었다. 내가 거절하는 방법을 배워야 하는 사람을 도와주는 방법은 다양하다. 보통은 격려와 롤플레잉을 합쳐서 지도한 다음 실제 상황에서 새로운 행동을 테스트해서 효과적인 방법을 파악한다.

진이 거절을 못한 데는 이유는 마음속 깊은 곳에 거절하면 모든 것을 잃을지도 모른다는 두려움이 있었기 때문이다. 그녀에게 거절은 평생 지켜온 규칙을 어기는 금기였다. 앞에서 말한 것처럼 성인의 행동은 대부분 어릴 때 생존을 위해 해야만 한다고 생각하거나 해야 한다고 들은 것, 혹은 두 가지 모두에 뿌리를 둔다. 진은 어린 시절의 규칙이 이제 더 이상 적용되지 않으며 거절해도 안전하다는 사실을 깨우쳐야만 했다. 오히려 거절은 정말로 좋은 방법이었다. 하지만 타고 있는 배가 가라앉기 직전의 위기와 절망감을 느낄 필요가 있었다. 그녀는 완전히 바닥을 치지는 않았지만 자신의 뿌리박힌 대처 방식을 부수기 직전까지 왔다. 고통이 너무 큰 나머지 그녀는 붙잡고 매달릴 동아줄로 새로운 생각으로 손을 뻗었다. 한마디로 '내 삶을 되찾고 싶다.'였다. 영화 「네트워크」의 주인공이 "난 지금 엄청나게 화가 났고 더 이상 참지 않을 거야!"라고 소리친 것과 비슷했다. 분노는 그녀를 자유롭게 해주었다. 하지만 분노를 가둔 금고의 철문을 녹이려면 강한 열이 필요했다.

자, 그럼 기본 계획의 측면에서 진의 문제를 분석해 보자.

1. 에너지. 진은 모든 것을 제대로 해내는 완벽하고 착한 아이가 되겠다는 집착으로 녹초가 되어 있었다.

2. 감정. 과도한 지출을 하면 빚이 쌓이듯 그녀 안에는 분노가 쌓였다.

3. 참여. 지나치게 많은 일에 참여하다 어떤 일에도 오랫동안 집중할 수 없었다.

4. 구조. 어린 시절에 만들어진 감정 상태 때문에 도움이 될 만한 구조와 경계를 설정할 수 없었다.

5. 통제. 과도한 의무감과 다른 사람들의 기대를 충족해야 한다는 강박관념 때문에 통제권을 잃었다.

어떻게 해결할 것인가?

멀티태스커와 거절할 줄 모르는 사람들을 위한 10가지 팁

1. 동시에 두 가지 작업에 집중하는 것은 신경학적으로 불가능하다. 사실 멀티태스킹은 한 작업에서 다른 작업으로 빠르게 주의를 전환하는 것이다. 만약 식기 세척기에서 그릇을 꺼내는 동안 핸드폰으로 재미없는 상대와 통화하는 것처럼 둘 다 지루한 작업이라면 멀티태스킹을 하더라도 별문제가 없을 것이다. 하지만 복잡한 투자 보고서를 작성하면서 핸드폰으로 까다로운 상대와 통화하는 것처럼 둘 다 복잡한 작업을 동시에 진행한다면 통화도 보고서도 제대로 이루어질 수 없다.

2. 멀티태스킹은 재미있고 시간을 절약한다는 착각을 불러일으킨다. 그래서 많은 사람이 통화하면서 이메일을 보내거나

컴퓨터 화면에 실시간으로 뜨는 데이터를 본다. 하지만 조심해야 한다. 멀티태스킹을 하는 동안 스스로 통제권을 쥐고 있다고 생각하겠지만 작업이 하나 추가될 때마다 중요한 정보를 놓칠 가능성이 기하급수적으로 커진다.

3. 자율적으로 조절되는 행동이나(의자에 앉아 균형을 유지하면서 호흡하기 등) 집중력이 필요하지 않은 경우(샤워하면서 아이팟으로 음악 듣기 등)에는 멀티태스킹이 가능하다. 우리가 잠자는 동안에도 몸과 정신이 계속 많은 일을 하고 있다. 따라서 엄밀히 말하면 누구나 멀티태스킹을 한다.

4. 멀티태스킹은 실시간으로 주의를 기울이고 집중해야만 하는 작업이 하나 이상일 때만 위험하다. 그런 경우에는 운전하면서 술 마시는 것처럼 위험한 상황이 된다. 예를 들어 고속도로에서 라디오를 들으면서 운전할 수도 있지만 출구가 가까워지면 라디오에서 관심을 끊어야 한다. 그렇지 않으면 출구를 모르고 지나칠 가능성이 커진다. 자동으로 경로를 아는 게 아니라면 말이다. 하지만 회의나 운전 중에 문자를 보낸다면 막대한 피해가 발생할 수 있다.

5. 거절하지 못하는 것은 친절하고 성실한 사람들이 직장에서 맞닥뜨리는 매우 심각한 위험이다. 영구적인 과부하 상태에 빠질 수 있다. 정중하게 요청을 거절하는 연습을 해야 한다.

6. 거절할 때 사용하면 좋은 말이 있다. "시간만 있으면 해주고 싶은데. 지금 상태로는 온전히 집중할 수가 없어서 그 일에 꼭 필요한 좋은 성과를 내지 못할 것 같아요."

7. 거절하는 것이 옳고 좋고 적절하다고 스스로에게 설명한다.

모든 부탁을 들어주면 머지않아 번아웃에 빠져서 조직, 가족, 자신에게 쓸모가 없어질 것이다.

8. 위임하는 법을 배운다. 이 시대를 살아가는 우리의 목표는 독립적이 되는 것이 아니라 최대한 도움을 받고 또 주면서 상호의존하는 것이다.

9. 기본 계획의 세 번째 요소인 참여는 자신이 잘하고 좋아하는 일을 할 때 가장 쉽게 따라온다. 그런 일에는 "예스"라고 말하자.

10. 거절이 모두를 위하는 길임을 알아야 한다. 쉽게 말해서 거절은 현재 내가 그 일의 최고 적임자가 아니라고 밝히는 것이다. 그 사실을 아는 것이 조직에도 유리하므로 오히려 당신에게 고마워해야 한다.

3장 [아이디어 호핑]
아이디어는 많지만 끝내지 못한다

◆ ◆ ◆ ◆ ◆
무슨 일이든 끝장을 내는 끈기가 부족하다

"안 돼. 안 돼. 안 돼!" 브라이언이 소리쳤다. "똑같은 상황을 또 반복할 순 없어. 말했잖아. 당신이 어떤 선택을 하든 난 당신 편이라고. 그런데 그렇게 선택 자체를 거부하면 편을 들어줄 수가 없잖아."

"브라이언, 난 선택을 거부하는 게 아니야. 선택 자체가 불가능하다니까. 제발 이해해 줘."

"이해할 수 없어! 맹세코 난 이해하려고 노력했어. 하지만 지금 내 눈에 당신은 제멋대로인 부자로밖에 안 보여. 배가 불렀다고."

애슐리는 뒤통수를 한 대 얻어맞은 것처럼 큰 충격을 받았다. "너무해, 브라이언. 어떻게 그런 끔찍한 말을 할 수가 있어? 그래, 당신은 사는 게 쉽겠지. 뭐든 다 쉬우니까. 날 이해해주기는커녕 그렇게 잘난 척하듯 깔아뭉개다니."

"애슐리, 미안해. 당신 말이 맞아. 내가 말이 너무 심했어. 하지만 너무 답답해서 무슨 말을 해야 할지 모르겠어."

"답답하다고? 내 기분은 어떨 것 같아? 인생을 낭비하는 건 당신이 아니라 나라고."

"글쎄, 인생 전체를 낭비하는 건 아니지. 당신에겐 나와 아이들이 있잖아. 우리가 소중한 거 맞지?"

"당연히 소중하지. 하지만 당신이라면 어떻겠어? 자기 커리어도 없고 필요한 지원을 즉시 받을 수 있는데도 계속 아이디어만 떠올릴 뿐 실행에 옮길 수 없다면? 난 두 살짜리 어린애가 된 것 같아. 뭐 하나 진득하게 할 수가 없어."

애슐리와 브라이언에게는 서로 화난 상태로 잠자리에 들지 않는다는 엄격한 규칙이 있었다. 그래서 11시에 불을 껐을 때 그는 그녀에게 손을 뻗었고 그녀도 그의 품에 안겼다. 그는 그녀의 등을 부드럽게 쓰다듬고 "사랑해."라고 말하며 부드러운 키스를 건넸다. 그런 다음 곧바로 옆으로 누웠다. 이내 호흡이 느려지고 깊이 잠들었다.

애슐리는 언제나처럼 눈을 뜬 채로 천장을 응시하며 밖에서 들려오는 귀뚜라미 소리를 들었다. 눈가에 눈물이 차올랐다. 그녀도 남편의 말이 옳다는 것을 알고 있었다. 그녀는 부자 남편의 팔자 좋은 아내였다. 그녀에겐 무슨 일이든 끝장을 보고 마는 끈기가 없었다. 아이디어가 별로라서가 아니라 너무 많은 게 문제였다. 멋진 아이디어가 떠오르면 곧바로 또 다른 아이디어가 떠올라 계속 다음 아이디어로 옮겨갔다. 꽃이 만발한 정원의 꿀벌이 달콤함이 풍기는 빨간 장미에 내려앉자마자 키 큰 파란색 델피니움이나 울타리를 이루는 인동덩굴꽃에 정신이 팔려버리는 것과 같았다.

왜 그녀는 한 가지 꽃에 오래 머무르지 못하는 것일까?

그녀에게는 기업가정신과 관련 있는 간절한 욕구가 있었다. 이것은 거의 항상 주의력 결핍 성향ADT 증상과 관련이 있다. 하지만 애슐리의 주의력 결핍 성향ADT은 신발 속에 사는 할머니가 나오는 동요를 떠올리게 한다. 물론 그녀는 아이가 아니었다. 아이디어가 너무 많아서 어떻게 해야 할지 몰랐을 뿐이다. 애슐리의 머릿속에는 잔뜩 쌓인 낙엽이 강한 바람에 날아가듯 아이디어가 소용돌이 쳤다. 낙엽을 잡아서 정리하려는 순간 또다시 바람이 불어와 낙엽을 흩뿌렸다.

다음과 같은 주의력 결핍 성향이 나타난다

아이디어가 너무 많아서 다 어떻게 해야 할지 모르겠다.

프로젝트를 시작하고 끝내는 것은 좋지만 그 과정에서 문제를 겪는다.

새로운 아이디어가 머릿속을 맴돌아서 뜬눈으로 누워 있다.

어려운 일을 피하고 바쁘기만 하고 쓸모 없는 일을 한다.

실행력이 상상력을 따라가지 못한다.

새로운 프로젝트의 신선함이 약해지면 지루해한다.

우선순위를 정하는 방법을 모른다.

지루해지면 흥미를 잃고 끝장을 보지 못한다.

◆ ◆ ◆ ◆ ◆ ◆
꿈에서 현실로 넘어가는 여정을 지루해한다

애슐리는 대학원 재학 중 실리콘밸리의 성공한 스타트업 창업자 브라이언을 만나 결혼에 골인했다. 그녀는 첫 아이를 임신했을 때 이베이에서 물건을 팔기 시작했고 결과가 꽤 좋았다. 하지만 그 일을 계속하지는 않았다. 아들이 태어난 후 여성 동업자와 함께 어린 자녀를 둔 가정을 상대로 온라인 여행 사업을 시작했지만 성공하지 못했다. 그다음에는 애니메이터와 함께 그래픽 디자인 소프트웨어 사업을 하고 싶었지만 무산됐다.

실제로 그녀는 사업 계획서를 작성하는 능력이 탁월했다. 순식간에 뚝딱 완성했다. 한 해 동안 새로운 사업 아이디어 두 가지를 연구하고 탄탄한 계획까지 세웠다. 하나는 사무용 가구 사업이었다. 스위치를 누르면 스탠딩 데스크나 러닝머신 데스크로 바뀌는 사무용 책상 아이디어였다. 일할 때 서 있거나 느리게 걷는 것이 건강에 좋다는 연구 결과가 계속 나왔다. 그녀는 성공하리라 확신했다. 다른 아이디어는 침대 겸용 소파였다. 부피가 작아 책상 아래에 넣을 수 있어서 밤에 일하는 사람이나 야근이 잦은 정보기술IT 계열 종사자들에게 안성맞춤이었다. 그 외에도 브라이언과 사랑을 나누다가 떠올린 란제리 아이디어도 있었다. 여성의 무릎으로 흘러내리지 않고 잘 고정되는 실크 스타킹과 쌀쌀한 밤에 난롯불을 쬘 때 입기 좋은 아주 가벼운 실크와 모헤어 소재의 가운이었다.

애슐리는 이 모든 아이디어가 마음에 쏙 들었다. 머릿속에서 번쩍 떠오르는 다른 수십 개의 아이디어도 마찬가지였다. 그녀의 머릿속은 마치 24시간 쉬지 않고 돌아가는 아이디어 공장 같았다. 밤에 뜬눈으로 지새우기 일쑤였다. 걱정 때문이 아니라 첫 데이트를 앞둔 사람처럼 기대와 설렘으로 잠을 이루지 못했다. 당장 일어나 사업 제안서를 쓰고 싶었지만 그러기도 전에 낙엽 더미에서 또 다른 아이디어가 날아와 그 아이디어를 따라가야만 했다. 그녀는 친구에게 말했다. "어떤 기분인지 알아? 이런 흥분감은 느껴본 적이 없어. 사업 아이디어를 떠올리는 게 너무 신나고 재미있어. 모두 성공하리란 걸 아니까. 어쩌면 대박을 터트릴 수도 있고. 그런데 아이디어를 실행할 수 없다는 게 문제야!"

애슐리가 아이디어를 진득하게 개발하지 못하는 이유는 분명 자원 부족 때문이 아니었다. 그녀는 학교에 다니는 두 자녀를 둔 활기차고 똑똑한 엄마이자 입주 보모를 감독하는 상사이기도 했다. 남편이 큰 보험 회사 창업주의 아들이라서 받은 유산도 많은 데다 남편도 돈을 잘 벌었다.

애슐리가 사업 계획을 세우는 이유는 꼭 필요해서가 아니라 그녀가 원해서였다. 스탠퍼드에서 경영학 석사학위를 받았는데 어릴 때부터 관심 분야의 사업을 구상하는 것을 좋아했다. 수년간 꿈을 좇기만 했을 뿐 이루지는 못하자 에너지와 창의성이 점점 떨어지는 것을 깨달았다. 가장 마음에 드는 아이디어를 하나 골라서 끈기 있게 집중하는 것이 불가능했다. 그뿐만 아니라 나이가 들수록 자주 옆길로 새고 디테일도 떨어졌다. 위임하는 것도 어려웠다. 잠시나마 한 가지에 집중할 때는 모든 것을 다 쏟아부었지만 그 뒤에는 상실감이 몰려왔다. 다른 사람들이 뛰어들어 마법처럼 일이 다 해결되어 있기를 바라게 되는 것이었다.

남편 브라이언이 느끼는 답답함도 이해됐다. 그도 꿈을 이루기까지 힘든 시기를 겪었으니까. 하지만 그는 성공했다. 스스로의 힘으로 수백만 달러의 자산가가 됐다. 자신은 성공하지 못했다는 사실이 애슐리에게 좌절감을 느끼게 했다. 그녀도 쿠키를 파는 데비 필즈_{Debbi Fields}나 더 바디샵 브랜드를 만든 아니타 로딕_{Anita Roddick}, 신발부터 선글라스까지 다양한 패션 아이템을 선보이는 토리 버치_{Tory Burch}, 자수성가한 세계 최연소 여성 억만장자가 된 스팽스_{Spanx}의 사라 블레이클리_{Sara Blakely}처럼 성공하고 싶었다. 하지만 그녀는 꿈에서 현실로 가는 여정이 너무 길고 지루해서 견딜 수 없다는 것을 인정해야만 했다. 흥미를 완전히 잃어버린 기나긴 논문을 마무리해야 하는 박사 과정 학생들이나 세 챕터 이후로는 도저히 써나가지 못하는 소설가 지망생들의 고통스러운 심정을 이해할 수 있었다.

◆ ◆ ◆ ◆ ◆ ◆
가능성을 현실로 만들기 위한 질문을 해보자

내가 만난 최고의 스승이었고 오랫동안 하버드대학교의 정신의학과에 재직했던 고 레스턴 헤이븐스_{Leston Havens} 교수는 이런 말을 한 적이 있다. "심리치료는 처음부터 끝까지 한 가지 질문을 중심으로 진행할 수 있다네. 바로 '당신은 무엇을 원합니까?'라는 질문이지. '당신은' '무엇을' '원합니까?'라는 세 단어 중에서 어떤 단어를 강조하느냐에 따라 완전히 다른 세 가지 방향으로 상담이 진행될 수 있다네."

애슐리를 가장 괴롭히는 것은 '원하다'가 강조된 질문이었다. 그녀는 자신에게 "애슐리, 넌 뭘 원해?"라는 질문을 적어도 천 번은 했다. 헤이브스 교수의 너무도 간단한 질문에 답하려면 한순간이 걸릴 수도 있지만 한평생까지 걸릴 수도 있다. 끝까지 답하지 않는 사람들도 있는데 질문에 답하고도 원하는 것을 얻지 못하는 것보다 훨씬 더 기분이 상할 수 있다. 질문에 답하는 것이 불가능하다면 목적지 없이 영원히 떠돌아야 한다.

실존주의 기독교 철학자 쇠렌 키르케고르는 저서 『죽음에 이르는 병』에서 '무한한 가능성이 주는 절망감'에 대해 설명했다. 인간을 절망하게 하는 것은 그 사람의 가능성이 한정적인데 더 많은 것을 원하기 때문이다. 알렉산더 대왕이 더 이상 정복할 땅이 없음에 절망했던 것처럼 말이다. 그러나 어떤 이들은 가능성이 제한적이 아니라 무한하기 때문에 절망을 느낀다. 사람들 대부분이 생계에 필수적인 일들에 얽매여서 정신없이 바쁘게 살아가지만 그런 상황에서도 상상력이 가로막히지 않는 사람들도 있다. 그들은 끊임없이 새로운 가능성을 상상한다. 그중 하나도 현실로 이루어지지 않더라도 말이다. 키르케고르의 말처럼 "그 무엇도 실제가 되지 않기에 더 많은 것이 가능해진다."

보통 사람들은 아이디어 하나를 현실로 만드는 데 필요한 노동을 하느라 한동안 다른 아이디어로 눈을 돌리지 못한다. 하지만 무한한 가능성에 빠진 사람은 오직 기회만 있고 아무것도 없어서 절망한다. 대다수에게 희망으로 다가오는 "무엇이든 가능하다."라는 말은 종말의 전조일 뿐이다.

'무한한 가능성'에 빠진 사람들이 가능성을 현실로 만들지 못하는 이유는 생계가 빠듯하지 않아서도, 실행에 필요한 돈이 없어서도, 상사의 기대를 충족하지 않아도 돼서가 아니다. 이런 것들은 표면적인 핑계일 뿐이다. 더 심오한 이유는 일을 완료할 수 있는 기술, 즉 인지 능력이 부족하기 때문이다.

캐시 콜비Kathy Kolbe의 '의지conation' 연구는 문제에 대처하는 스타일이 사람마다 유전적으로 다르다는 사실을 증명했다. 의지는 가장 강력한 심리학 용어라고 할 수 있다. 사람마다 '의지 스타일'이 다르다. 개인의 의지 스타일은 어떤 일을 다루거나 문제를 해결하는 타고난 스타일을 말한다. 인지(생각)와 감정은 다들 들어보았겠지만 3인방의 마지막 요소인 의지에 대해서는 잘 몰랐을 것이다. 일을 처리하는 개인의 자연스러운 방식이다.

간단한 생각 실험으로 자신의 의지 스타일을 알아볼 수 있다. 누군가가 수레에 가득한 쓰레기를 바닥에 쏟아버리는 것을 보았다고 해보자. 잡동사니 한 더미가 앞에 잔뜩 쌓였다. 고철 조각, 천 조각, 단추, 전구, 작은 바퀴, 오렌지 껍질, 개 뼈, 자전거 체인, 펠트천으로 된 페도라, 다 쓴 다목적 기름통, 유목 조각, 랍스터 집게발 껍질, 달걀껍데기, 너덜너덜한 『허클베리 핀의 모험』, 트레드 패턴 없는 레이싱 전용 타이어, 빈 액자, 가죽끈 달린 나무 소재의 눈신 한 켤레 등. 쓰레기를 버린 당사자가 말한다. "이 쓰레기 더미로 무언가를 만들어보세요."

다음에 무엇을 할 것인지는 개인의 의지 스타일에 달려 있다. 누군가는 "내가 왜 그래야 하죠?"라고 묻고 또 다른 사람은 "내가 만드는 걸로 뭘 하려는 거죠?"라고 물을 것이다. 쓰레기를 이용해서 뭔가를 만들라고 요청하는 상대의 의도를 묻는 사람도 있을지 모른다. 곧바로 쓰레기를 기준에 따라 분류하기 시작하는 사람도 있을 것이고 이물질은 버리고 쓰레기를 최대한 정리하는 사람도 있을 것이다. 전화를 걸어 도움을 청해도 되는지 묻거나 무언가를 참고해도 되는지 묻는 사람도 있다. 그런가 하면 침묵 속에서 가만히 고물더미를 쳐다보며 곰곰이 생각에 잠기거나 이리저리 다른 각도에서 들여다보는 사람도 있을 수 있다. 아이폰으로 사진을 찍어 엔지니어 친구에게 보내는 사람, 듣자마자 웃음을 터뜨리는 사람, 손바닥에 설계도를 그리기 시작하는 사람도 있다. 특별한 디자인을 구상하지도 않은 채로 곧바로 달려들어 이런저런 잡동사니를 맞춰보는 것부터 시작하는 이들도 꼭 있게 마련이다(일반적으로 기업가들이 그렇다).

물론 정해진 답은 없다. 하지만 다양한 반응이 나올 수 있다는 가능성은 사람들의 의지 스타일이 얼마나 다른지를 분명하게 지적해준다. 아이디어를 구상하고 실행에 옮겨 완료하기까지 엄청난 노력이 필요하다. 그것을 혼자서 해낼 수 있는 사람은 당연히 드물다. 아이디어의 시작부터 제품의 완성에 이르기까지 필요한 광범위한 인지, 의지, 감정 범위를 혼자 제공할 수 있는 사람이 없기 때문이다.

애슐리의 의지 스타일에는 혼자서 일을 해내는 능력이 없다. 이는 도덕적 실패라기보다는 타고난 의지 스타일의 특징이다. 애슐리는 자신에게 없는 부분을 위해 애쓰지 말고 올바른 조력자나 파트너를 찾아야 한다. 하지만 그녀는 그렇게 하지 않고 옆길로 새고 절망에 빠졌다. 그래서 좋은 아이디어를 잔뜩 떠올릴 수 있다는 사실을 기뻐하기보다는 결국 소멸할 아이디어만 계속 낳을까 봐 두려워하게 됐다. 시인 존 그린리프 휘티어John Greenleaf Whittier는 이렇게 적었다. "말이든 글이든 이 세상에서 가장 슬픈 표현은 '~했더라면 좋았을 텐데'이다."

모든 것이 가능하다고 믿게 되면 무엇이든 실현할 수 있다는 착각에 빠진다. 그래서 현실에서 이루지 못하는 것이 생기면 절망하게 된다. 자신에 대한 비난과 책망이 절망감을 더 커지게 한다. 무책임해서 그런 게 아니다. 목표를 달성하지 못한 자신을 탓하며 너무 많은 책임을 지려고 해서 그렇다. 사실 애슐리의 고통은 그녀가 가진 훌륭한 강점인 상상력 때문이다. 새뮤얼 존슨Samuel Johnson이 '상상력의 굶주림'이라고 표현한 것이 자신의 삶까지 먹어치우는데도 애슐리는 허전함을 채울 수 없었다. 모두가 선물이라고 생각하는 것이 저주가 됐다.

대부분의 타고난 기업가들과 마찬가지로 애슐리에게는 뛰어난 재능과 넘치는 에너지가 있었다. 그녀는 자유로운 기업 시스템이 성공하는 데 필요한 것을 전부 갖춘 사람이었다. 기회를 사랑하고 자립을 옹호하고 기꺼이 위험을 감수하고 열심히 일하는 것을 좋아하고 막대한 보상을 소중히 여기고 노동으로 얻은 정직한 결실만 온전히 자신의 것이라고 믿었다. 상황이 무너지기 전까지는 실패에도 흔들리지 않았다. 빈손으로 돌아온 어부가 다음날 더 일찍 일어나서 다시 바다로 나가듯 그녀도 그랬다. 하지만 그녀는 물고기가 있는 곳을 알려주는 최신 모델보다 더 큰 도움을 줄 수 있는 중요한 질문에 답하지 않았다. "원하는 만큼 물고기를 잡지 못하는 이유가 무엇일까? 어디에서 도움을 받을 수 있을까?"

♦♦♦♦♦♦
어린 시절의 상처 때문에 산만해질 수 있다

애슐리의 주의력 결핍 성향ADT, 무한한 가능성이 주는 절망감은 오늘날 특히 흔하다. 전자 통신 기술 덕분에 그 어느 때보다 훨씬 더 많은 것이 가능해졌기 때문이다. 현대의 축복은 저주일 수도 있다. 할 수 있는 것이 너무 많다. 반짝반짝 빛나는 가능성들이 끝없이 쭉 늘어서서 애슐리 같은 사람들의 주의를 산만하게 하고 현대인에게만 특수한 주의력 결핍 성향ADT을 일으킨다.

물론 애슐리의 주의력 결핍 성향ADT은 현대인의 생활방식 때문에 생긴 것만은 아니다. 그녀는 어릴 때 지적이고 호기심이 많았다. 약간 과체중이었지만 단번에 흥미를 느끼게 하는 매력적인 사람이었다. 내면의 에너지로 두 눈이 반짝거렸고 창의적이고 활기가 넘쳐서 누구나 즉시 매료됐다. 재치 있고 유머 감각도 뛰어나고 열정적이라 어디 가든 분위기를 이끌었다. 고등학교와 대학 때부터 과감하게 위험을 감수할 줄 알았고 15미터 다리 아래로 번지점프를 하거나 패러세일링을 즐겼다.

애슐리는 기업가라는 단어를 알기 훨씬 전부터 기업가였다. 그녀는 어린 천재가 아무도 시키지 않았는데 스스로 바이올린을 들고 연주하는 것처럼 어른들의 격려 없이도 자연스럽게 기업가의 길로 들어섰다. 열 살 여름방학 때 백인 기독교 신자들이 사는 코네티컷주의 중산층 동네에 지금까지 본 적 없는 최고의 레모네이드 판매대를 만들었다. 판매대를 실제 파티오처럼 보이게 해서 완전히 새로운 차원으로 끌어올렸다. 두 오빠가 야외용 접이식 의자와 커다란 플라스틱 테이블을 차고에서 가져와주었다. 큰 파라솔도 가져와서 그늘을 만들었다. 애슐리는 용돈으로 산 부채, 수제 초콜릿 칩 쿠키, 그릇에 담긴 견과류도 가져다 놓았다. 미니 풀장을 준비해 고객들이 발을 담글 수 있게 하고 비치 보이즈, 비틀즈, 재즈 애호가들을 위한 존 콜트레인의 콤팩트디스크도 틀었다. 걷거나 자전거를 타고 지나가던 손님들은 그늘에 앉아 차가운 음료수를 마시며 음악을 들을 수 있는 기회를 환영했다.

애슐리의 엄마는 모임에서 집으로 돌아와 집 앞 잔디밭에 펼쳐진 광경을 발견한 경악을 금치 못했다. 엄마는 메이플라워호를 타고 건너온 청교도들의 후손이자 집안에서 아버지보다 목소리가 컸다. 그 '화려한 장관'에 당황한 엄마는 당장 애슐리에게 전부 다 치우라고 했다. 그날 저녁 우는 딸을 본 아버지 프레스턴은 아내와 말다툼을 벌였다. 프레스턴은 "다프네, 애들은 원래 창의성이 뛰어난 거야. 동네 사람들도 전부 좋아했고. 그냥 재미있게 놀게 해줘. 여름방학이잖아."라고 했다.

물론 승리는 엄마 다프네에게로 돌아갔다. 항상 그랬다.

애슐리의 아버지 프레스턴은 뛰어난 실력을 갖춘 정형외과 의사였다. 애슐리는 아버지를 사랑했지만 아버지는 병원 일로 워낙 바빠서 딸에게 별로 관심을 쏟지 못했다. 집에 돌아오면 서재로 가서 헤드폰을 끼고 윌리 넬슨 앨범을 듣곤 했다. 아버지와 많은 시간을 함께하진 못했지만 그래도 아버지의 존재는 그녀에게 위안이 됐다.

남편의 명성과 돈 잘 버는 직업 덕분에 아내 다프네는 엘리트 계급의 사교 모임에 초대받을 수 있었다. 사교계 명사를 꿈꾼 다프네는 상류층 남성의 이미지와 정확하게 일치하는 애슐리의 오빠들을 편애했다. 금발과 잘 다듬어진 체격에 자신감이 넘치는 두 아들은 공부와 스포츠에 모두 뛰어났다. 다프네가 입버릇처럼 말했듯 '완벽한' 아들들이었다. 다프네는 일요일마다 회중파 교회에 나가 예배를 드리면서 두 아들을 주신 하느님에게 감사드렸다. 하지만 그녀가 정말로 숭배하는 대상은 세상의 사교계 엘리트 계급이라는 왕국에 들어갈 수 있게 해주는 열쇠인 두 아들이었다.

그런 엄마에게 애슐리는 부끄러울 정도로 부족한 딸이었다. 엄마는 사람들이 다 보는 앞에서 애슐리를 흉보았다. 참을성 없고 너무 통통하고 너무 산만하고 영리하지 못하고 상류사회에 속할 수 있을 정도로 예쁘거나 세련되지 않았다고. 오빠들은 한결같이 우수한 성적을 받았지만 애슐리의 성적은 기복이 심했다. 오빠들과 같은 사립학교를 다녔지만 성적이 우수한 학생은 못 됐다. 교사와 상담교사들은 애슐리가 조금만 노력한다면 최상위권의 성적을 받을 수 있을 거라고 했다. 애슐리는 놀라울 정도로 창의성이 뛰어났지만 진득하게 앉아서 재미도 없는 과목을 공부하거나 오로지 한 가지 목표를 위해 정진할 수 있지 않았다. 누군가 장래 희망을 물을 때마다 그녀의 대답은 매번 바뀌었다. 나중에 대학에서 무엇을 전공하고 싶으냐는 질문에는 그냥 눈알을 굴리기만 했다.

엄마 다프네의 눈에 애슐리는 그저 여러모로 어설프고 통통한 말괄량이였고 오히려 평균만도 못한 수준이었다. 실제로 그녀는 딸에게 이렇게 말한 적도 있었다. "네가 얼마나 나에게 실망스러운 딸인지 너도 잘 알 거야. 너 하나 때문에 우리 가족의 앞길이 막히는 일은 절대로 없어야 할 거다. 내가 절대 용납하지 않을 테니까."

다프네는 그렇게 말하고 마치 어지럽혀진 것을 치우라고 하인을 부르듯 손가락을 튕기고는 곧바로 몸을 홱 돌려서 가버렸다.

애슐리는 절망하며 눈물을 흘렸다. 하지만 그 후 어머니가 또 그렇게 마음을 후벼파는 말을 할 때마다 그녀는 눈에 힘을 잔뜩 주고 1학년 때 선생님이 수업 시간에 가르쳐준 말을 단호하게 되뇌었다. "내 인생은 주인은 나다. 나쁜 말이 나를 상처 입히게 놔두지 않을 거야." 효과가 있었다.

◆ ◆ ◆ ◆ ◆ ◆

시련이 닥치면 직시하고 맞서 싸워야 한다

애슐리는 커다란 시련을 마주하고도 어머니의 부정적인 태도에 맞서 싸울 수 있었다.

첫째, 그녀는 운 좋게도 낙관주의, 용기, 투지, 아이디어를 떠올리는 창의성, 기업가의 추진력을 타고났다. 알다시피 이런 특징들이 전적으로 유전자에 의해 결정되는 것은 아니지만 올바른 유전자 조합을 가지고 태어난다면 스타트에 유리하다. 애슐리는 그녀의 별명인 '노력파'가 별로 똑똑하지도 않은데 열정만 앞선다는 뜻 같아서 마음에 들지 않았다. 하지만 그녀가 포기하지 않게 해준 것이 바로 투지 넘치는 회복탄력성과 상상력이었다.

둘째, 애슐리에게는 그녀를 사랑해주는 아버지가 있었다. 애슐리와 아버지의 관계처럼 긍정적인 관계가 하나라도 있으면 부정적인 관계가 미치는 영향력이 약해지거나 아예 없어질 수도 있다. 비록 아버지는 딸의 양육에 별로 참여하지 않았지만 그래도 존재를 지켰다. 그것만으로도 중요한 차이가 나타난다. 애슐리는 아버지에게 위안을 얻을 만큼은 교류가 있었기에 시간이 지날수록 그저 존재만으로 힘을 얻을 수 있었다. 아버지가 곁에 없을 때도 아버지의 사랑이 애슐리의 마음속에 살아 있었으므로 좋은 영향을 끼쳤다. 진정한 유대감이 성장에 얼마나 중요한지 알 수 있다.

올바른 조건만 갖춰진다면 이런 사랑도 영혼을 구원해줄 수 있다. 우리는 비록 잦은 교류가 없더라도 상호적인 유대감이 존재하는 대상과의 관계에서 삶을 지탱해주는 소중한 양분을 얻는다.

셋째, 애슐리는 운이 좋게도 암기보다 사고를 중시하고 교사의 말을 듣는 것보다 여러 아이디어를 시험하는 것을 장려하는 학교에 다녔다. 생각과 실험에 대한 사랑을 배웠다. 그녀는 비록 성적은 최상위권이 아니었지만 학교생활이 즐거웠고 스탠퍼드대학교에 합격하는 성과를 거두었다. 경제학 전공을 선택했고 경제학 석사학위까지 취득할 때까지 계속 공부하기로 했다. 피아니스트에게 피아노가 필요하듯 자연스럽게 경영대학원에 입학했고 그곳에서 평생 연주하고 싶은 악기를 찾았다.

하지만 학교생활을 잘 꾸려나가는 것은 쉽지 않았다. 과제를 제출할 때 지각하기 일쑤였다. 사례 연구법을 통한 공부, 특히 기업가정신에 관한 수업이 좋았다. 모험심, 위험, 기업가정신이 제공하는 성장 기회가 그녀를 열광시켰다. 하지만 그때도 그녀는 일을 끝내는 끈기가 부족했다. 성적이 예상보다 나빴다.

기업가들은 애슐리와 마찬가지로 역설적인 한 쌍의 특징을 가진 경우가 많다. 둘 중 하나는 그들을 성공으로 이끌고 나머지는 파멸로 이끌 수 있다. 아래의 표를 참조하라.

나열된 특징이 전부 나타나는 사람은 많지 않다. 하지만 기업가라면 분명 일부라도 해당할 것이다. 자신이 어느 부분에 해당하는지 알면 둘 중에서 부정적인 특징을 바로잡는 데 집중할 수 있다.

아이디어는 넘쳐나지만 실행하지 않는 사람의 이로운 점과 해로운 점

이로운 점	해로운 점
자유롭고 독립적이며 스스로 운명을 만들고 인생의 주도권을 쥐려고 한다.	팀과 함께 일하기 어려워 하고 사생활에서도 친밀한 관계에 어려움을 느낀다.
창의성이 뛰어나 계속 새로운 아이디어를 내놓는다.	충동적이다.
초반에 흥분감을 느낀다.	흥분감이 점점 가라앉는다.
매우 열심히 일한다.	미치광이로 보일 정도로 지나치게 저돌적이고 강박적이다.
위험을 감수할 수 있다.	몰입감과 살아 있음을 느끼기 위해 위험을 추구한다.
꿈꾸는 이상주의자이자 선구자처럼 보인다.	실행 능력이 없고 디테일이 부족하다.
혁신가이다.	지시를 따를 수 없거나 따르지 않는다.
강력한 리더다.	내면에 갖가지 불신이 많다.

애슐리가 앞으로 나아가려면 내면에 숨겨진 무엇이 프로젝트의 진행을 가로막는지 알아내야만 했다. 애슐리의 문제는 현대의 특징과 얽혀서 최악이 됐다. 유전자의 힘과 아버지의 사랑 덕분에 이기적인 어머니로부터 살아남았으니 표면상으로는 승승장구할 일만 남았다. 하지만 세상이 문제였다! 타고난 기업가인 애슐리는 이 시대에 넘쳐나는 기회를 활용할 수 있었지만 동시에 지옥 같은 삶을 맛보아야만 했다. 기회가 너무 많아서 도저히 선택할 수가 없었기 때문이다.

무엇이 애슐리를 앞으로 나아가지 못하게 한 것일까? 호세 오르테가 이 가세트의 표현대로 그녀의 난파선을 만든 것은 엄마의 이기심이었고 엄청난 고통을 안겨주었다. 그래서 애슐리는 고통을 피하려고 했다. 결과적으로 성장도 피했다.

그녀가 어릴 때 고통을 피하려고 한 것이 어떻게 우유부단함으로 이어졌는지 살펴보자. 애슐리는 개인의 삶에서 가장 커다란 심리적 불이익이라고 할 수 있는 나르시시스트 부모의 존재로 고통받았다. 물론 그녀의 엄마 다프네다. 엄마는 어린 애슐리가 자신의 창의력과 야망을 전부 쏟아부어 만든 세상에서 가장 멋진 레모네이드 판매대를 위협으로 여기고 질투를 느꼈다. 메데이아의 괴물처럼 행동하며 애슐리에게 그것을 당장 치우라고 했다.

인자하지만 자주 자리를 비운 아버지의 노력에도 애슐리는 그 트라우마를 완전히 극복하지 못했다. 물론 애슐리가 일을 끝내지 못하게 된 데는 의지 스타일을 비롯해 다른 원인들도 있다. 하지만 애슐리의 마음에 모든 성취에 대한 두려움을 심어준 것은 어머니의 잔혹함과 질투였다.

우리는 함께 그녀의 어린 시절을 돌아보며 어머니를 원시적인 짐승으로 바라보고 짐승의 송곳니를 제거하고 슬픔과 분노를 함께 느끼고 의기양양하고 안전하게 앞으로 나아갔다. 이 심리치료 과정은 역시나 하버드대학교의 전설적인 정신의학 교수인 고 엘빈 셈라드Elvin Semrad 박사가 개발했다. 그가 남긴 저서는 없지만 에픽테토스와 마찬가지로 제자들이 여러 가르침을 구전으로 전수한 덕분에 오늘날까지 이어지고 있다. 애슐리와 나는 셈라드가 요약한 3단계로 이루어진 과정을 거쳤다. 치료사와 내담자가 강력하고 고통스러운 감정과 기억을 인정하고 느끼고 새로운 관점으로 바라보는 것. 그 과정에서 내담자는 성장하고 더 건강한 삶으로 나아갈 수 있다.

나는 애슐리에게 하고 싶은 일에 초점을 맞추라고도 격려했다. 그녀는 기본 계획의 다섯 가지 요소 중 네 번째 요소인 구조가 절실히 필요했다. 내 상담실에서 이루어진 그녀와의 대화를 예로 들어보겠다.

"저는 샤워하면서 떠올린 좋은 아이디어들을 그냥 그곳에 두고 와요." 애슐리가 말한다.

"샤워기 근처에 수첩과 펜을 고리에 달아두고 샤워가 끝나면 메모하세요. 샤워 도중에 잠깐 나와서 적어도 되겠죠. 그러고 나서 남은 샤워를 하면 되죠. 가장 좋은 방법은 스쿠버 다이버들이 수중에서 사용하는 메모 보드를 사서 욕실에 두는 거예요."

"좋은 아이디어네요." 애슐리가 잠깐 멈칫한다. "그럼 아이디어가 더 많이 생겨서 더 집중을 못 하게 되잖아요!"

"가장 확실한 방법을 써보셨나요?" 내가 묻는다.

"그게 뭐죠?"

"한 가지 아이디어에 집중하려고 노력하는 거죠."

"바로 그게 문제인걸요. 그 한 가지를 무엇으로 할지 결정하지 못하니까요."

"그럼 제가 대신 정해드리죠." 내가 나선다.

"어떻게요? 제가 선생님 의견에 따른다고 해도 어떤 아이디어가 저에게 가장 좋을지 모르시잖아요."

"그걸 어떻게 알죠?"

"저는 저고 선생님은 선생님이니까요."

"좋아요. 애슐리를 가장 잘 아는 것은 본인이라는 거 인정합니다. 그럼 어떤 아이디어가 가장 좋은 거죠?"

"모르죠! 그게 제 딜레마예요. 그래서 선생님을 찾아온 거고."

"그럼 제가 결정하죠. 10가지 아이디어를 말해주시면 하나 골라드릴게요. 그 아이디어에만 집중하세요."

"절 화나게 하시려는 건가요? 뭐 하시는 거예요?"

"당신의 딜레마를 논리적인 다음 단계로 넘겨드리는 거죠. 당신이 결정할 수 없다면 다른 사람이 결정해야 하지 않을까요? 왜 안되는 거죠?"

"선생님은 저에게 가장 좋은 아이디어가 뭘지 판단할 만큼 절 잘 모르시니까요."

"그럼 누가 당신을 그렇게 잘 알까요?" 내가 물었다.

"아무도 몰라요! 그게 바로 중요한 점이라고요." 애슐리가 크게 화를 내며 말했다.

"어떤 아이디어를 선택해야 하는지 당신을 포함해 그 누구도 알지 못한다면 어차피 의미가 없는데 아이디어는 뭐 하러 떠올리나요? 매일 뜬눈으로 밤을 지새우며 아이디어를 계속 떠올려도 실제로는 단 하나도 실행하지 않으시는군요. 그런데도 왜 계속 그러시는 건가요?"

"저도 그러기 싫어요! 그래서 여기 왔잖아요. 꼭 말장난하는 것 같아요. 절 도와주실 수 없는 거예요?"

"대신 골라드리겠다고 했는데요. 보통의 정신과 의사들보다 훨씬 더 많이 생각해드린 건데."

"하지만 전 선생님이 대신 골라주는 걸 원치 않아요."

"그렇게 말씀하셨죠."

"그럼 어떻게 결정해야 하나요?" 그녀의 목소리에 답답한 기색이 가득했다.

"애슐리는 이미 알고 있어요." 내가 그녀를 화나게 하지 않으려고 최대한 신경 쓰면서 말했다.

"알면 제가 여기 왜 왔겠어요?"

"선택하고 싶지 않아서 오신 거죠. 애슐리는 저를 회피 수단으로 사용하고 있어요. '결정을 도와줄 정신과 의사이자 집중력 전문가를 찾아왔으니까 대신 해결해줄 거야.'라고 말이에요. 그러면 계속 결정하지 않아도 되니까요."

"이게 다 게임이라는 말씀이세요?" 애슐리가 날카롭게 쏘아붙인다. "게임이 아닙니다. 자기기만 행위. 자기파괴 행위. 우리는 종일 그걸 해요. 자신을 속이고 파괴하죠. 다들 아주 잘합니다. 저도 애슐리만큼 잘해요. 어쩌면 더! 지극히 인간적인 거예요."

"치료약은 없는 건가요? 전 약으로 치료되길 간절히 바랐는데."

"모두가 약을 원하죠. 저도 반대하지 않습니다. 제가 당신이었어도 치료약을 원했을 겁니다. 실제로 항상 약을 처방하고요. 하지만 증상이 맞아야 처방합니다. 당신의 증상은 처방에 맞지 않아요. 당신의 문제는 열정은 많은데 필요는 적다는 거니까요."

"맞아요." 애슐리가 말했다.

"하지만 언젠가 당신은 결정을 내려야만 하지요. 처방약이나 남편분, 저, 또는 그 누구도 대신해주지 않아요. 어떻게 해서든 벗어나고 싶겠지만 불가능합니다. 우린 함께 기다릴 수 있어요. 기꺼이 함께해드릴 수 있습니다. 어떤 사람들은 함께 기다리는 것을 심리

치료라고 부르기도 합니다. 정말로 서두르지 않아도 되지만 당신도 알다시피 결정은 꼭 해야만 하는 일입니다." 나는 잠시 멈추었다가 미소와 함께 덧붙였다. "제가 대신 결정해주는 걸 원치 않으신다면 말이죠."

"왜 저한테는 그렇게 어려운 걸까요? 제가 두려워하는 뭔가가 있는 걸까요?" 애슐리가 물었다.

"물론 있지요. 누구나 그렇습니다. 그 부분은 조만간 다루게 될 겁니다. 일단은 하나에 정착을 해야 합니다."

"어떻게 할 수 있죠? 어떻게 정착해요?"

"방법은 여러 가지가 있지요." 나는 이렇게 말하고 다양한 구조를 제안했다. "아마 전부 이미 아는 것들일 겁니다. 후보 아이디어들을 전부 적은 다음에 그 목록에 포함된 모든 아이디어를 하나씩 살펴보면서 1부터 10까지 점수를 매기세요. 아니면 각 아이디어의 장단점을 적어도 됩니다. 당신을 잘 아는 사람을 골라서 같이 목록을 훑어보면서 브레인스토밍을 해도 되고요. 또는 지금 실행하기에 가장 실용적인 아이디어가 무엇인지 분석해도 좋습니다. 원한다면 하느님에게 기도하고 계시를 기다려볼 수도 있겠지요. 아니면 아이디어들을 굵은 글씨로 써서 눈에 잘 띄는 벽에 붙여놓고 매일 보도록 하세요. 그렇게 잠재의식 속에 모든 가능성을 심어두고 흐르게 하면 가장 유력한 아이디어가 튀어나올 수도 있어요.

최면술을 받고 최면 상태에서 뭐가 나오는지 볼 수도 있죠. 농담이 아닙니다. 중요한 결정을 앞두고 최면을 이용해 효과를 보는 사람들이 실제로 있어요. 마감일을 정하는 방법도 있습니다. '다음 주 금요일 정오까지 결정을 내려야 한다.'라는 식으로 정해놓으면 패닉 상태에서 올바른 답이 나올 수도 있거든요. 정반대 방향으로 갈 수도 있습니다. 2주 동안 이 일에 대해 생각하지 않기로 하는 거죠. 그리고 2주 동안 어떤 기분을 느꼈는지 확인해보는 거예요. 각 아이디어의 장단점에 점수를 매기고 가장 높은 점수가 나온 아이디어가 무엇인지 알아보는 방법도 있습니다."

"와, 방법이 정말 많네요." 애슐리가 말한다.

"결정하는 방법을 열 가지는 더 알려드릴 수 있습니다. 시각적인 요소도 도움이 됩니다. 가능하다면 굵은 글씨로 목록을 만들거나 계획표 짜듯 커다란 동그라미를 그리고 부채꼴 모양으로 나눠서 한 칸에 아이디어를 하나씩 넣으세요. 이런 시각적 요소를 이용하면 모든 아이디어가 머릿속 밖에서 정리된 모습을 볼 수 있습니다. 그래서 진정으로 원하는 것에 좀 더 균형 있게 집중할 수 있도록 도와주는 효과가 있어요."

"일반적인 목록은 그런 효과가 없나요?"

"보통은 그렇죠. 일반적인 목록은 힘들고 단조로운 일을 연상시키는 효과가 너무 강해서요. 좀 더 강화하는 방법도 있어요. 색깔을 사용하거나 포스터 보드를 사용하는 거죠. 가능하다면 반짝이는 조명도 사용할 수 있어요. 정말 원하는 것이 무엇인지 알려주도록 마음을 속일 방법이라면 뭐든 좋습니다."

"마음을 속여요?" 애슐리가 물었다.

"그렇습니다. 문제를 놀이로 만들어서 문제해결이 재미있는 놀이가 되게 함으로써 마음을 유혹하는 거지요. 지금은 마음이 당신을 속여 결정을 내리지 않게 하고 있어요. 당신의 마음은 두려움 때문에 결정하지 않는 것을 선호하고 비밀을 드러내고 싶어 하지 않거든요."

"무슨 비밀요?" 애슐리가 묻는다.

"당연히 당신이 정말로 하고 싶은 일이죠! 무슨 말인지 알겠어요? 결정하지 못하고 방황하는 것보다 훨씬 몰입력 강한 뭔가를 만들 필요가 있어요. 우유부단함을 능가하는 행동을 보여줘야 합니다. 그러면 원하는 것이 무엇인지 알 수 있을 겁니다."

우리는 애슐리가 어머니에 대한 감정을 서서히 인정하고 그 감정을 느끼고 새로운 관점에서 바라볼 수 있게 해주는 관계를 쌓아갔다. 그와 동시에 선택권을 분류하고 한두 가지를 고르는 좀 더 실용적인 작업도 해나갔다. 그녀가 난파선의 개념에 이른 것은 늘 그렇듯 아주 간단했다. "난 성공하고 싶고 성공하고 말 거야, 젠장!" 어느 날 그녀는 외쳤다. 그리고 그녀는 정말로 성공했다.

애슐리의 주의력 결핍 성향이 어떤 위험을 불러왔는지 기본 계획의 틀에 대입해서 요약해보겠다.

1. 에너지. 애슐리는 넘쳐나는 아이디어 사이를 뛰어다니는 데 지쳤다. 그녀는 열정의 희생양이 됐다.
2. 감정. 끊임없는 자책이 부정적인 에너지를 만들었고 끌어내렸다.
3. 참여. 한 아이디어 또는 한 프로젝트에 집중할 수 없어서 참여와 이탈이 끝없이 반복하며 살았다.
4. 구조. 그녀의 해결책은 구조를 확립하는 것이었지만 혼자 만들 수 없었다.
5. 통제. 마음에 압도당해 통제력을 잃었다. 그녀가 마음을 통제

하는 것이 아니라 마음이 그녀를 통제했다.

어떻게 해결할 것인가?

아이디어가 넘쳐나지만 실행하지 못하는 사람들을 위한 10가
지 팁

1. 기본 계획의 구성 요소를 살펴본다. 에너지, 감정, 참여, 구조,
    통제 중에서 무엇이 부족한지 알아야 한다. 아이디어가 넘치
    고 실행하지 못하는 사람들은 보통 네 번째 요소인 구조에
    문제가 있다.
2. 아이디어를 적는다. 목록을 천천히 읽으면서 가장 끌리는
    아이디어가 무엇인지 확인한다. 모르겠다면 최대 3개만 고
    른다.
3. 결정과 실행을 차례로 도와주는 구조를 설정한다. 내가 애
    슐리에게 제시한 여러 방법 중에서 본인에게도 도움이 될
    만한 것이 있는지 살펴보자.
4. 도움을 줄 수 있는 사람들도 적어본다. 친구, 전문가, 동료,
    친척 등 당신을 도와줄 수 있고 기꺼이 도움을 줄 만한 사람
    이면 누구라도 좋다. 이 문제는 팀워크로 대응할 때 가장 효
    과적이다.
5. 기업가들을 도와주는 코치와 상담한다. 내가 직접적으로 아
    는 훌륭한 업체를 한 군데 소개하자면 토론토에 있는 전략
    코치이다. 댄 설리번Dan Sullivan과 그의 아내 바버라가 운영하

는 전략 코치는 수십 년 동안 기업가들이 목표를 달성할 수 있도록 도와주고 있다. 현재 세상에는 다양한 종류의 임원 코칭 시스템이 있다. 그 가운데에서 자신에게 잘 맞는 코치와 시스템을 찾는 것이 중요하다. 모두에게 적합한 시스템은 없다. 혼자서 다 할 수 있다고 믿는 덫에 빠지지 말자.

6. 당신에 대해 잘 알고 호의적인 관계를 맺고 있는 사람과 함께 당신을 가로막는 정서적 장애물이나 민감한 문제가 뭐가 있는지 생각해 본다. 당신도 애슐리처럼 어린 시절의 경험 때문에 성공을 위험한 것이라고 믿게 돼서 두려워하게 됐는가?

7. 포기하지 마라. 자신이 가진 힘을 사용하라. 성공에 대한 두려움이나 상대에게 상처를 줄까 봐 두려워서 물러서지 마라. 자신이 가진 힘이 두려워서 전력을 다하지 않고 물러나는 사람들이 무척 많다. 자신의 목표를 달성하는 과정에서 다른 사람에게 어떤 식으로든 상처를 줄까 봐 두려워하기도 한다. 하지만 인생은 누가 무언가를 얻으면 반드시 누군가는 그만큼을 잃는 제로섬 게임이 아니다. 오히려 보통은 당신이 목표를 달성하면 다른 사람들도 이득을 얻는다.

예를 들어 당신이 테니스 게임에서 이긴다면 상대방은 비록 패배했을지라도 귀중한 경험을 얻는다. 앞으로 더 잘하고 싶다는 동기부여가 될 수도 있고 당신에게 유용한 팁을 얻을 수도 있고 당신과 돈독한 관계를 맺을지도 모른다. 진짜 패배자는 게임에 참여하지 않는 사람뿐이라는 말도 있지 않은가. 진부하지만 맞는 말이다.

8. 자신을 과소평가하지 마라. 사람들은 대부분 자신의 능력을 제대로 사용하지 않거나 자신에게 그만한 능력이 없다고 생각한다. 내가 교수진에 노벨상 수상자 5명이 포함된 하버드 대학교 화학과에 수년간 컨설팅을 제공하면서 알게 된 사실이 있다. 대학원생과 박사후과정 학생들 대부분이 마치 그 자리에 몰래 들어오기라도 한 것처럼 스스로 거기 있을 자격이 없다고 느낀다는 것이다. 스스로 부족하다고 느끼는 이 부적절감은 사실이 아니라 개인의 감정에 지나지 않을 때가 많다. 성공할 수 있다고 느끼는 자신의 편을 들어라. 서서히 그런 내가 커질 것이다.

9. 옛말 치고 틀린 말 없다. 할 수 있다고 생각하면 할 수 있고 할 수 없다고 생각하면 할 수 없다. 마찬가지로 심리학자 캐롤 드웩Carol Dweck은 성장 마인드셋이 고정 마인드셋을 능가한다는 것을 증명했다. 성장 마인드셋은 '나는 어떤 목표든 이루는 데 필요한 자원을 찾을 수 있다.'라는 마음가짐이고 고정 마인드셋은 '나는 지능지수IQ, 수입, 신체, 민족성, 성별 등 모든 특성에서 한계가 있다.'라는 마음가짐이다. 드웩의 연구는 이 두 가지 사고방식이 생각한 대로 이루어지는 자기 충족적 예언이며 누구나 성장 마인드셋을 배우고 발달시킬 수 있음을 증명한다. 잘된 일이다!

10. 자신의 재능을 자축하라. 당신에게는 아이디어를 떠올리는 탁월한 능력이 있다. 아이디어는 부족하지만 실행력은 뛰어난 사람들과 팀을 이뤄 실현하라.

4장 [걱정 중독]
걱정에 사로잡혀 헤어 나오지 못한다

◆ ◆ ◆ ◆ ◆

불안과 걱정에 시달리는 일 중독자가 된다

잭 로젠블룸은 새벽 4시 30분에 알람이 울리기 훨씬 전부터 머릿속으로 할 일 목록을 만들고 있었다. 7시 30분에 마빈과 아침 식사 약속이 잡혀 있고 11시에는 평소대로 바니언과 통화를 해야 한다. 이 두 가지 약속 외에도 전화 걸 일이 몇 건 있고 자료 조사할 것도 있었다.

"휴." 세레나와 또 점심 약속이 있다는 사실이 떠오르자 자기도 모르게 내뱉은 말이었다. 그녀의 생명공학 분야의 투자 제안에 대해 논의하기로 되어 있었다. 그는 대화가 썩 즐겁지 않은 이들과 같이 식사하는 것이 싫었지만 어쩔 수 없는 일이었다.

알람이 울리자 잭의 아내 낸이 큰 소리로 투덜거리며 베개로 머리를 감싸며 반대쪽으로 돌아누웠다. 그는 침대에서 일어나 욕실로 들어갔다. 그가 가장 먼저 한 일은 욕실 카운터형 세면대에 마치 주유 펌프처럼 놓인 에스프레소 머신의 버튼을 누르는 것이었다. 그다음에는 메시지를 확인했다.

"스쿼시 치는 거야?" 앤디가 보낸 문자였다.

"미안. 취소해야겠어. 너무 바빠서." 잭이 답장을 보냈다.

"그래. 어차피 나도 숙취가 심해서. 그럼 난 계속 자야겠다. 나중에 보자."

잭은 핸드폰을 내려놓고 샤워기를 켰다. 그의 표현대로 그는 "열성적인" 사람이었다. 전도유망한 헤지펀드 매니저로 항상 "준비"된 상태였고 그 사실을 스스로도 자랑스럽게 여겼다. 그는 하루에 4시간씩만 자고도 완벽하게 기능할 수 있도록 몇 년 동안 훈련해 왔다고 자랑했다. 아내 낸이 수면 시간이 더 필요하다고 조언하면 잭은 "잠은 죽고 나서 실컷 자면 돼."라고 대답했다.

아내가 지치고 짜증 난 상태로 아래층 주방으로 내려왔을 때는 5시 15분이었다. 그녀는 또다시 자신을 일찍 깨운 남편에게 화가 났다. 꼭 그렇게 일찍 일어나야 한다면 적어도 옆 사람은 푹 잘 수 있게 배려해줘야 하는 것 아닐까. 그녀는 좀비가 된 기분이었다. 그녀가 결혼한 남자도 좀비인 것 같았다. 남편에게 소리치고 싶은 걸 꾹 참았다.

잭은 이미 노트북으로 20분째 선물 시장을 찾아보느라 여념이 없었다. 평소 낸은 비난하듯 노트북을 남편의 "애착 장난감"이라고 표현했다. 잭은 엄지손톱 옆의 굳은살을 깨물면서 화면을 뚫어져라 쳐다보고 있었다. 불안할 때 나오는 그 행동은 그가 어린 시절 아버지에게서 배운 오랜 습관이었다. 낸은 볼 때마다 속이 터졌다.

그는 전날 시장이 폭락한 내용을 살펴보느라 정신이 팔려서 옆으로 와서 카푸치노를 만드는 아내를 쳐다보지도 않았다. 낸은 자기가 주방에 있다는 사실을 남편이 알아차리기까지 얼마나 걸릴지 궁금했다. 낸이 소울메이트라고 믿었던 남자는 9년의 결혼생활 동안 명석한 두뇌에 유쾌한 성격까지 갖춘 보스턴 대학교의 뛰어난 하키 선수였다. 그러나 어느 순간부터 불안에 시달리는 일 중독자이자 전형적인 월스트리트의 교묘한 금융가로 변했다. 예전의 모습은 더 이상 찾아볼 수 없게 되어버렸다. 학생 때만 해도 잭은 매우 효율적으로 움직였다. 밤새 친구들과 놀고도 다음 날 통계 시험에서 가장 좋은 점수를 받았다. 9년 시간이 흐르고 두 아이도 생긴 지금 퀸즈 출신의 사랑스러운 사내는 조용히 먹잇감을 찾는 상어 같은 냉혹한 금융가였다.

 잭은 자신이 즐기고 있다고 믿었다. 투자할 만한 기업들을 찾으며 기쁨과 비슷한 것을 느꼈고 거래를 성사시켰을 때는 하키에서 골을 넣었을 때와 같은 기분이 느껴졌다. 내면에서 '와!' 하고 함성이 울려 퍼졌다.

다음과 같은 주의력 결핍 성향을 보인다

 걱정할 일이 없을 때도 걱정에 사로잡힌다.
 열심히 노력하고도 충분히 잘했다고 생각하지 않는다.
 경기 침체와 해외 30억 명의 새로운 자본가들 때문에 걱정이 사라질 날이 없다.
 어릴 적에 걱정 많은 부모를 보면서 자란다.
 성공에 가까워지면 불안해진다.

걱정이 줄면 더 성공할 수 있을 것이다.

직장에서 불만 사항을 말하는 것이 어렵다.

걱정이 없었을 때가 언제인지 기억도 나지 않는다.

미리 준비하지 않는 사람들을 보면 짜증이 난다.

갑자기 세상이 멸망할지 모른다고 생각한다.

두려움 때문에 원하는 인생을 살지 못할 때가 많다.

그는 일하지 않을 때도 투자, 매수, 매도, 풋옵션 등 특히 한꺼번에 돈을 많이 벌 방법에 관해 이야기하는 것을 좋아했다. 그는 일에 집착했다.

물론 아내는 잭의 돈 버는 능력 덕분에 자신도 얼마나 큰 혜택을 누리는지 잘 알고 있었다. 가난한 집 출신인 두 사람이 지금은 수백만 달러의 자산가가 됐으니 말이다. 그들은 어퍼웨스트사이드에 고급 콘도와 햄튼에 여름 별장을 소유하고 있었다. 잭은 그것이 뉴욕에서 '성공한' 사람들의 필수 조건이라고 여겼다. 그들의 자녀들은 맨해튼 사립학교에 다녔다. 그들은 모두의 부러움을 사는 소위 '잘 나가는' 커플이었다. 하지만 대리석 욕실과 운전기사를 두기 위해 지불해야 할 비용이 만만치 않았다. 낸은 그 비용이 갈수록 부담스럽게만 느껴졌다.

"손톱 좀 그만 물어뜯어!" 그녀가 소리쳤다.

잭이 어느새 피가 나는 손을 내리고 화면을 계속 응시했다.

낸은 자신도 모르게 화낸 사실을 깨닫고 다시 한번 남편에게 따뜻하게 다가가기로 했다. 그는 잭에게 다가가 어깨에 손을 얹고 부드럽게 마사지하듯 누르면서 화면에서 고개를 돌리게 만들려고 했다. 하지만 남편은 긴장이 풀리기는커녕 오히려 더 긴장하는 것 같았다.

"여보, 말해 봐. 뭐가 걱정돼서 그래?" 그녀가 말을 건넸다.

잭은 항상 무언가를 걱정하고 있었다.

"계획을 세우는 중이야. 우리 가족의 목숨이 걸린 일이야. 다른 사람들보다 앞서가지 않으면 어떻게 이길 수 있겠어?"

낸은 바람 빠지는 풍선처럼 힘이 쭉 빠지는 것을 느꼈다. 이제 그녀에게는 남편을 돕거나 부부 관계를 회복하기 위해 또다시 애쓸 힘이 남아 있지 않았다. 이미 충분히 쓰고도 남을 만큼의 자산이 있다. 그런데도 사라지지 않는 남편의 빌어먹을 '미래'에 대한 끊임없는 걱정은 그녀에게도 영향을 끼쳤다. 낸과 아이들은 잭과 함께 있을 때마다 불안을 느꼈다. 심지어 그가 옆에 없을 때도 엔진에서 뿜어나오는 열처럼 걱정과 불안이 전해졌다. 그는 가족들이 말이라도 걸면 날카롭고 예민하게 반응했다. 아직 여섯 살과 여덟 살밖에 되지 않은 아이들이 벌써 아빠가 있을 때는 까치발로 조용하게 다녀야 한다는 사실을 깨우쳤을 정도였다. 낸이 꿈꿔온 가정생활은 어느새 긴장감만 가득하게 흐르는 암울한 4중주로 변해 있었다. 낸은 그저 지치고 무력한 기분을 느꼈다.

"오늘 제레미 연극 보러 정말 못 가는 거야?" 낸은 자신도 모르게 원망이 섞인 날카로운 목소리를 내고 말았다.

"아빠가 연극을 보러 올 수 없지만 좋은 학교에 다니는 것과 아빠가 연극을 보러 올 수 있지만 가난한 동네의 학교에 다니는 것 중에서 과연 뭐가 좋을까?" 잭이 쏘아붙였다.

순간 낸이 두 손을 마구 휘저으며 소리를 질렀다. "그만해! 진짜 그만 좀 해! 어린 시절에서 좀 벗어나라고!"

깜짝 놀란 잭이 입을 꾹 다물었다.

"이젠 우리가 당신 가족이야!" 낸이 소리쳤다. "당신 아버지가 돈을 많이 벌진 못했지만 매일 새벽 4시에 일어나 당신을 하키 연습장에 데려가주셨잖아! 당신이 손주들에게 그렇게 시간을 안 내주는 걸 알면 아버님이 뭐라고 하시겠어!"

낸의 그 말은 잭의 명치를 강타한 것이나 마찬가지였다. 잭의 아버지는 불과 1년 전에 여전히 가난한 상태로 세상을 떠났기 때문이다.

출근길 지하철 안에서 잭은 아내의 말에 정곡을 찔린 사실을 잊으려고 비즈니스 뉴스 팟캐스트를 듣고 이메일을 확인했다. 그러면서 계속 좋은 기회가 없는지 찾으려 했는데 평소보다 더 큰 불안감이 몰려왔다. 엄지를 깨물고 머리를 긁적이고 손가락을 두드리고 무릎을 내렸다 올렸다 했다. 불안이 최고 수치까지 올라갔다.

잭은 자신에게 문제가 있다는 것을 알고 있었다. 비록 진심을 다하진 않았지만 아내의 성화로 만성적인 불안 문제를 해결해보려고도 했다. 하지만 부부 상담과 명상은 효과가 없었다. 그가 오랫동안 차분하게 집중하지 못했기 때문이다. 항우울제 프로작도 복용해보았지만 성욕이 사라지는 부작용 때문에 끊었다. 문제를 해결하려는 시도가 실패로 돌아가자 오히려 일에 더 열중하게 되는 결과로 이어졌다. 더 열심히 하는 것은 그가 거의 모든 문제에 사용하는 치료법이었다. 절대로 "충분하다."라고 말하며 만족하지 않고 더 열심히 일하는 것이 목표였다.

돈을 더 많이 벌면 불안감이 자신감으로 바뀔 것 같았다. 그래서 더 강한 절제심으로 자신을 몰아붙이고 일하는 시간을 늘리기로 했다. 대박을 터뜨리고 난 후에 가정에 더 충실하고 아내와 아이들과 더 많은 시간을 보낼 생각이었다.

힘든 하루를 보내고 집에 돌아오니 불이 꺼져 있고 아내의 차도 보이지 않았다. 잭은 '제레미의 연극을 다 보고 집에 돌아왔어야 할 시간인데.'라고 생각했다. 그는 가족들이 왜 아직 돌아오지 않았을까 생각하며 주방으로 들어가 불을 켰다. 차가운 대리석 조리대에 아내가 쓴 쪽지가 놓여 있었다.

잭에게

난 우리 가정에 기대도 꿈도 많았어. 우리가 함께 계획하고 약속한 대로 가정을 꾸려나가고 싶은 마음이 아직 있다면 알려주길 바랄게. 그전까지는 떨어져 지내. 난 아이들 데리고 앤 집에서 지낼 거야.

잭은 놀라서 할 말을 잃었다. 그저 멍하기만 했다. 하지만 잠시 후 그는 신호라도 받은 듯 노트북을 열고 주식 시장을 확인했다.

◆ ◆ ◆ ◆ ◆ ◆
삶이 안전하지 않다는 두려움에 빠져 있다

언제나 그렇듯이 잭이 보여주는 주의력 결핍 성향ADT 유형 또한 어린 시절과 성인이 된 이후의 세상에서 비롯됐다. 오늘날 많은 성인이 지속적인 걱정을 안고 있느라 무언가에 주의를 기울이는 것이 거의 불가능하다. 우리는 나쁜 소식이 즉각적으로 퍼져나가 걱정과 두려움이 증폭되는 시대에 살고 있다. 잭 같은 주의력 결핍 성향ADT은 매우 흔하게 볼 수 있다.

잭의 문제는 주로 두려움에서 비롯됐다. 유전적으로 걱정 많은 성향을 타고나기도 했지만 홀로코스트로 인해 가족들의 걱정이 극단적인 수준까지 심해진 경우였다. 잭은 가난한 독일계 유대인 이민자 가정에서 태어났다. 그의 할아버지 요제프는 어린 시절 부헨발트의 강제수용소에서 살아남았다. 굶주림과 수용소의 공포에서 벗어난 그는 1940년대에 미국의 퀸즈로 이주해 유대관계가 끈끈한 정교회 가정의 미국인 여성과 결혼하고 잭의 아버지를 포함한 세 자녀를 낳았다. 요제프는 평생을 청소부로 일했다. 비록 가난했지만 가족 모두가 독실한 신앙심으로 하나 되었고 유대교 공동체의 일원이라는 사실도 기쁨을 주었다.

하지만 청소부 월급으로는 생활이 힘들 수밖에 없었다. 항상 돈 문제가 가족들을 힘들게 했다. 아메리칸 드림을 좇으며 중산층 맨 아래쪽에라도 들어가려고 발버둥치는 것도 힘들었다. 그들은 끊임없는 두려움에 시달렸다. 사회학자들의 연구에서 확인된 바와 같이 죽음에 대한 잠재적이지만 끊임없는 두려움은 여러 행동을 촉발하는 내적인 힘으로 작용한다. '공포 관리 이론'에서는 자기가 언젠가 죽으리라는 것을 이해하는 유일한 생명체인 인간은 죽음의 공포에서 벗어나기 위해 무엇이든지 할 수 있다고 주장한다. 종교는 그 두려움에 대처하는 하나의 방법이지만 사람들은 민족주의, 중독, 타인에 대한 증오 등 다양한 형태의 심리적 기제에도 기대려 한다.

나치의 손아귀에서 멸종 위기에 처한 유럽의 유대인들에게 공포 관리는 생존의 중요한 도구가 됐다. 요제프나 비슷한 처지의 사람들은 죽음의 두려움을 막기 위해 공포에 기반한 생존자 정신을 발달시켰다. 삶에 대한 이러한 태도는 "나를 죽이지 못하는 고통은 나를 더 강하게 만든다."라는 생존주의자의 신조로 표현할 수 있다. 요제프에게 삶은 위협이 가득했으므로 그와 가족이 현실이든 상상이든 모든 공격에 맞서 무장하는 것이 중요했다.

잭은 다섯 살 때 할아버지가 이웃에게 강제수용소에서의 일을 이야기하는 것을 들었다. 할아버지는 쥐를 잡아먹었던 일과 피해자들의 시신을 태우는 화장장에서 흘러나오는 옅은 화산재 같은 먼지를 본 일에 관해 이야기했다. 그날 밤 잭이 악몽을 꾸고 비명을 지르며 깨어났다. 그의 부모는 할아버지에게 다시는 강제수용소 이야기하지 말라고 신신당부했다.

대량 학살, 근친상간, 알코올 중독, 약물 중독, 학대 등의 가정 배경을 가진 어린이의 경우처럼 강제수용소에서 겪은 일은 잭의 가족에게는 너무 큰 고통을 주었다. 그래서 트라우마에 대해 이야기하는 것이 절대적으로 금기시됐다. 결국 요제프는 손자에게 피해의식victimhood을 가르칠 다른 방법을 찾았다. 어느 날 그는 잭과 '신뢰 게임'을 했다. 그는 손자에게 계단에서 여덟 칸을 올라가 뒤쪽으로 쓰러지라고 했다. "내가 받아주마."라면서.

잭은 할아버지의 말대로 했다. 하지만 요제프는 잭을 받아주지 않고 옆으로 피했다. 어린 잭은 계단에서 그대로 뒤쪽으로 넘어져 머리를 바닥에 부딪혔다. 요제프가 우는 손자에게 말했다. "이제 알았겠지. 절대 아무도 믿지 마라."

그 교훈은 잭의 마음 깊이 새겨졌다. 그렇게 잭은 어릴 때부터 삶이 결코 안전하지 않다는 것을 깨우쳤다. 그 누구에게도 의지하면 안 된다는 것을 배웠다. 잭은 그 무엇에도 의지할 수 없었다.

◆ ◆ ◆ ◆ ◆

근심 걱정이 없으면 오히려 불안해한다

잭의 아버지 대니얼도 잭과 비슷한 나이 때 요제프로부터 불신에 대해 배웠고 트라우마 생존자의 문제를 가슴 깊이 새기게 됐다. 잭의 어린 시절부터 위협과 피해의식이 냉장고의 윙윙거리는 소리처럼 집안 전체에 울려 퍼졌다. 잭은 그것을 직접 확인하거나 이해하지도 못한 채로 흡수하게 됐다. 그는 자기가 다른 아이들과 다르다는 걸 느꼈지만 이유는 알지 못했다.

잭의 부모는 동시에 성취를 강조했다. 대니얼은 중학교 수학 교사였고 잭의 어머니인 엘렌은 전업주부였다. 그들은 재정적으로 요제프보다 그리 낫지는 않았지만 그래도 잭을 포함한 4남매를 괜찮은 공립학교에 보내고 히브리어 수업을 받게 했다. 성년식도 성대하다고 할 수 있을 수준으로 열어주었다. 그리고 아버지는 아들을 꼭 하키 선수로 키우고자 매일 새벽 4시에 잭을 깨워 연습장에 데려갔다. 잭은 비상한 두뇌와 예상을 뛰어넘는 재능 덕분에 하키 선수로 장학금을 받고 대학에 입학했다.

하키는 그에게 신의 선물이나 마찬가지였다. 대학으로 가는 문을 열어주었을 뿐만 아니라 적어도 한동안은 여유를 즐길 수 있게 해주었다. 세상에는 즐길 만한 것도 많다는 사실을 알게 된 것이다. 그는 누구나 부러워하는 미국 최고 수준의 하키팀을 보유한 보스턴대학교에 장학금을 받고 입학했다. 그는 대학교에서 생애 처음으로 두려움에서 벗어난 기분을 느꼈다. 얼음 위와 커먼웰스 애비뉴에 있는 기숙사에서 그의 새로운 모습이 꽃피었다. 잭은 세상이 어둡고 두려운 곳이라고 여기지 않는 다양한 배경을 가진 친구들을 사귀었다. 그는 다른 사람을 믿어도 괜찮다는 사실을 깨닫기 시작했고 가끔은 경계를 풀어도 괜찮다고 느꼈다.

잭은 사랑을 받아들일 만큼 마음을 열었다. 실제로 그는 대학교 2학년 때 사랑에 푹 빠졌다. 사랑이 늘 그렇듯 어느 날 갑자기 찾아왔다. 대상은 바로 지금의 아내 낸이었다. 그녀와 사랑에 빠진 이유에 대해 잭은 이렇게 말하곤 했다. "그날 그녀가 거기서 제일 예뻤거든요." 낸의 가족은 잭의 가족과는 매우 달랐다. 그녀는 매사추세츠주 웨슬리에 사는 행복한 중산층 유대인 가정에서 태어났다. 그녀는 똑똑하고 진지한 영문학도였고 부전공은 악기였다. 잭은 그녀의 내면에 깊이 숨은 본능을 끄집어냈다. 그녀는 경력을 추구하기보다는 웃음과 사랑으로 가득한 단란한 가정을 꾸리는 것이 가장 큰 꿈이었다. 그녀는 잭이 자신보다 훨씬 더 똑똑하다고 생각했다. 강인한 하키 선수의 내면에 상처받은 아이가 숨겨져 있었고 흥청대며 노는 걸 좋아하는 모습 뒤에 불안이 숨겨져 있다는 사실도 알아차렸다.

그녀가 자신의 '왕가슴'에 무례한 태도를 보이는 그를 나무랄 때마다 오히려 "미안해. 난 운동선수라 머리가 나쁘잖아. 섹스밖에 모른다니까."라고 답하곤 했다. 그러면 낸은 그의 팔을 때렸고 두 사람은 다시 웃으며 침대로 돌아가 사랑을 나눴다. 그녀는 자애로운 엄마처럼 길 잃은 강아지 같은 잭을 거둬 아낌없이 사랑해주었다. 잭은 자신도 모르게 낸에게 마음을 열었다. 그는 할아버지가 계단에서 냉정하게도 자신을 속였던 것, 어린 시절의 편집증, 그의 가족에 드리워진 짙은 그림자에 대해 모두 털어놓았다. 낸은 그의 이야기에 귀를 기울였고 다 듣고 나서 믿음과 위로가 가득 담긴 말을 들려주었다. "사랑해."

잭은 그녀와 함께 그가 자란 가정과는 완전히 거리가 먼 행복한 가정을 꾸리는 꿈을 꾸게 됐다.

하지만 골드만삭스에서 일하던 잭이 퇴사하고 자신의 헤지펀드를 설립하자 불안 유전자가 마치 복수라도 하듯 활활 타오르기 시작했다. 그는 가난한 가정에서 자랐다는 사실을 만회라도 하듯 더 치열하게 돈을 벌었다. 부모가 사는 작고 낡은 집과 낡은 가구가 당황스러워서 아버지가 일을 그만둘 수 있도록 몇 번이나 돈을 주려고 했다. 하지만 그때마다 아버지 대니얼은 "난 내 직업이 좋다. 네 눈에는 부끄럽게 보인다면 미안하구나."라며 거절했다.

"아버지, 부끄럽다니요. 오히려 정반대예요. 그냥 지금까지 절 키우느라 고생하신 걸 갚아드리고 싶을 뿐이에요."

"그럼 좋은 사람이 되어 행복하게 살아다오. 내가 원하는 건 그

것뿐이다."

"제가 지금 그러고 있지 않다는 말씀이세요?" 잭이 물었다.

"네가 더 잘 알 거다."

두 사람의 대화는 그렇게 끝났다. "네가 더 잘 알 거다."라는 말은 그에게 의문만 남겼다.

대니얼은 아들의 돈을 받는 것은 종교의 가르침에 어긋나는 일이라고 여겼다. 잭이 지향하는 일 중독의 생활 방식에 찬성하는 것이나 마찬가지라고 느꼈기 때문이다. 한 번은 이 일로 잭을 꾸짖었다가 두 달 동안 서로 말을 하지 않은 적도 있었다.

"넌 일에만 신경 쓰고 가족에게는 너무 무관심해. 아무리 돈을 잘 벌어도 그게 올바른 삶이 아니란 걸 하느님은 아실 거다." 그때 그는 이런 말로 아들을 꾸짖었다.

"글쎄요. 아버지가 못 번 돈을 제가 벌고 있는 것뿐이에요." 잭의 입에서 날카로운 말이 튀어나왔다. "적어도……" 잭은 그 뒤로는 차마 속에 있는 말을 그대로 내뱉지 못했다. "적어도 저는 가족이 편안한 삶을 살게 해줄 만한 돈을 벌고 있다고요."라는 말이었다.

두 사람 모두 상처받았고 그 뒤로 둘 사이에는 더더욱 냉랭한 기운이 감돌았다.

더 이상 얼음 위를 달리며 하키를 하지도 않았고 기분을 끌어 올려주는 라커룸 문화도 없었고 함께 진탕 마실 대학 친구들도 없었다. 그런 상태에서 잭은 스스로를 고립시켰다. 잭은 점점 예민하고 저돌적이고 불안한 사람으로 변했다. 그는 낸에게 도움을 구하지 않았다. 그리고 할아버지가 가르쳐준 것처럼 낸이 옆에 없는 것처럼 행동했다. 그는 대학 시절은 그저 환상에 불과했다고 결론 지었다. 현실 세계에서는 모두가 치열한 경쟁 속에서 살아갈 뿐이고 누군가를 믿었다간 경쟁에서 밀려날 수밖에 없다고.

잭은 헤지펀드 매니저의 롤러코스터 같은 삶을 살며 온몸에 걱정과 근심을 가득 채웠다. 하지만 불안이 자신에게 얼마나 큰 피해를 주는지 알지 못했다. 그는 그냥 불안감을 받아들였다. 오히려 불안감이 없으면 무방비로 노출된 느낌이었다. 근심과 걱정 없는 순간을 즐긴다면 과거에 요제프가 그랬듯이 운명이 자신을 계단 아래로 굴러 떨어지게 할 것이라고 믿었다. 반대로 항상 걱정에 휩싸인 채로 살면 운명이 자신을 안전하게 지켜줄 거라고 믿었다. 말도 안 되는 믿음이었다.

그는 아내 낸이나 친구가 잠깐 쉬라고 하거나 햄튼의 별장에서 주말 동안 휴식을 취하라고 할 때마다 그냥 무시했다. 가족과 떠난 여행에서도 일을 손에서 놓지 못했다. 가족과 자전거를 탈 때도 그의 마음은 항상 주식시장에 가 있었다. 일하지 않을 때는 뭘 해야 할지 몰라서 불안했다. 무언가 잘못됐다는 것을 느꼈다. 자신이 무언가를 놓치고 있거나 실패에 가까워졌거나.

◆ ◆ ◆ ◆ ◆
중요하지 않은 문제에 과도하게 집중한다

잭은 자신이 근본적으로 불행하고 주변 사람들마저 불행하게 만들고 있다는 사실을 깨닫지 못했다. 그는 자신이 최고 자리에 올랐다고 생각했다. 하지만 불안은 그가 완전히 잘못된 방식으로 행동하게 만들었다. 그는 자신을 고립시키고 아내와도 점점 멀어졌다.

자신이 하는 모든 일이 그와 아내 모두의 목표를 위한 것이라는 믿음으로 점점 더 가족에게 소홀해지게 됐다. 그게 행복한 가정을 만드는 길이라고 믿었다.

걱정에 중독된 잭은 자신에게 속임수를 썼다. 그는 불안을 긍정적인 것으로 받아들이기로 했다. 마음속에 걱정이 가득할 때만 편안함이 느껴졌다. 비록 고통스러워도 불안이 주는 편안함이 없으면 위험에 노출된 것만 같았다. 그래서 사서 걱정하기 시작했다. 걱정이 주는 고통이 있어야만 집중할 수 있었으니까. 그는 성공에 대한 열망이 너무 강렬했다. 최고 수준의 성공을 거두지 못했을 때의 결과에 대한 두려움도 너무 강렬해서 완전히 일에만 모든 것을 쏟아부었다. 잭은 앞으로 일어날 수 있는 모든 문제를 예측하고 무장해야만 한다고 생각했다. 삶이 점점 공허해지는 고통을 느끼기가 두려워서 더더욱 일에 집중하기만 했다.

아내는 남편에 대해 점점 더 실망하게 됐고 마침내는 무심해지기에 이르렀다. 예전처럼 사랑으로 그를 감싸줄 수 없게 됐다. 그녀는 세상을 가혹하고 위험한 곳이라고만 생각하는 남편을 더 이상 어찌할 도리가 없었다. 한때는 남편이 예전에 사랑했던 예전의 모습으로 돌아올 수 있을 거라고 생각했다. 하지만 바로 그날 아침 한 줄기 희망마저 사라진 것을 느끼고 집을 떠났다.

그다지 중요하지 않은 문제에 과도하게 집중하는 경향은 오늘날 수많은 현대인에게 매우 흔하게 나타난다. 이러한 경향을 '독성 걱정'이라고 하자. 삶의 긍정적인 측면은 보지 못하고 오직 위험만 인식한다. 걱정으로 인해 주의산만에 빠지는 것이다. 워낙 만연한 문제라 내가 책으로도 다루었다. 걱정으로 인한 주의산만은 이제는 어딜 가나 볼 수 있는 너무 흔한 문제가 됐다.

잭의 걱정 경향은 유전적인 소인도 있지만 일하는 환경으로 인해 더욱 악화됐다. 지난 20년 동안의 연구로 걱정을 포함한 모든 기분과 감정에 대한 데옥시리보핵산DNA의 근거가 밝혀졌다. 잭은 불안 유전자를 가지고 태어났다. 과학자들은 그의 아버지와 할아버지가 그랬던 것처럼 환경 스트레스에 대한 민감도를 높이는 유전자 변이를 발견했다. 부정적인 기분이 쉽게 드는 유전적 변이도 존재하는 것으로 밝혀졌다.

오래전부터 알려졌듯 우울증과 해로운 걱정은 세로토닌의 유전적 결핍으로 발생할 수 있다. 세로토닌은 뇌에서 분비되는 기분 안정 효과가 있는 강력한 신경전달물질이다. 그래서 가장 일반적으로 사용되는 우울증과 불안 치료제인 선택적 세로토닌 재흡수 억제제SSRI는 뇌의 세로토닌 수치를 높여주는 원리를 사용한다.

하지만 유전자가 모든 것을 좌우하지는 않는다. 키처럼 유전성이 높은 형질이라도 환경에 따라 달라질 수 있다. 만약 지하감옥에서 자라 햇빛을 보지 못하거나 음식을 제대로 섭취하지 못한다면 절대로 유전자가 도와줄 수 있는 만큼 키가 자랄 수 없을 것이다.

잭은 걱정하도록 훈련받았다. 그의 할아버지는 아들과 손자를 아동 학대라고 비난받을 만한 방식으로 속였다. 하지만 할아버지는 오히려 그것이 그들을 위한 일이라고 생각했다. "절대 아무도 믿어선 안 된다는 교훈을 배울 수 있을 거다! 널 사랑하는 아버지와 할아버지도 믿어선 안 돼."

할아버지의 속임수가 가져온 심리적 피해와 집안 전체에 일반적인 세계관은 아버지와 잭 모두에게 정서적 피해를 주었다. 큰 키의 유전 형질을 갖고 태어난 사람이 햇빛을 보지 못하고 지하감옥에서 자란 것과 똑같았다. 잭의 유전자가 그 경험과 결합해 독성 걱정을 야기했다. 다행히 잭이 대학교에 다니는 동안에는 그곳의 환경 덕분에 긍정적인 개입이 이루어졌다. 아버지와 할아버지의 어두운 그늘에서 벗어나 새로운 친구들과 하키팀의 영향으로 다른 사람을 신뢰하고 인생을 즐기고 사랑에 빠지는 법도 배웠다.

하지만 잭의 인생에 세 번째 환경이 개입했다. 잭은 월스트리트라는 치열한 경쟁의 세계로 들어가게 됐다. 그의 원시적인 두뇌가 유전적 성향에 지배권을 내주면서 할아버지가 가르쳐준 끔찍한 교훈이 거세게 돌아왔다.

◆ ◆ ◆ ◆ ◆
습관적인 독성 걱정에 마비되고 만다

수많은 사람이 잭처럼 유전적으로 걱정 성향을 타고난다. 하지만 그들 모두가 그렇게 해로울 정도의 걱정에 빠지는 것은 아니다. 잭은 그가 최고 수준의 성공을 거두기 위해서는 걱정이 필요하다고 믿었다. 그래서 그에게 걱정은 하나의 자산이 되었고 심지어 이상하게도 걱정 상태를 즐기게 됐다.

현대의 삶은 걱정 성향이 강한 사람이라면 누구나 독성 걱정에 빠질 수 있는 조건을 만들었다. 소수의 운이 좋은 사람들은 전혀 걱정하지 않아도 되는 행복 유전자를 가지고 태어났고 냉정함을 타고나서 그 어떤 상황에도 절대 흔들리지 않는다. 하지만 내 경험상 잭과 비슷한 유전자를 타고난 사람들이 훨씬 더 많다. 게다가 오늘날의 세상과 인간의 정신에서는 독성 걱정의 폭풍 속에서 다양한 요소들이 결합된다.

오늘날의 전자 통신 기술은 우리가 즉각적이면서도 지속적으로 나쁜 소식에 둘러싸이게 하므로 걱정 유전자의 힘을 돕는다. 항상 나쁜 소식을 접하고 싶은 사람은 아무도 없겠지만 나쁜 생각은 좋은 소식보다 훨씬 더 빨리 우리의 주의를 사로잡으며 항상 풍부하게 공급된다.

나쁜 소식이 고갈될 일은 절대로 없을 것이다. 게다가 공포는 돈이 된다. 공포는 아주 많은 돈을 벌어다 줄 수 있다. 기업들은 소비자들의 눈길을 끌기 위해 광고에 돈을 쓰지만 두려움보다 빠르게 사람들의 관심을 끄는 것은 없다. 두려움은 섹스마저도 능가한다. 그래서 광고를 만드는 창의적인 사람들은 두려움이 가득한 정보를 최대한 많이 발굴하고 퍼트리려고 애쓴다.

무엇보다도 중요한 것은 서론에서 언급한 것처럼 우리가 역설의 시대에 살고 있다는 점이다. 전자기기는 인류 역사상 그 어느 때보다 우리를 연결해 준다. 실제로 전자기기를 통한 연결이 이 시대의 결정적이고 가장 중요한 업적이다. 하지만 실제로 사람과 사람 사이는 단절됐다. 문자 그대로 서로의 얼굴을 볼 일이 없게 됐다. 우리는 20년 전만큼 서로 얼굴을 마주보고 대화하지 않는다. 하버드 대학교의 사회학자 로버트 퍼트넘Robert Putnam이 2001년 출간한 저서 『나 홀로 볼링』과 매사추세츠공과대학교의 사회학자이자 심리학자인 셰리 터클Sherry Turkle이 2012년에 출간한 저서 『외로워지는 사람들』에서 보여준 것처럼 현대인은 내가 '연결된 고립'이라고 부르는 상태에서 살아간다.

연결된 고립은 오늘날 사람들이 전자기기 등을 통해 포화 상태에 이를 정도로 다른 이들과 세상에 연결되어 있으면서도 오히려 외로움을 느끼는 아이러니한 현상을 가리킨다. 현대의 연결된 고립은 세상에서 가장 강력한 항불안제인 사람과 사람 간의 연결을 빼앗는다. 내 은사 하버드대학교의 정신의학 교수 토머스 구칠 Thomas Gutheil은 학생들에게 이렇게 말하곤 했다. "걱정해도 괜찮아. 오히려 좋아. 혼자 걱정하지만 않으면 돼." 그 후로 혼자 걱정하지 말라는 말은 내 삶에 큰 영향을 끼쳤다.

이 시대에 독성 걱정이 많은 가장 큰 이유는 잭처럼 혼자 걱정하는 사람들이 너무 많기 때문이다. 우리가 살아가는 세상이 잠재된 걱정 경향을 깨울 수 있다. 다음 페이지의 표는 건설적인 걱정과 같은 유익한 행동이 제대로 진단되지 않은 주의력 결핍 성향으로 발전할 수 있다는 사실을 보여준다.

물론 오늘날의 세상이 위험하고 걱정할 것이 너무 많다는 잭의 생각은 틀리지 않는다. 삶은 대단히 불확실하고 누군가를 믿는 것에는 위험이 따른다. 인원 삭감, 아웃소싱, 소송도 넘쳐난다.

경제가 휘청거리고 글로벌 경쟁도 치열해서 누구든 불안을 느낄 수밖에 없다. 하지만 잭은 보통 사람들보다 훨씬 많이 걱정했고 그것도 자신에게 해로운 방식이었다. 그는 걱정이 자신을 안전하게 해준다고 믿었지만 사실은 정말로 중요한 것들에 집중하지 못하게 만들었다.

잭은 아내와 아이들을 잃은 극심한 고통이 실감되기 시작하자 나를 찾아왔다. 나는 그와 함께 작업하면서 걱정의 정당성을 인정해주는 한편 그가 걱정을 증폭시키고 과장했음을 알아차릴 수 있

걱정 많은 사람의 이로운 점과 해로운 점

이로운 점	해로운 점
문제해결 능력이 있다.	문제에 집착한다.
책임감 있고 성실하다.	극도로 경계한다.
야망이 크고 열심히 일한다.	긴장을 풀고 즐기지 못한다.
자립적이다.	남을 믿지 못하고 고립된다.
집중력이 좋다.	강박적이다.
기회를 찾으려고 한다.	위협을 찾으려고 한다.
보호하려는 성향이 강하다.	편집증이 있다.
경쟁심이 강해 압박감 심한 환경을 즐긴다.	압박감 심한 환경이 아닐 때 쉽게 지루함을 느낀다.

게 했다. 습관적인 독성 걱정이 그를 마비시키고 있다는 사실을 깨닫게 해주었다. 독성 걱정의 가장 좋은 치료법 중 하나는 절대 혼자서 걱정하지 않는 것이다. 나는 그와 함께 걱정해주면서 덜 위협적인 시각으로 걱정을 표현하려고 노력했다.

잭이 그렇게 끈질길 정도로 걱정하는 이유도 찾아보려고 했다.

"걱정을 그냥 내려놓을 순 없나요?"

"알몸으로 5번가를 활보하지 않는 이유와 똑같아요."

"걱정이 당신을 보호해준다고 생각하는군요."

"정말로 보호해줍니다."

"걱정은 생각 이상으로 당신을 해치고 있어요."

"어떻게 아시죠?"

"저는 당신이 보지 못하는 것을 볼 수 있으니까요."

"당신이 그렇게 똑똑하다고요?"

"아뇨, 당신이 보지 못하는 거지요."

"지금 내가 멍청하다는 겁니까?"

"아니요. 저는 당신이 명석한 두뇌를 가졌다는 걸 압니다. 하지만 어릴 때 겪은 일이나 할아버지가 겪은 일이 당신의 눈을 멀게 한 거지요."

아이러니하게도 그는 안전하다는 느낌을 위해 걱정을 계속했다. 끊임없는 두려움 속에서 살아야만 안전하다고 느낄 수 있었다. 나는 그 통찰이 잭의 의식적 인식에 닿을 수 있도록 도왔다. 또 심리 치료를 통해 어른의 삶이 끊임없는 두려움 속에서 살지 않아도 될 정도로 안전하다는 사실을 깨닫게 했다. 시간이 좀 걸렸다.

매일 사람과 사람 간의 연결을 듬뿍 경험하고 운동을 하라는 처방도 내렸다. 또한 잭은 선택적 세로토닌 재흡수 억제제인 렉사프로의 도움도 받았다. 일반적으로 이런 유형의 약물은 과도하게 처방이 이루어지고 있지만 잭의 걱정은 너무 뿌리 깊고 독성이 강해서 다른 개입과 함께 약물 처방이 병행됐다. 덕분에 더 빨리 건강을 되찾을 수 있었다.

그는 자신이 난파선이라는 사실을 알지 못했다. 나는 바보 역할을 맡아 그가 듣고 싶지 않은 말을 귀에 속삭여줄 필요가 있었다.

"당신은 낸과 아이들을 그리워합니다."

"질문인가요?"

"아니요."

"당신은 개자식이야." 그가 말했다.

"당신은 개자식이야." 내가 대답했다.

침묵과 깊은 한숨. 침묵이 더 이어졌다.

"난 정말 당신이 마음에 안 듭니다." 잭이 말했다.

"그럴 만도 하지요. 나라도 내 실수를 지적해준 사람이 싫을 것 같군요."

긴 침묵과 또 한 번 깊은 한숨. "정말 짜증 나요. 그만하겠습니다." 그 말과 함께 잭은 일어나 나가버렸다. 상담 시간이 아직 한참 남았는데도.

그는 다음 주 예정된 상담 시간에 다시 왔다. 그리고 변하는 방법을 배울 때까지 계속 왔다.

독성 걱정으로 인한 주의력 결핍 성향$_{ADT}$에서 벗어나는 것은 가능하다. 특히 잭처럼 스스로 문제를 해결하고자 열심히 노력하는 사람은 그렇다.

레스, 진, 애슐리의 사례와 마찬가지로 잭의 상황에 기본 계획을 적용하고 위험할 수 있는 문제에 대해 알려주겠다.

1. 에너지. 겨울철에 창문을 열면 집안의 온기가 빠져나가는 것처럼 걱정과 만성적인 불안은 정신 에너지를 많이 갉아먹는다. 걱정을 제어하면 자동으로 정신 에너지가 늘어난다.
2. 감정. 감정은 학습과 최고의 수행 능력을 위한 온오프 스위치와도 같다. 독성 걱정과 만성 불안은 학습을 무력화하고 최고의 능력을 발휘하지 못하게 방해한다.
3. 참여. 걱정이 마음을 차지하고 있을 때는 완전한 참여가 불가능하다.
4. 구조. 걱정이 심하면 어떤 구조도 규율도 따르기가 어려워진다. 구내염이 계속 재발하는 것처럼 마음이 계속 걱정으로 향

하기 때문이다.

5. 통제. 독성 걱정에 빠지면 걱정 과정에 통제권을 넘겨주게 된다.

어떻게 해결할 것인가?

독성 걱정에 대처하는 10가지 팁

1. 절대로 혼자 걱정하지 마라. 독성 걱정은 혼자 있으면 들러붙고 둘 이상이 함께 있으면 도망간다.

2. 사실 정보를 확인하라. 독성 걱정은 정보 부족과 잘못된 정보 또는 둘 다에 기인한다.

3. 계획을 세워라. 독성 걱정은 소극적인 사람을 사랑하고 계획이 있는 사람을 보면 움츠린다.

4. 계획이 효과가 없으면 계획을 수정하라. 원래 인생이 그렇다. 효과 없는 계획은 바꿔야 한다.

5. 전문가의 도움을 받아라. 그들에게 비용을 투자할 만하다.

6. 규칙적인 운동은 뇌가 독성 걱정을 거부하는 데 도움이 된다.

7. 명상은 독성 걱정을 막는 훌륭한 방패가 되어준다.

8. 걱정 내용과 전혀 관련이 없는 일을 하면서 주의를 다른 곳으로 돌린다.

9. 새로운 관점으로 바라보라. 지금까지 많은 걱정을 했지만 그중에서 실제로 일어난 일은 적다는 사실을 떠올린다.

10. 내가 '걱정의 기본 방정식'이라고 부르는 것을 기억한다. '무

방비 상태에 놓인 듯한 느낌이 커진다.' + '힘과 통제권은 약해진다.' = '독성 걱정이 된다.' 따라서 취약성을 줄이거나 힘과 통제권을 늘리면 독성 걱정을 줄일 수 있다.

5장 [영웅 심리]
남 문제 해결하느라 자신을 내팽개친다

◆ ◆ ◆ ◆ ◆ ◆
모든 사람의 문제를 해결해주려고 하지 마라

"내가 지금 당장 당신들을 전부 해고하면 사기가 어떻게 될까?" 스탠이 소리쳤다. 주먹은 불끈 쥐었고 얼굴은 분노로 이글거렸다. 순간 완전한 침묵이 감돌았다. 모두의 시선이 그에게 향했다.

"지금 우리에게 사기 따위는 배부른 소리라고! 그러니까 다들 입 닥치고 가서 일들이나 해. 더 잘리는 사람이 나오는 거 보고 싶지 않으면."

당황한 직원들은 조용히 일어나 회의실을 나갔다. 그들은 사무실의 칸막이 자리로 돌아가는 복도에서 고개를 저으며 "도대체 왜 저래?"라고 말하는 듯한 눈빛을 주고받았다. 스탠은 아직 회의실에서 손바닥을 테이블에 평평하게 댄 채로 서서 한 곳만 뚫어져라 쳐다보았다. 그 옆자리의 부사장 메리는 아무 말 없이 앉아 있었다.

다른 직원들과 달리 메리는 스탠의 심정을 이해할 수 있을 것 같았다. 그녀는 항상 그의 기분을 감지했다. 그는 유능하지만 오만했다. 자신의 격렬한 분노가 어디에서 나오는지 이해할 만큼 예리하지도 못했다.

메리와 마찬가지로 스탠은 회사에서 오랫동안 일했다. 하지만 조직은 과도기에 놓여 있었고 스탠은 임시 최고경영자에게 그 누구보다 가장 큰 압박을 받고 있었다. 메리는 그가 그 압박감을 감당할 수 없다는 것을 알고 있었다. 스탠은 압박을 받아들이고 관리하기보다는 부하 직원들을 공격하기 시작했다.

"우리 모두 압박을 느끼는 건 똑같아요, 스탠." 메리가 조심스럽게 말을 건넸다.

스탠이 그녀에게로 고개를 홱 돌리며 쏘아붙였다. "당연히 그렇겠죠."

메리는 그의 눈이 조금 부드러워진 것 같다고 생각했다. 그래서 일어나 복도로 나갔다. 직원 몇 명이 칸막이 자리에 모여 숨죽여 이야기를 나누는 것이 보였다. 메리가 그녀 자리로 돌아왔을 때 북서쪽 부서의 책임자인 제니퍼가 기다리고 있었다.

"도대체 왜 저러는 거죠?" 제니퍼가 물었다. "전 그냥 요즘 직원들의 사기가 떨어졌다고 말한 것밖에 없는데. 다들 알고 있는 거잖아요. 그런데 왜 저렇게 과민 반응하는 거죠? 다들 초조하고 불안한 상태로 새 최고경영자가 오기만 기다리고 있다는 걸 모르는 것도 아니면서!"

"그래요. 전혀 도움 안 되는 행동이었죠." 메리가 달래듯 말했다. "하지만 그가 좌절감을 느낀다고 비난할 순 없어요. 엄청난 압박감을 받고 있는 게 사실이니까요. 그는 자기가 할 일을 하기 위해 최선을 다해왔지만 현재는 아래에서 위로, 위에서 아래로 전부 다 관리해야만 하는 상황이에요. 그러니 중간에 껴 있는 느낌일 수밖에 없을 거예요. 생각해보면 그렇게 금방 분노하는 것도 이해되는 일이에요."

"그건 다른 사람들도 마찬가지예요." 제니퍼가 반박했다. "그는 다섯 살 아이처럼 방방 뛰지 말고 진짜 관리자처럼 행동할 필요가 있어요." 제니퍼는 몸을 숙이고 메리에게 진지한 어조로 말했다. "새 최고경영자의 친구들을 위한 자리를 만들려고 유능한 사람들이 해고되고 있어요. 더 이상은 이 회사를 지지할 수가 없네요. 난 더 이상 못하겠어요."

다음과 같은 주의력 결핍 성향을 보인다

다른 사람들의 문제를 마치 내 문제인 것처럼 받아들인다.
누군가가 힘들어하는 것을 보면 도와주고 싶다는 생각이 가장 먼저 든다.
나는 어릴 때부터 주변 사람들을 돌보았다.
직장에서 힘들어 하는 사람을 보고도 최선을 다해 도와주지 않는 것은 옳지 않은 일이다.
나는 마음이 너무 약하다.
다른 사람의 업무를 대신 맡을 때가 많다.
좀 더 이기적으로 살라는 말을 자주 듣는다.
사람들이 어차피 끝내야 하는 일에 대해 부탁받을 때 거절하는 것을 이해할 수 없다.

"착한 사람들은 꼴찌로 들어온다."라는 말이 싫다.

쉽게 죄책감을 느껴서 문제다.

그녀는 메리에게 봉투를 건넸다. "회사 옮기기로 했어요. 사표 낼게요. 앞으로 2주 동안만 출근하겠습니다."

메리는 1990년대 중반에 처음 이 회사에 입사했을 때 너무도 행복했다. 그녀는 경영대학원을 졸업한 직후였고 빠르게 일을 배웠다. 끈기 있고 호기심 많고 일도 열심히 했다. 직감도 날카로웠다. 마케팅 매니저로 시작해 빠르게 승진을 거쳐 기업 커뮤니케이션팀 책임자가 됐다. 함께 일하는 직원들은 헌신적이고 유대도 깊고 연봉도 높았고 서로를 존중했다.

그러던 중 9·11 테러 이후로 이어진 경기 침체와 닷컴 기술 사업의 붕괴로 상황이 서서히 나빠지기 시작했다. 대규모의 소매업체들이 문을 닫기 시작했다. 연간 보너스도 줄었다. 달러가 고갈됐다. 최고경영자, 회계팀, 인사팀은 출장비부터 사무 보조 인력, 복사 용지까지 모든 비용을 절감해야 한다고 주장하며 마케팅 예산을 줄이기 시작했다. 자신을 비롯한 회사의 직원들은 점점 줄어드는 지원 속에서 일은 그 어느 때보다 열심히 하고 있었다.

회사가 훨씬 규모가 큰 경쟁사에 인수됐다는 소식이 전해지고 은밀하게 인수합병 절차가 시작됐다. 대형 컨설팅 회사의 파트너와 관리자들이 모습을 드러냈다. 사람들은 자연스러운 대화를 피하기 시작했고 뒤에서 몰래 비공개로만 대화를 나누었다. 파벌이 만들어지고 사내 정치에 대한 뒷말이 잡초처럼 무성하게 번졌다.

존경받는 경영자 행크는 해고되고 합병을 주도하는 컨설팅 회사가 추천하는 새로운 경영자가 임명될 예정이었다.

새 경영자가 오기를 기다리는 동안 더 많은 소문과 뒷말이 퍼졌다. 새 경영자가 불필요한 인원을 정리할 것인가? 직원들의 사기는 계속 떨어졌다. 업무에 대한 흥미가 사라져서 건성으로 일하기 시작했지만 해고될지도 몰라 감히 지각하거나 일찍 퇴근하지는 못했다. 전혀 집중하지 못한 채 흐리멍덩한 얼굴로 책상에만 앉아 있을 뿐이었다. 다들 마음은 딴 곳에 가 있었다.

몇 시간에 한 명씩 직원들이 메리의 사무실을 두드렸다. 가장 최근의 소문을 전하거나 기대어 울 어깨가 필요한 직원들이었다. 그때마다 메리는 한숨을 쉬면서도 사무실로 들여보냈다. 찾아온 직원을 그대로 돌려보낸다는 것은 상상도 할 수 없는 일이었다. 메리는 직원들에게 엄마와도 같은 존재였다. 그게 그녀가 회사에서 수년 동안 맡아온 역할이었다.

메리도 제니퍼처럼 다른 기업의 홍보팀으로 이직하려고 여기저기 기웃거려 보았다. 하지만 이곳에서 멀리 떨어진 곳들조차도 현재 그녀의 전문성과 연봉 수준에 한참 못 미쳤다. 그녀는 직장을 그만둘 형편도 아니었다. 가족의 생계를 위해 돈을 벌어야 했다. 프리랜서인 남편의 수입만으로는 온 가족이 생활하기에 턱없이 모자랐다. 게다가 아들이 종종 응급실을 찾아야 하는 만성 천식을 앓고 있어서 직장에서 제공하는 의료보험 혜택이 꼭 필요했다.

하루가 지날수록 그녀는 점점 더 커지는 걱정을 안고 지친 몸으로 돌아왔다. 남편과도 자주 싸웠다. 그때마다 남편은 말했다. "당신이 그렇게 불행하니까 온 가족 모두가 불행해지고 있어. 까짓 것

그놈의 회사 그냥 그만두지 그래? 더 작더라도 다른 회사로 옮기면 되잖아. 홍보 관련 일을 할 수도 있고. 아니, 마음만 있으면 식당에서 일할 수도 있겠다. 뭐라도 지금보다는 나을 거라고."

그 말을 들은 메리는 당연히 분노했다. "난 평생 관리자로 일했어. 능력도 있고. 지금 회사를 그만두고 식당에서 일하는 일은 없을 거야. 당신은 어떻게 그런 말을 할 수 있어? 그건 나한테 잔디 깎는 일을 하라는 말이나 똑같아!"

◆ ◆ ◆ ◆ ◆

이타주의자는 타인을 도울 때 쾌락을 느낀다

일반적인 통념, 전통적인 심리학, 경제학의 법칙에서는 우리가 자기이익self-interest에 따라 행동한다는 것을 알려준다. 가식과 위선이 벗겨졌을 때 모든 인간은 자신이 원하는 것을 얻기 위해 다른 사람들을 밀어내게 되어 있다. 근본적으로 인간은 이기적이다.

게다가 오늘날의 세상은 이기심을 조장하고 심지어 미화하기까지 한다. 나르시시즘은 사방에 보란 듯 전시되고 전성기를 누리고 있다. 1979년에 미국의 역사학자 크리스토퍼 래시Christopher Lasch가 현대의 생활을 가리키는 말로 처음 사용한 이후로 나르시시스트는 점점 더 보편적으로 됐다. 오늘날의 시대정신과 적어도 그 일부는 이기심을 진정한 미덕으로 취급하고 있다. 1987년에 개봉한 영화 "탐욕은 좋은 것"이라는 「월스트리트」의 영화 대사가 그 어느 때보다 잘 어울리는 세상이 됐다.

오로지 자신의 이익만을 생각하고 부를 취하는 재능 있는 사람들을 어디서든 쉽게 볼 수 있다. 자의식 과잉에 빠진 멍청한 운동 선수, 힙합 가수, 자기는 엄청난 연봉을 챙기면서 비정규직 근로자 들에게는 의료보험 혜택을 주지 않는 비양심적인 경영자, 돈이 넘 쳐나는데도 최소한의 양육비조차 지불하지 않는 연예인, 엄청나게 비싸기만 하고 실용성은 없는 물건에 소비자들이 돈을 낭비하게 만드는 사실을 자랑스럽게 떠벌리는 기업가 등.

애초에 공감 유전자가 부족해서 이기적일 수밖에 없는 것 같은 사람들도 있다. 그런 사람들은 권모술수를 부리고 뒤통수를 쳐서 다른 사람들에게 고통을 주면서도 전혀 아랑곳하지 않는다. 좁은 부서와 팀 내에서는 그런 이들이 조직에 해를 끼칠 수 있다. 기자이 자 작가, 사회 평론가인 마리 브레너Marie Brenner는 "나르시시즘은 우 리 시대의 소아마비"라고 말했다. 이 병을 치료할 백신은 나올 기미 가 전혀 없다.

이타적으로 보이는 행동이라도 자기 자신을 위하려는 본능적인 욕구에서 비롯된 것이므로 이기적이라고 주장하는 사람들도 있다. 그러나 최신 연구에 따르면 그렇지 않다. 이타적인 행동은 특정 종 에 내재된 것으로 보인다. 가장 극적인 예가 바로 인간보다 100만 배나 더 많은 개미다. 하버드대학교 생물학자이자 자연사학자인 E. O. 윌슨E. O. Wilson은 개미를 "지구의 또 다른 정복자"라고 불렀다. 일 부 개미 종은 다른 개미보다 더 빨리 죽을 수도 있는 임무를 일상 적으로 수행한다. 개미의 이타심은 유전적으로 결정되고 거부할 수 없다. 자유 의지는 영향을 미치지 않는다. 인간은 어느 정도 자 유 의지를 가지고 있는 것처럼 보인다. 하지만 최근 연구에 따르면 인간은 때때로 이기적인 욕망에 반하는 행동을 선택하며 개미와 생각보다 공통점이 많다는 것을 알 수 있다.

인간은 이기적인 목표와 이타적인 목표 중 하나는 선택할 수 있는 능력을 갖추었다. 하지만 유전적으로 다수는 자신보다 타인의 니즈에 더 집중하게 돼 있다. 2005년에 레이첼 바흐너 멜먼Rachel Bachner-Melman이 이끈 연구진은 '자신의 니즈를 무시하고 타인의 니즈를 충족하려는 성향'을 평가하는 설문지를 사용해 연구를 했다. 연구진은 354가구의 응답을 바탕으로 "인간이 지닌 이타심의 유전적인 구조는 친족과 상관없이 만들어지며 이타적인 행동 유형을 일으키는 유전자에서 만들어진다."라는 결론에 이르렀다. 다시 말하자면 어떤 사람들은 유전자에 이타성이 내장되어 있다.

냉소적인 시선을 보내는 사람들을 위해서 덧붙이겠다. 이타주의자들은 다른 사람들을 도울 때 쾌락을 느낀다. 신경전달물질의 측면에서 보통 그러하듯 중요한 것은 도파민이다. 우리는 도파민이 분비되면 쾌락을 느낀다. 마약 중독자가 마약에 중독된 이유는 도파민이 주는 쾌락 때문이다. 이타주의자도 같은 이유로 이타주의자가 된 것일 수 있다. 타인을 도와줄 때 도파민 수치가 올라가는 것이다.

요즘은 기능적 자기공명영상fMRI 기술을 이용해 뇌의 쾌락 중추에서 일어나는 활동을 실시간으로 관찰할 수 있다. 그 결과 얼마나 많은 쾌락을 느끼는지 세포의 측면에서 평가할 수 있다. 호르헤 몰Jorge Moll과 동료들은 영리하게 설계된 실험에서 피험자들이 자선 기부와 관련된 결정을 내릴 때의 뇌 활동을 스캔했다. 피험자들에게는 공짜 돈을 받을 의향이 있느냐는 질문이 주어졌다. 그들은 당연히 돈을 받겠다고 했고 자기공명영상에서 쾌락이 감지됐다. 그 후 공짜로 받을 돈의 40%를 자선단체에 기부하라는 요청을 받았다. 기부를 선택한 사람들은 공짜 돈을 받을 때보다 자기공명영상에서 쾌락 중추가 훨씬 더 활성화되는 것으로 나타났다. 아시시의 성 프란시스코의 기도에 나오는 "주는 것은 곧 받는 것이다."라는 말에는 생물학적인 근거가 있음을 알 수 있다.

◆ ◆ ◆ ◆ ◆ ◆
유독성 처리자는 자기 내면에 문제를 안고 있다

메리는 이타주의 성향을 타고났다. 그녀는 타고난 이타주의를 이용해 스탠처럼 해로운 사람들을 우아하고 능숙하게 처리한다. '유독성 처리자toxic handler'는 피터 프로스트Peter Frost와 산드라 로빈슨Sandra Robinson이 1999년에 만든 용어이다. 일반적으로 높은 자리에 있는 해로운 사람과 나머지 주변 사람들 사이를 중재하는 이를 가리킨다. 몇 가지 예를 들자면 프리마돈나의 대외적인 이미지를 지키기 위해 그녀의 학대를 견디는 매니저, 슈퍼스타 운동선수를 위해 매번 대신 변명해주는 같은 팀 동료, 유능하지만 오만한 경영자가 일상적으로 저지르는 일을 수습하고 다니는 충성스러운 비서, 할머니의 학대적인 언행을 용서할 구실을 찾으려 하는 모계 가정의 손자, 타협을 모르는 범죄 조직 보스를 위해 살인을 자살처럼 보이게 만드는 그의 오른팔 등이 있다.

메리와 같은 유독성 처리자는 가족뿐만 아니라 모든 유형의 조직에서 매우 가치 있는 존재이며 조직과 조직의 임무를 구한다. 이들은 개인의 지속적이고 유해한 행동을 막을 수 없지만 독이 멀리

까지 퍼지는 것을 막을 수는 있다. 어떤 집단이든 그들의 개입이 없다면 집단의 일이 위태로워지고 심지어 파괴될 수도 있다. 이렇게 귀중한 자산인 유독성 처리자는 어디에서 오는 것일까? 워낙 좋은 일을 하는 사람들이라서 하늘이 내린 존재들이라고 말하고 싶지만 맞는 말은 아니다. 그들은 좋은 일을 많이 하는 만큼 자신과 주변의 가까운 사람들에게 큰 고통도 줄 수 있기 때문이다.

유독성 처리자는 다른 사람들을 구원하지만 내면의 독특한 문제와 씨름하는 경향이 있다. 심리학에서는 그들을 공의존 또는 '스톡홀름 증후군'의 피해자로 치부한다. 긍정적인 요소를 배제한 완전히 경멸적인 표현이라서 사용하고 싶지는 않다. 하지만 실제로 상호 의존성과 스톡홀름 증후군의 특정 요소는 메리 같은 사람들에게 해당한다. 메리는 '대리적 공의존자'라고 정의할 수 있다. 그녀는 자신이 돕는 사람들을 통해 살아간다. 스스로 주목을 받지 않게 하는 한편 다른 사람들이 주목받도록 도와주면서 만족감을 얻는다. 내 경험상 여성이 남성보다 이 패턴에 빠지기 쉽다. 어쩌면 여성들은 그들이 사회화된 방식으로 인해 무대의 중심에 서는 것을 꺼려한다. 그래서 자신의 재치를 발휘해 다른 사람들이 주인공이 되도록 도와준다.

실제로 타인의 성취를 도와주는 것보다 개인의 성취를 강조하는 것은 남성적인 가치라고 할 수 있을 것이다. 스타가 되는 것과 스타를 만든 사람이 되는 것 중에서 어느 쪽이 낫다고 누가 장담할 수 있을까?

남성 중심의 정신분석학과 같은 전통적인 심리학은 무대 중심에서 물러나는 것을 나약함, 죄책감, 두려움에 사로잡힌 완전히 신경증적인 행동으로 본다. 반면에 무대 중심에 서는 것을 강하고 자신감에 넘치고 대담하며 완전히 건강한 것으로 본다. 그러나 전통적인 심리학은 겸손, 관대함, 양육하고 보호의 욕구, 성취보다는 연결을 원하는 욕구를 지나치게 비정상적인 것으로 규정한다. 시대에 뒤떨어진 구식 심리학이라고 할 수 있다. 한쪽이 더 나은 것은 아니다. 둘 다 건강할 수도 있고 해로울 수도 있다는 사실을 인정하는 것이 중요하다.

예를 들어 겸손하며 남들을 돌보고 연결해주기 좋아하는 사람은 심리학에서 말하는 '공의존증'에 해당할 수 있고 스톡홀름 증후군의 경우처럼 극단으로 치달을 수도 있다. 스톡홀름 증후군은 인질들이 처음에 납치범에 대해 느끼던 적대감이 기괴하고 완전히 반직관적으로 반전되는 것을 가리킨다. 시간이 지남에 따라 인질이 납치범을 미워하기보다는 오히려 존경하고 함께하고 싶어할 수 있다. 이 증후군에 이런 이름이 붙은 이유는 1973년 스웨덴 스톡홀름에서 발생한 은행 강도 사건 때문이다. 은행 직원 여러 명이 6일 동안 은행 금고에 인질로 잡혀 있었는데 놀랍게도 피해자들은 범인들과의 유대가 깊어져서 외부의 도움을 거부할 정도였다. 인질들은 납치범들이 검거된 후에도 변호하는 모습을 보였다.

그 은행 금고에서의 일 이전부터 인간의 본성은 변함 없었다. 이러한 본성은 스톡홀름 은행 사건이 일어나기 수십 년 전에 이름이 붙여졌다. 지그문트 프로이트의 딸 안나 프로이트는 1936년에 저서 『자아와 방어기제』에서 사람들이 절박한 상황에서 무의식적으로 트라우마 상황에 대응하는 심리적 자기 보호의 한 형태인 '방어기제'에 대해 설명했다.

아이들의 정신을 분석한 안나 프로이트는 아이가 '공격자와 동일시'함으로써 무력감과 취약성의 느낌으로부터 자신을 방어할 수 있다고 제안했다. 아이가 자신을 위협하는 사람과 자신을 동일시하고 가까이 지내고 싶어하는 것이다. 무의식에서 놀랍고 반직관적인 반전이 일어나 적대감이 마법처럼 연대의 욕구로 변하게 된다. 안나 프로이트의 말처럼 "아이는 공격자를 흉내 내고 그의 특징을 띠거나 공격성을 모방함으로써 위협받는 사람에서 위협하는 사람으로 변신한다." 그녀의 글은 아이의 초자아 발달 과정에서 관찰한 내용이지만 성인도 그녀가 '공격자와의 동일시'라는 적절하게 이름 붙인 것과 동일한 방어기제를 사용할 수 있다. 안나 프로이트와 그 이후의 정신분석학자들은 이러한 방어기제의 보다 일반화된 형태를 '반동 형성'이라고 불렀다. 반동 형성은 개인이 용납할 수 없는 감정에 대해 무의식적으로 자신을 방어하기 위해 의식적으로 반대의 감정을 옹호하는 것을 말한다.

영문학에서 가장 유명한 예는 『햄릿』 3막에 나오는 거트루드 왕비의 대사가 있다. 거트루드 왕비는 "저 여인의 항변이 지나치구나."라고 말한다. 극 중에서 햄릿은 왕의 죄를 폭로하기 위해 자신이 계획한 연극을 보면서 반응을 살핀다. 거트루드 왕비가 극중극에서 남편이 죽으면 다시는 결혼하지 않겠다고 맹세하는 장면을 보면서 하는 말이다. 거트루드 자신이 그랬던 것처럼 어떤 일에 대한 지나친 부정은 긍정을 의미한다는 뜻이다.

자신의 동성애 성향이 두려운 사람들이 동성애 자체를 거세게 비난한다. 신앙심이 부족한 사람들이 종교를 믿지 않은 이들을 맹렬히 비난한다. 누군가를 속으로는 사랑하면서 겉으로는 증오하는 사람들, 마음속에 해로운 질투심을 품고 있으면서 질투를 치명적인 죄라고 비난하는 사람들, 부자가 되기를 염원하면서 부자를 비난하는 사람들, 성적인 욕구가 가득하면서 육체적 만족을 추구하는 삶을 비난하는 사람들, 엄청난 야망을 품고 있으면서 가진 것에 만족한다고 말하는 사람들, 속에는 분노가 가득하면서 겉으로는 평등을 외치는 사람들, 속으로는 폭력과 살상을 마다하지 않으면서 겉으로 평화주의를 외치는 사람들. 이것들이 전부 반동 형성이다.

위선과 반동 형성의 차이점은 무의식의 역할에 있다. 위선자는 자신이 거짓말을 하고 있다는 것을 알고 있다. 하지만 반동 형성을 사용하는 사람은 의식에는 자신이 평화주의자라고 믿지만 무의식에는 매일 살상에 대한 욕구가 가득하다.

◆ ● ◆ ● ◆ ●
어릴 때 자신을 구했던 방법이 독이 될 수 있다

메리의 주의력 결핍 성향ADT 유형은 가장 친절한 사람들, 즉 자신을 돕기 전에 다른 사람들을 진심으로 돕고 싶어하는 사람들에게 가장 흔하게 나타난다. 현대는 무엇에든 즉시 접근할 수 있어서 다른 사람들의 문제를 조사하고 해결해주려고 하는 것도 쉬워졌다.

메리의 유독성 처리 기술은 타고난 유전본능일 뿐만 아니라 어린 시절의 가정환경에서 영향을 받았다. 어머니 플래너리는 내성적이고 독실한 가톨릭 신자이자 바이올리니스트였다. 그녀는 보스턴 교향악단이 매해 여름을 보내는 탱글우드에서 공부하던 중 데본 데이비드라는 이름의 전도유망한 지휘자와 사랑에 빠졌다. 두 사람 모두 20대 초반의 나이였다.

플래너리는 데본이 자신에게 관심을 보이자 천국에 간 듯한 황홀함을 느꼈다. 교향악단의 윗선들은 자신들이 존경해마지 않는 레너드 번스타인의 애칭까지 붙여가며 그를 "제2의 레니"라고 극찬했다. 그해 여름에 데본은 밤하늘의 별만큼이나 밝게 빛났다. 그가 엄청난 바람둥이이자 나르시시스트라는 사실이 명백했다. 하지만 플래너리는 전혀 개의치 않았다. 그의 눈빛, 손길, 키스만 있으면 그 무엇도 필요하지 않았다. 데본은 너무도 손쉽게 그녀를 매혹시켰다.

두 사람은 결혼 후 4년 동안 세 자녀를 낳았다. 플래너리는 아이들을 돌보기 위해 음악가의 경력을 포기했다. 데본이 성공을 위해 매진하고 빡빡한 콘서트 일정도 소화할 수 있도록 자신의 자유를 내준 셈이다. 대부분의 나르시시스트 남성들과 마찬가지로 데본은 누군가 자신을 무시하거나 자신에게 복종하지 않는다고 느낄 때마다 분노를 폭발했다. 공격 태세를 갖춘 채로 집에 돌아올 때가 많았다. 콘서트에서 한 가지 결함이 있었을 때, 플롯 연주자가 음을 놓쳤을 때, 두 아들 중 하나가 현관에 장난감을 두고 왔을 때 등 아주 작은 것이라도 그의 분노를 일으키는 방아쇠가 될 수 있었다. 화가 폭발하면 말로만 하지 않고 순식간에 그녀의 뺨을 때리고 밀치고 물건을 던졌다. 구타가 이어지고 피를 볼 때도 있었다.

메리가 어느 정도 자라 끼어들기 전까지는 아무도 그를 말리지 못했다. 하지만 그때 고작 메리의 나이 네 살이었다. 첫째였던 메리는 먼저 아버지의 행동을 영리하게 깨우치는 방법으로 동생들과 어머니를 보호하는 법을 배웠다. 그녀는 본능적으로 아버지의 화가 곧 폭발할 것이라는 신호를 감지할 수 있었다. 눈썹을 치켜올리고, 안경을 닦고, 고음으로 목을 가다듬고, 왼쪽 새끼손가락이 경련을 일으키고, 목소리가 아주 살짝 작아지고 "뭐라고 했어?" 또는 "오늘 하루 어땠어?"라고 물을 때의 억양에 미묘한 변화가 생겼다. 메리는 이 중에 하나라도 보이면 이내 분노가 폭발한다는 뜻임을 알게 됐다.

똑똑한 아이 메리는 경고 신호를 깨우치는 동안 아버지의 분노를 가라앉히는 기술도 배웠다. 아버지는 그녀가 거실 카펫에서 옆으로 재주 넘기를 하면 좋아하지만 피아노를 연주하다가 음을 틀리면 싫어한다는 것을 알아차렸다. 아버지가 "사랑해요."라고 말하면 좋아하지만 질문을 하거나 뭔가를 해달라고 부탁하는 것은 싫어한다는 것도 알게 됐다. 어머니는 커가는 메리에게 아버지가 어울려 다니는 여자들에 대한 이야기를 하지 말라고 신신당부했다.

메리는 다섯 살 때 아버지의 바텐더가 되는 법도 배웠다. 아버지가 칵테일을 만들어달라고 하면 냉동실에서 얼음을 가져와 크리스털 유리잔에 넣고 스카치를 부은 다음 적당량을 딱 맞춰 탄산수를 넣었다. 여섯 살 때는 레몬 껍질로 장식한 차가운 마티니를 만드는 법도 배웠다. 레몬 껍질을 얇게 저며 잔 테두리에 문지른 후 꼬아서 유분을 잔에 흩뿌려 주는 기술을 터득하는 여섯 살짜리는 많지 않다. 하지만 더욱 놀랍게도 메리는 자신이 원하는 효과가 나오도록 아버지의 알코올 섭취량을 조절하는 법을 배웠다. 물론 그녀가 원하는 것은 폭력적으로 변하기 전에 아버지를 재우는 것이었다.

어떻게 가능했는지 물어본다면 답할 수 없을 것이다. 하지만 어쨌든 메리는 아버지가 집에 있을 때 이 모든 일을 했다. 어머니와 메리의 형제들은 그들의 생명을 구하는 그녀의 재능에 대해 절대 언급하지 않았다. 만약 그랬다가는 아버지에게 메리의 속임수가 간파당할 위험이 있고 대대적인 재앙이 펼쳐질 테니 그들은 메리의 마법 같은 재능을 모르는 척했다. 어머니 플래너리는 하느님이 남편 안의 악마를 진정시키기 위해 메리에게 그 선물을 주었다고 굳게 믿었고 밤에 기도할 때마다 하느님과 딸에게 감사했다.

메리가 대학에 진학하면서 집을 떠났을 때 남은 가족들은 공포에 질려 숨을 참아야만 했다. 하지만 운명이 개입했다. 데본이 출혈성 뇌졸중으로 몸이 마비된 것이다. 그는 더 이상 교향악을 지휘할 수 없게 되었고 폭력적인 행동도 할 수 없게 됐다.

◆ ◆ ◆ ◆ ◆
타인의 문제를 해결하는 대신 자신을 잃어버린다

메리는 어릴 때 나르시시스트 아버지로 인해 받은 상처로 엄청난 관대함과 다른 사람들을 치유할 힘을 가진 여성으로 자라났다. 해가 지날수록 그녀의 기술은 흔치 않은 수준으로까지 발전했다. 그녀는 그 기술을 가족들 이외에도 다른 사람들을 다루는 데 쓸 수 있게 됐다. 다른 유해한 사람들은 그녀의 아버지보다 다루기가 쉬웠다. 스탠은 그녀가 성공적으로 다룬 유해한 사람들 중 한 명일 뿐이었다.

하지만 성공에는 대가가 따랐다. 자신도 모르는 사이에 그녀는 스탠이나 다른 동료들의 안녕 상태에 너무 많은 것을 쏟아붓게 됐다. 가족을 돌보는 것은 말할 것도 없고 자신의 업무를 제대로 처리하는 것에도 집중할 수가 없었다. 갈수록 지치고 우울해져서 규칙적으로 헬스장을 찾아 운동하려고 애쓰는데도 건강 상태가 점점 나빠졌다. 목과 어깨에 지속적인 통증이 생겼고 숙면도 어려웠다. 의사가 프로작을 처방해 주었고 심리상담도 받아보라고 했다. 몇 주 후 프로작의 효과가 느껴지기 시작했다. 연약한 감정이 다소 무뎌졌지만 성욕이 완전히 사라졌다. 프로작 때문에 정신적으로 덜 민첩해진 느낌도 들었다. 심리상담을 받으러 가진 않았지만 의사는 프로작을 다시 처방해주면서 안전하고 효과적인 약이니 꼭 먹으라고 했다.

적어도 의사는 그녀를 안심시켜 주었다. 그것만으로 다행스러운 일이었지만 안타깝게도 충분하지는 않았다.

◆ ◆ ◆ ◆ ◆
타인에 대한 민감성 때문에 집중력을 잃는다

갈등과 나르시시즘이 넘쳐나는 오늘날의 세상에서 메리 같은 이타주의자들은 유독함을 흡수해 중화시킨다. 그들은 스스로와 다른 사람들을 위험하게 만든다는 사실을 깨닫지 못한다. 앞에서 말한 것처럼 여성이 남성보다 자기희생을 통해 자기파괴의 함정에 빠질 위험이 크지만 꼭 그런 것만은 아니다. 삶의 어느 분야에서든 성별과 상관없이 친절하고 너그러운 사람들이 그 함정에 취약하기 마련이다.

다음의 표는 유독성 처리자의 이로운 점과 해로운 점을 보여준다.

유독성 처리자의 이로운 점과 해로운 점

이로운 점	해로운 점
남의 기분을 세심하게 헤아려 다른 사람들이 놓치는 감정적 갈등을 알아차린다.	쉽게 상처받고 아무도 자기를 모욕하지 않았는 데 모욕받았다고 느낀다.
아주 조금이라도 누군가를 불쾌하게 하거나 다치게 하는 것을 싫어한다.	솔직해지는 데 어려움을 느낀다.
갈등 해결을 적극적으로 돕고자 한다.	갈등이 완전히 해결될 때까지 긴장 상태를 다루기 어려워한다.
상황을 긍정적으로 또는 적어도 덜 부정적으로 재구성할 수 있다.	지나친 낙관주의 경향이 있다.
다른 사람들을 쉽게 판단하지 않으며 모든 부분을 고려한다.	비판적 평가가 필요할 때 다른 사람을 판단하기 어려워한다.
대다수의 신뢰와 감사를 얻는다.	칭찬이나 돈과 같은 보상을 받을 자격이 있음에도 받기 어려워한다.
부탁받기도 전에 망설임 없이 다른 이들을 보살핀다.	다른 사람의 도움을 잘 받아들이지 못한다.
대부분의 조직에서 빨리 승진하고 높이까지 올라간다.	승진 자격이 충분한데도 승진할 때마다 '난 자격이 없어.'라는 생각으로 죄책감을 느낀다.
조직에 성공을 가져오고 언제나 다른 이들의 공로를 인정해준다.	환대나 칭찬을 받을 때 큰 불편함이나 당혹감을 느낀다.

메리처럼 이타주의와 타인에 대한 타고난 민감성으로 인해 집중력을 잃는다. 유독성 처리자들은 인구에서 상당 부분을 차지한다. 우리는 그들과 정반대되는 유형, 즉 다른 사람들의 삶은 망치고 혼자만 거대한 부를 축적하는 유능한 나르시시스트의 이야기를 매일 접한다. 하지만 메리 같은 사람들은 동정을 불러일으키는 기사로만 접할 수 있고 그마저도 공의존과 같은 병적인 측면이 부각된다.

이 장에서는 그 틀을 확장해서 메리 같은 사람들이 가진 강점과 그들이 할 수 있는 위대한 일까지 보여줄 것이다. 그런가 하면 그들은 남들이 자신을 이용하도록 허용할 때가 많다. 그렇기 때문에 남의 문제를 해결해주는 사람에게도 해결사가 필요하다. 메리는 결혼생활뿐만 아니라 경력, 건강, 안녕을 위해 상담이 필요했다. 메리는 의사가 자동으로 리필해주는 프로작보다 더 나은 무언가가 필요했다. 그녀는 다른 사람들의 마음을 읽고 기분 좋게 만들어주는 능력에 따르는 장점과 단점을 모두 알아야 할 필요가 있었다.

어렸을 때 그녀를 구한 것이 성인이 돼서는 그녀를 파괴했다. 어린 시절에 자신을 구해 주었던 패턴을 성인이 돼서까지 이어가다가 자신을 망치는 사례는 어렵지 않게 볼 수 있다. 메리 말고도 많은 아이들이 그렇다. 자신을 구하기 위해 환상의 세계로 들어간 아이, 아버지의 가학적 공격을 피하기 위해 교묘하게 거짓말하는 법을 배운 아이, 위험을 피하기 위해 무조건 다른 사람들에게 맞추는 법을 배운 아이. 어릴 때의 전략이 어른이 돼서는 부적응적 행동이 됐다.

나는 메리가 집단의 이익을 위해 희생하지 않고 자신에게 집중하는 방법을 배우게 해야 했다. 그녀가 정교하게 연결된 꽤 흔한 시한폭탄을 제거할 수 있도록 도울 필요가 있었다. 어렸을 때 메리는 스스로 자신의 진정한 분노를 느끼도록 허용할 수 없었다. 자신과 나머지 가족이 사라질 것이라는 믿음 때문에 아버지에 대한 분노를 느낄 수 없었다. 그래서 가장 깊고 진실한 감정과 정반대의 방식으로 행동하는 습관이 생겼다.

메리와의 작업에는 시간이 걸렸다. 메리가 씨름하는 문제는 빠른 해결책이 없다. 우리는 패스트푸드 정신의학의 시대에 살고 있다. 그것의 영양은 딱 패스트푸드만큼이다. 사람들은 장기적인 심리치료는 물론 장기적으로 이어지는 그 어떠한 것도 인내심 있게 받아들이지 못한다. 효율적이지 못하고 끝도 없고 제멋대로인 우디 앨런의 영화 같다며 '우디 앨런 치료법'이라고 조롱하고 있다. 대신 가장 일반적인 정신과적 개입에 의존한다. 약물 말이다. 약물은 효과가 빠르고 통증이 없으며 상대적으로 저렴하며 편리하다. 대체로 도움이 된다. 앞에서도 말했지만 나 역시 종종 약물을 처방한다. 하지만 약물이 모든 문제를 다 해결해주지 않는다는 것은 분명하다.

충분한 시간을 두고 부적응적인 행동 패턴을 바꾸는 치료법에 대한 존중심을 되찾고 무례한 표현도 버려야 한다. 문제를 차근차근 짚어나가야 할 필요가 있다. 메리의 생존과 가족의 생존은 메리가 분노의 감정을 의식하지 않는 데 달려 있었다. 따라서 그 분노를 다루려면 그녀와 안전하고 신뢰할 수 있는 관계를 만드는 것이 먼저였다. 나는 안전하고 신뢰할 수 있는 관계를 만들어가는 과정에서 그녀에게 다른 사람들을 돌보는 동시에 자신을 돌보는 방법에 대해 지도할 수 있었다. 무엇보다 성인이 된 지금은 다른 사람들이 스스로를 돌보게 내버려두어도 안전하다는 사실을 깨닫도록 해주었다. 더 이상 그녀가 모든 일에 나서지 않아도 된다고.

하지만 이 모든 것에는 시간이 걸렸다. 이 책에 소개된 다른 사람들과 마찬가지로 그녀는 처음 만났을 때 절박했다. 잘된 일이었다. 사람이 길을 잃고 완전히 허물어지기 직전일 때, 즉 가장 취약하다고 느끼는 그 순간이야말로 적절한 도움과 행운이 따라준다면 이전에는 불가능했을 일을 할 수 있기 때문이다.

약 100년 전 윌리엄 제임스는 말했다.

"거의 모든 사람이 육체적이든 지적이든 혹은 도덕적이든 상관없이 자신의 잠재력에 비해 매우 제한된 영역에서 살아간다. 전반적으로 잠재된 의식과 영혼의 자원 중 매우 적은 부분만 사용하는 것이다. 이는 몸 전체가 아닌 새끼손가락만을 움직이고 사용하는 습관을 지닌 사람과 다를 바 없다. 중대한 사태와 위기가 닥쳤을 때 우리가 가진 자원이 생각보다 얼마나 거대한지를 깨닫는다."

깊이 파고들게 한다는 것은 위기가 가져오는 좋은 결과이다. 위기 상황에서 우리는 그 어느 때보다 정신을 차리고 전율하면서 본화하기에 가장 좋은 상태가 된다. 물론 인생을 망칠 가능성이 가장 큰 시기이기도 하다. 위기의 순간이 어느 쪽으로 향할지는 현실에 대처하는 방법뿐만 아니라 무엇보다도 감정의 불길을 어떻게 처리하느냐에 좌우된다. 다시 말하자면 현실에서 도망치거나 상상의 적을 공격하는 것이 아니라 강렬한 감정을 견디는 사람은 현실에 대처할 수 있는 지혜를 알게 된다.

혼자 견디기 힘든 일이 벌어지면 어떻게 해야 할까? 내 옛 스승은 혼자 걱정하지 말고 누군가에게 도움을 청해야 한다고 조언했다. 특히 위기 상황에서 혼자 걱정하면 재앙으로 이어질 수 있다. 하지만 올바른 사람과 함께 걱정하면 위기가 당신의 마음을 열어 문제가 무엇인지 드러내줄 수 있다. 강렬한 감정은 사람을 갈가리 찢어버리기도 한다. 하지만 감정을 능숙하게 다루면 그 무엇보다 효과적으로 사람의 마음을 열어 치료를 위한 수술이 이루어지게 하는 메스 역할을 한다.

다음은 호세 오르테가 이 가세트가 약 80년 전에 쓴 글이다.

주변 사람들을 한번 살펴보자. 마치 몽유병자처럼 자신에게 무슨 일이 일어나고 있는지 전혀 알지 못한 채 행운과 불운의 한

가운데서 헤매며 살아가는 모습을 볼 수 있다. 처음에 인생은 혼란이고 사람들은 길을 잃은 상태이다. 사람은 그 사실을 어렴풋이 알지만 이 끔찍한 현실과 마주하는 것이 두려워서 환상의 장막으로 진실을 덮으려고 한다. 그는 자신의 '생각'이 사실이 아닐 수도 있다는 점을 의심하지 않는다. 자신이 만들어낸 환상을 현실을 겁주어 쫓아내는 허수아비로, 자신의 존재를 방어하는 참호로 사용한다. 머리가 맑은 사람은 환상에서 벗어나 삶을 직시하고 환상이 만들어낸 모든 것이 문제임을 깨닫고 스스로 길을 잃었다고 느끼는 사람이다.

산다는 것은 길을 잃었다고 느끼는 것이다. 이는 단순한 진리이다. 이 진리를 받아들인다면 이미 자신을 찾아 발을 단단히 디디려는 노력을 시작한 것이다. 그 사람은 난파당한 사람들처럼 본능적으로 붙잡고 매달릴 무언가를 찾기 위해 주위를 둘러볼 것이다. 그 절대적으로 진실한 눈빛은 결국 삶의 혼란 속으로 질서를 가져오게 해줄 것이다. 난파당한 사람. 이것만이 인생의 진실일 뿐 다른 나머지는 수사, 가식, 광대극일 뿐이다.

우리는 위기가 닥쳤을 때 난파당한 사람의 생각이 어떤지 알 수 있다. 난파당한 사람은 순전히 필요에 의해 안개를 뚫고 나가서 필요한 것을 찾는다. 메리도 그랬다.

메리나 내가 만난 그녀와 비슷한 사람들에게 가장 큰 변화의 원동력으로 작용한 것은 우리 사이에 생겨난 사랑이었다. 요즘 시대에 사랑은 위험한 단어가 됐는데 그럴 만한 이유가 있다. 하지만 좋든 나쁘든 사랑은 여전히 삶에서 우리가 가진 가장 강력하고 올바른 도구이다. 치료사와 내담자 두 사람의 관계는 상담실에서만 정해진 시간 동안 만나고 오로지 대화만 한다는 점에서 사랑이라고 하기에는 독특하다. 게다가 내담자 쪽으로만 초점이 향한다. 물론 치료사의 성격도 드러나지만 치료사는 자신의 사생활에 대해 거의 말하지 않고 그래서도 안 된다.

상담 과정이 잘 진행되면 시간이 지남에 따라 내담자와 치료사 간에 깊고 지속적인 존중심과 배려심이 생기고 긍정적인 에너지가 스며든다. 사랑이라고 할 수도 있을 것이다. 다른 곳에서는 찾아볼 수 없는 유형의 사랑이다. 특정 작곡가의 음악이나 특정 화가의 그림 또는 특정 작가의 소설과 개인 사이에 생겨나는 사랑이 이와 가장 유사하다고 할 수 있을 것이다.

이 사랑이 변화에 영향을 미칠 수 있는 수준에 도달하기까지는 시간이 걸린다. 잡담은 물론이고 중요한 주제와 중요한 사건에 관한 토론을 통해서 변화를 이끌어낼 수 있다. 변화에 이르는 과정은 나에게도 여전히 수수께끼지만 나는 치료사와 내담자 모두의 입장에서 변화를 직접 자주 목격했다. 변화를 이끌어내는 힘이 존재한다는 사실만은 진리다.

치료사인 나는 그 힘을 남용하지 않는다. 내담자도 마찬가지다. 우리는 매주 상담 시간마다 함께 그 힘을 사용한다. 메리 같은 사람이 애정 어린 관계가 아닌 다른 방법을 통해서 자유와 긍정적인 자기 존중에 이를 수는 없다. 적어도 내가 알기로는 그렇다. 그 관계가 꼭 치료사와의 관계일 필요는 없다. 하지만 치료사와의 관계는 메리 같은 사람을 위해 세심하게 통제된 방법이다. 메리처럼 자신보다 남을 먼저 돌보는 경향이 있는 사람이라도 어린 시절의 심각한 트라우마가 있는 경우는 드물다. 다른 사람은 그녀처럼 심오하게 들어갈 필요까지는 없을 것이다.

그런 경우를 위해 몇 가지 팁을 제공하겠다. 먼저 레스, 진, 애슐리, 잭과 마찬가지로 메리가 스스로 어떤 위험을 만들었는지 요소별로 분석해 보자.

1. 에너지. 다른 사람을 돌보는 것은 정신적으로 지치는 일이다.
2. 감정. 다른 사람들의 부정적인 감정을 떠안으려고 하면 이상한 정신적 상호작용이 일어난다. 전문 용어로는 투사적 동일시라고 한다. 쉽게 말해서 내가 도우려는 사람에게 가득한 유독성의 감정이 내게 전파돼서 나에게도 유독한 감정이 가득차게 된다는 뜻이다. 유독성 처리자는 그 유해한 감정을 품고 있다가 더러운 부분을 세척한 뒤에 깨끗해진 내용물을 상대에게 돌려주려고 할 것이다. 이 모든 과정이 본인을 감정적으로 위험한 상태에 몰아넣는다.
3. 참여. 다른 사람의 문제에 참여하느라 자신의 업무에 참여하는 능력이 저하된다.
4. 구조. 다른 사람을 지나치게 돌보면 자신을 돌보게 해주는 구조를 무시하는 경향이 있다.
5. 통제. 사태를 파악하고 조처하지 않으면 남을 도우려는 자동적인 반응에 스스로가 통제당하게 된다.

어떻게 해결할 것인가?

다른 사람뿐만 아니라 자신을 돌보는 10가지 팁

1. 자신보다 남을 먼저 돌보려는 본능적인 반응을 알아차려라. 이 반응은 대체로 반사적이고 무의식적이고 감정적으로 나타난다. 자신의 상황을 돌보기 전에 조직 모두를 행복하게 만들려는 것이 자신의 기본적 태도임을 파악해야 한다.

2. 이러한 경향이 여러 면에서 훌륭하며 조직에도 매우 가치 있는 능력이라는 사실을 알아야 한다. 단, 자신을 돌보는 능력과 합쳐져야만 그렇다.

3. 자신을 돌보는 것이 이기적인 것과는 다르다는 것을 알아야 한다. 항공사가 승객들에게 자신 먼저 산소마스크를 착용하라고 지시하는 이유도 그래서이다. 이렇게 당연한 사실을 짚어주는 이유는 메리처럼 다른 사람들을 먼저 돌보는 경향이 있는 사람들이 상당수이기 때문이다.

4. 곰곰이 생각해 본다. 자신을 돌보는 것이 조직 전체에 이로운 일이라는 사실을 이해할 필요가 있다. 그런데 특히 여성들의 경우에는 정반대의 생각이 깊이 박혀 있다. 다른 사람들과도 찬찬히 이야기를 나눠보자. 남을 도와주려면 우선 자신 먼저 돌보는 것이 좋고 옳고 꼭 필요한 일이라는 사실을 이해하게 될 것이다.

5. 하루에 온전히 나만을 위한 시간을 마련한다. 예를 들어 어려운 문제를 해결하는 시간, 운동이나 요가를 하는 시간, 충분한 수면을 취하는 시간, 명상이나 기도 같은 성찰을 위한

시간, 사랑을 나누는 시간 등 아무런 방해도 받지 않는 시간
이다.

6. 자동으로 "예스"라고 답하지 말고 "생각해볼게."라고 말하는
연습을 한다. "생각해볼게."를 자동 반응으로 설정해두면 어
떤 일을 맡는 것이 합리적인지 정중하게 거절하는 것이 합
리적인지 결정할 수 있는 충분한 시간이 생긴다.

7. 동료가 곤경에 처했을 때 자신이 도움을 주기에 가장 적합
한 사람인지 생각해본다. 일단 도움을 주려고 개입하면 빠
져나오기가 힘들다. 따라서 장기적인 프로젝트가 될 수도
있으므로 맡을 시간이 있는 경우, 자신이 상대에게 필요한
도움을 주기에 가장 적합한 경우, 필요한 도움을 제공할 육
체적이고 정신적 에너지가 비축되어 있을 경우에만 나선다.

8. 도움을 요청하는 법을 배워라. 남을 먼저 돌보는 사람들은
'역의존' 경향이 있다. 도움을 받는 것보다 도움을 주는 것이
훨씬 편하다고 느끼는 것이다. 익숙한 안전지대에서 빠져나
와 도움을 요청하는 법을 배워야 한다. 도와달라고 하면 사
람들도 기뻐할 것이다. 유독성 처리자들은 너무나 잘 알고
있겠지만 사람은 자신이 필요한 존재라는 느낌을 받고 싶어
한다.

9. 도움을 줄 시간이나 에너지가 없다면 조직의 다른 누군가가
나서도 된다는 사실을 기억하라. 당신이 덜 나서면 다른 사
람들이 나서서 기여할 부분이 커진다.

10. 마지막으로 자신이 남들을 돕고 싶어 하는 사람이라는 사실
을 기쁘게 여겨라. 다른 사람들을 돌보려는 사람은 문제가

있을 때 유용한 자산이다. 세상에도 큰 도움이 되는 이들이다. 자신의 생존과 번영을 먼저 챙길 수 있도록 아주 조금만 물러서는 법을 배우면 된다.

6장 [질병 ADHD]
자기자신을 자책하며 스스로 자멸한다

◆ ◆ ◆ ◆ ◆

낮은 성취도에서 빨리 벗어나라

"난 내가 싫어!"

샤론이 벽에 대고 소리쳤다. 책상에 앉은 샤론은 방금 전 한 시간 동안 이루어진 화상회의를 깜빡하고 놓쳤다는 사실을 깨달았다. 화상회의가 내일인 줄 알았는데 방금 무심코 플래너를 보았다가 오늘이라는 사실을 알게 됐다.

순간 정신이 번쩍 들었다. 왜 출근하자마자 플래너를 확인하지 않았을까? 왜 매일 하기로 한 일을 하지 않는 걸까? 왜 해야 할 일을 알고 있으면서 하지 않을까? 실패가 두려워서일까? 속으로는 인생을 망치고 싶은 걸까? 어머니를 기쁘게 하기 위해 실패하려는 건가? 아니면 어머니를 능가할까 봐 두려운 건가? 왜 별별 치료법을 다 써봤지만 하나도 도움이 되지 않은 걸까? 희망이 있기나 한가? 죽을 때까지 이런 패턴을 반복하면서 살 수밖에 없는 운명인

걸까? 그냥 지금 죽는 게 낫지 않을까?

같은 잡지사 동료이자 친구이기도 한 에이버리는 샤론의 사무실을 지나가다가 그녀가 괴로워하는 모습을 보았다. "샤론, 무슨 일이야?" 에이버리가 물었다.

샤론은 한숨을 내쉬었다. "들어서 하나도 좋을 것 없는 얘기야. 간단히 말하자면 난 패배자야. 방금 토니네 팀과의 화상회의를 놓쳤어. 저들도 더 이상 참아줄 수 없다고 생각할 거야. 또다시 샤론의 실수로 절호의 기회를 날려버렸다고 말이야. 나도 이런 내가 지친다."

"샤론, 넌 우리 잡지사에서 가장 유능한 사람이야. 내가 네 능력의 절반만이라도 가지고 있었으면 좋겠다."

"역시 너밖에 없어, 에이버리. 하지만 이젠 잠재력이 있다는 말을 듣는 것도 지치는걸. 잠재력이 아무리 많아 봤자 그걸 발휘하지 못하면 무슨 소용일까? 차라리 멀뚱히 서 있는 기둥처럼 바보인 게 나을 것 같아. 그러면 기대에 부응하지 않아도 상관없을 테니까."

"샤론, 나 당장 처리할 일이 있어서 바로 가봐야 해. 5시 정각에 다시 올 테니까 길 건너편에 있는 알곤퀸에 가자. 인생 최고의 모히토를 맛보게 해주지. 거절하면 안 돼!"

"고마워, 에이버리. 기대되는 일을 만들어줘서."

◆ ◆ ◆ ◆ ◆ ◆
ADHD 치료로 삶을 개선할 수 있다

샤론의 사례는 앞에서 만난 다섯 명과 달리 주의력 결핍 성향ADT이 아니라 주의력결핍과잉행동장애ADHD에 속한다. 이 책에 주의력

결핍과잉행동장애를 포함했다. 주의력결핍과잉행동장애가 보통 사람들의 생각보다 성인들 사이에서 흔하게 나타나기 때문이다. 미국에서만 최소 500만 명의 성인에게 주의력결핍과잉행동장애가 나타나며 그중 80%가 진단받지 않은 이들이다. 성인의 경우 주의력결핍과잉행동장애 치료는 그 사람의 삶을 극적으로 개선해 줄 수 있다.

39세의 샤론은 수년간 주요 여성 잡지사에서 수석 편집자로 일했다. 그녀는 승진을 거듭했지만 계획, 우선순위, 업무의 완수에 관한 문제가 지속돼서 최고 직급에는 오르지 못했다. 사실 뛰어난 재능과 탁월한 두뇌가 아니었다면 진즉 해고됐을 것이다.

다음과 같은 ADHD 증상을 보인다

계획을 세우기가 힘들다.

꾸물거리고 자주 미룬다.

위기가 닥쳤을 때 가장 집중력이 좋아진다.

상상은 잘하지만 일을 완수하는 것은 못한다.

회의가 치통보다도 싫다.

자신의 재능을 최대한 활용하지 못해 좌절감을 느낀다.

충동적이다.

시간 엄수를 못해서 문제가 생길 때가 많다.

자신처럼 사고가 빠르게 돌아가지 않는 사람을 보면 짜증이 난다.

극단적일 정도로 일을 철저하게 처리하려고 한다.

샤론은 자신이 성취도가 낮은 사람이라는 사실을 뼈아프게 잘 알고 있었다. 그녀는 가혹한 내면의 목소리로 끊임없이 자신을 질책했다. 가장 날카로운 비난의 말이 다른 누구도 아닌 자신에게 향했다. 패배자, 게으름뱅이, 바보 천치, 멍청이, 사기꾼, 허풍쟁이, 한심한 인간, 약해빠진 인간 등. 이런 말들은 사실과 전혀 거리가 멀었다. 하지만 엄청난 재능을 최대한 활용하지 못하는 정확한 이유도 모른 채 산다는 사실을 인정하는 것보다 자신을 영혼까지 깎아내리면 이상하게도 기분이 나아졌다.

작가 바이런 케이티Byron Katie는 스스로 발목을 붙잡는 문제를 해결하는 방법으로 "만약 그 생각이 없다면 나는 어떤 사람일까?"라는 자유로운 질문을 던져보라고 제안한다. 하지만 샤론은 그 생각이 존재하지 않는 상태를 상상조차 할 수 없었다. 자신이 얼마나 무능하고 부적절한지에 관한 생각 말이다. 그녀는 자신에 대한 도덕적 진단을 내리고 그것에 매달렸다. 자신을 비난하지 않으면 제대로 기능할 수 없는 것처럼 느껴졌다. 자신을 꼼짝도 하지 못하게 만드는 생각인데도 내려놓을 수가 없었다. 그 생각이 사라진다면 자신에 대해 설명해 줄 수 있는 말은 아무것도 없을 것만 같았다. 마치 자기 비난이 그녀라는 사람을 이루는 기본적인 골격이라도 되는 것처럼.

에이버리가 본 것처럼 지금 그녀는 매우 절망적인 상황에 놓여 있다. 이런 생각들이 이따금 그녀를 세게 강타했다. 살면서 항상 낮은 성과밖에 올리지 못한 것, 고등학교와 대학교 때는 대단한 소설가가 될 거라는 기대를 한몸에 받았지만 생계 때문에 포기해버린 것, 타협이라도 하듯 잡지사에서 일하는 편집자가 된 것. 이 모든 게 후회스러웠다.

이렇게 절망적인 상태에서는 해야 할 일에 집중하는 것이 불가능했다. 수치심과 실망감이 온몸으로 퍼져나가 신체는 물론이고 영혼에도 큰 고통을 주었다. 하지만 그녀는 강한 사람이었다. 이리 차이고 저리 차여도 살아남는 법을 아는 튼튼한 잡종 개처럼 무엇과도 싸워서 헤쳐 나가는 법을 알고 있었다. 싸우는 것이야말로 그녀가 평생 써온 대처 방식이었다. 행동에 돌입할 때는 내면의 목소리가 조용했다. 그냥 행동에만 집중할 뿐이었다. 말보다 깊은 의지가 내면에서 거센 폭풍을 일으켜 결코 포기할 수 없게 만들었다. 그래서 샤론은 절망 속에서도 싸움을 계속했다.

◆ ◆ ◆ ◆ ◆ ◆
자신을 사랑하지 않는 엄마와 싸우면서 살다

예정일보다 12주 일찍 태어난 미숙아 샤론은 세상에 나온 순간부터 싸워야 했다. 아버지 더글러스는 샤론을 사랑했지만 어머니는 샤론을 경쟁 상대로 여겼다. 샤론은 어머니와 세 명의 형제로부터 생존을 위해서는 싸워야 한다는 사실을 배웠다. 아버지는 "네가 그렇게 투쟁적인 이유는 빨간 머리라서 그래."라고 말하곤 했다.

샤론은 아빠가 간절히 원했던 딸이자 엄마가 절대로 원하지 않았던 딸이었다. 샤론의 엄마 일레인은 그녀 자신도 엄격하고 차가운 엄마의 비판적인 시선 속에서 자랐다. 일레인은 아들들에게는 애정이 생겼지만 딸은 달랐다. 그녀는 자신이 엄마에게 그러했듯 딸이 자신에게서 최악의 모습을 끌어낼 거라는 느낌을 떨치지 못했다.

그녀의 예상은 맞아떨어졌다. 일레인은 남편의 관심을 끌기 위해 아기 샤론과 경쟁했다. 남편 더글러스가 샤론에게 애정을 쏟을 때마다 분노하거나 토라지거나 둘 다였다. 다행히 더글러스는 아내가 딸과 자신을 떨어뜨려 놓는 것을 용납하지 않았다. 그랬기에 부녀 관계가 좋을 수 있었다. 하지만 일레인은 틈이 날 때마다 어떻게든 딸의 앞길을 막으려고 했다. 딸이 행복한 어린 시절을 보내는 것이 그녀가 두려워하는 최악의 상황이라도 되는 것만 같았다.

아빠의 말처럼 빨간 머리라서든 전사의 유전자를 타고나서든 샤론은 에너지가 넘쳤다. 하지만 샤론은 엄마를 방어하기 위해서뿐만 아니라 학교 공부를 제대로 따라가기 위해서 남은 한 방울까지도 에너지를 쥐어 짜내야만 했다. 부모는 네 아이에 대한 기대가 컸지만 샤론이 자기 스스로에 거는 기대에 비하면 아무것도 아니었다. 샤론은 어떤 활동이나 과제든 남들보다 탁월하게 해내고 싶었다. 1등이 되고 싶은 마음도 강했다.

학교 공부는 쉽지 않았다. 엄마의 끊임없는 비판에 대처해야만 하는 문제도 있었지만 항상 주의가 산만했다. 선생님이 불러도 계속 창밖을 쳐다보았고 대답을 제때 하지 못해서 망신당하기 일쑤였다. 하지만 그녀는 포기하기는커녕 더 열심히 노력했다. 친구들에게 노트 필기를 빌리거나 선생님에게 도움을 청했고 다른 아이들이 놀 때 혼자 자리에 남아 공부했다. 반드시 남들보다 앞서가려고 애썼다. 전과목 A를 받았다. 어쩌다 B를 받은 과목이 있으면 담당 교사를 찾아갔다. 성적에 대해 따지려는 것이 아니었다. 더 잘하려고 귀찮을 정도로 질문을 해대는 통에 누가 보면 교사가 안쓰러울 정도였다.

샤론은 스포츠에도 열심이었다. 육상부에 들어갔는데 달리기할 때마다 짜릿함을 느꼈다. 겨울에는 수영에서 즐거움을 느꼈다. 다이빙도 하고 싶었지만 동시에 두 팀에 들어갈 수 없어서 수영을 선택했다. 수영을 좋아했던 이유는 하나였다. 신체적으로 대단히 고된 장거리 수영을 해낼 수 있다는 사실을 증명하기 위해서였다. 운동에 어느 정도 익숙해지면 통증이 즐거움으로 바뀌었다. 이 부분에 대해서는 어머니에게 고마웠다. 어머니가 끌어들인 전쟁에서 이기기 위해 극한 스포츠와 높은 성취도를 추구하게 됐기 때문이다.

그러던 중 고등학교 과정인 10학년 때 영어를 가르치는 엘리엇 선생님이 샤론의 삶을 바꿔놓았다. 샤론은 그 선생님 덕분에 에밀리 디킨슨의 시를 시작으로 문학에 빠져들었다. 샤론은 짧고 단순한 구절을 특히 좋아했다. "내가 죽을 때 붕붕 대는 파리 소리를 들었네." 같은 구절을 읽으며 학교 다니면서 한 번도 느껴보지 못한 놀라움과 기쁨을 느꼈다. 에밀리 디킨슨의 시에 나오는 뱀에 관한 구절은 샤론의 머릿속에 깊이 새겨졌다. "이 녀석을 만나기만 하면 혼자이든 아니든 / 숨이 막히고 / 뼛속까지 얼어붙네." 뼛속까지 얼어붙네? 이 얼마나 완벽한 표현인가!' 그녀는 감탄했다. 에밀리 디킨슨은 '뼛속까지 얼어붙네.'라는 표현을 어떻게 생각해 냈을까? 어디서 나온 말일까? 샤론은 간절히 알고 싶었다. 그런 구절이 자신의 머릿속에도 떠오르기를 바랐다.

샤론은 선생님의 격려로 그런 놀라운 구절이 어디에서 나오는지 탐구하기 시작했다. 선생님은 말했다. "무의식과 상상력에서 나오는 거야. 샤론, 너는 상상력이 뛰어나니까 네 상상력을 한번 믿어

보렴."

"그게 무슨 뜻이에요?" 샤론이 물었다.

"너는 끈기가 강해. 그건 정말 대단한 거야. 하지만 때로는 통제력을 내려놓고 마음이 너를 놀라게 하도록 내버려둘 필요도 있단다. 장담하건대 에밀리 디킨슨은 '뼛속까지 얼어붙다.'라는 표현을 떠올리고 본인도 놀랐을 거야."

그때부터 샤론은 새로운 놀이터를 찾았다. 그녀가 가장 좋아하는 놀이터. 바로 상상, 이미지, 단어로 이루어진 세계였다. 처음에는 디킨슨의 방식으로 시를 쓰기 시작했지만 점차 자신만의 스타일을 발전시켰다. 산문도 썼다. 그녀는 타고난 이야기꾼이었다. 10학년 이후로 시간이 지날수록 그녀는 작가로서 자신만의 목소리를 찾아 속이거나 모방하지 않고 글을 쓸 수 있게 됐다. 대학에 입학해 문학을 통해 얻을 기쁨을 생각하며 잔뜩 기대에 부풀었다.

하지만 시험에 집중하지 못하는 문제 때문에 대학 입시에 중요한 대학수능시험SAT에서 낮은 점수를 받아 원했던 아이비리그 대학에는 합격하지 못했다. 하지만 뛰어난 학교 성적과 추천 덕분에 다수의 좋은 대학에 붙었다. 그녀가 선택한 곳은 뉴욕 북부에 있는 호바트앤드윌리엄스미스대학교였다. 그곳에서 샤론은 문학과 글쓰기에 전념했다. 하지만 그녀는 뭔가 의미 있는 작품으로 만들 정도로 이야기를 오래 이어가지 못했다. 학교 문학잡지의 편집자가 됐지만 자신의 글을 많이 싣지는 않았다.

어머니는 샤론에게 투덜거렸다. "실용적인 길을 선택해라. 우린 널 지원해 주지 않을 거야. 실패한 작가는 지원해 봤자니까." 샤론이 작가로 성공하면 어머니가 부러워하겠지만 어머니의 말도 일리가 있었다. 만약 그녀가 경제적인 도움을 요청한다면 어머니는 상당히 고소해할 터였다. 무슨 일이 일어도 그런 일이 있어서는 안 됐다. 샤론은 생활비를 벌어야 했다. 그래서 대학 졸업 후 그녀가 잘하는 일을 하기 위해 편집자로 취직했다.

꿈은 희미해졌지만 편집자로는 잘 나갔다. 상사들도 엘리엇 선생님이 알아본 샤론의 훌륭한 재능, 추진력, 상상력을 인정했다. 하지만 샤론은 뭐라 설명하기 어렵고 다른 사람들은 이해하지도 못하겠지만 자신이 남들과 다르다는 것을 알고 있었다. 친구나 동료가 "샤론, 넌 정말 재능이 많아. 네 재능을 최대한 활용할 수 있도록 정리 전문가나 코치의 도움을 받으면 어때?"라고 말할 때마다 그녀는 그래도 소용없다는 것을 어떻게 설명해야 할지 난감했다. 그녀는 어떤 해답이든 필요했다. 그녀는 좌절감과 절박함에 내몰려 혐오로 가득한 명칭들의 목록을 만들었다. 그리고 마치 매일 벌을 주듯 자신을 그 명칭들로 부르기 시작했다.

그녀의 형제 중 한 명이 "왜 남자 친구랑 오래 못 가? 네 눈에 차는 사람이 없어서 그래?"라고 물었을 때도 뭐라고 말해야 할지 알 수 없었다. 부족한 것은 자신이고 남들처럼 평범하게 유대감을 맺는 것이 어렵다는 사실을 설명하기가 어려웠다. 그래서 그냥 "내가 이기적이라서 그렇지 뭐."라고 둘러댔다. 비록 틀렸지만 답을 하긴 한 것이었다.

그녀는 자신이 아닌 다른 사람들과 세상에 대한 올바른 답도 많이 알아차렸다. 그녀에게는 다른 사람들이 보지 못하는 것을 보는 재주가 있었다. 선물인 동시에 저주였다. 즉각 상대를 꿰뚫어보고 거짓말을 감지했다. 그냥 바라보거나 회의실에서 일어나는 상황을 관찰하기만 해도 단번에 다른 사람들이 무슨 생각을 하고 있는지 알 수 있었다. 샤론은 마치 엑스레이 시력이라도 가진 것처럼 그 누구든 속을 들여다볼 수 있었다. 이러한 지각 능력은 그녀에게 도움이 되기도 했지만 자신이 아는 것을 공유하기가 쉽지 않아 스스로를 고립시키기도 했다. 너무 많은 감정과 통찰을 짊어지느라 지치기 일쑤였다.

샤론은 편집 일을 통해서 늘 머릿속에 넘쳐나는 생각과 감정을 피하려고 애썼다. 편집 일은 구체적이고 실용적이기 때문에 도움이 됐다. 하지만 편집할 때 페이지에 담긴 작가의 가짜 목소리가 보이거나 문장에 작가가 독자를 조종하려는 목적이 담겨 있는 것이 느껴졌다. 그럴 때면 그런 글을 읽어야 한다는 좌절감으로 비명을 지르고 싶어도 꾹 참는 수밖에 없었다. 마음을 다스리기 위해 책상을 꽉 잡기도 했다. 하지만 아무리 노력해도 그녀의 집중력은 소풍 나온 어린아이와 다르지 않았다. 위험성이나 허용 여부 따위는 신경 쓰지도 않고 마음대로 여기저기 돌아다녔다. 그런 마음을 통제하기란 어려운 수준을 넘어 아예 불가능하게만 느껴졌다.

샤론은 집중력을 유지할 수 있는 열쇠만 찾을 수 있다면 자기 안에 자리한 이야기를 끄집어내 소설을 쓸 수 있고 연인과의 관계도 지속할 수 있음을 알았다. 엄마가 되고 싶은 또 다른 꿈도 이룰 수 있을 것이다. 어릴 때 그녀가 그토록 원했던 엄마가 되고 싶은 꿈을. 지금은 모든 것이 점점 더 멀어지는 기분이었고 수치심이 들었다. 책상에 앉은 샤론은 막막한 기분이 들었다. 절대 포기하지 않겠다는 마음은 굳건했지만 앞으로 자신이 과연 어떻게 될지 알 수 없었다.

◆ ◆ ◆ ◆ ◆ ◆
ADHD는 풀지 않은 선물 상자다

미국에서 수백만 명에 이르는 진단 받지 않은 성인 주의력결핍과잉행동장애 환자 중 한 명인 샤론에게는 인생을 좋은 쪽으로 180도 바꿀 수 있는 기회가 있었다. 주의력결핍과잉행동장애의 진단은 그 어떤 정신적 증상의 진단보다도 당사자의 삶을 극단적으로 좋게 바꿔줄 수 있는 기회를 제공한다. 앞서 말했듯이 성인 주의력결핍과잉행동장애 환자의 최소 80%가 이 사실을 알지 못한다. 그들은 그저 샤론처럼 무력감과 낮은 성취도에 빠져 허우적거린다. 일부는 심각한 문제에 빠지기도 한다. 교도소에는 진단받지 않은 주의력결핍과잉행동장애 환자들이 가득하다. 실업자, 마약 중독자, 알코올 중독자, 사고에 취약한 사람들, 우울증과 불안증에 시달리는 사람들, 소외계층도 마찬가지이다.

다행히 샤론은 끈기와 타고난 재능 덕분에 주의력결핍과잉행동장애가 심각한 장애로 작용하는 수많은 사람보다는 잘 지냈다. 하지만 그녀는 성취도가 엄청나게 낮았다. 그녀 자신도 잘 알고 있었다. 우울증과 절망감으로 지금의 성취 수준마저 불가능해지는 순간이 찾아와 상황이 악화되는 것은 시간문제였다.

여러 가지 이유로 의사를 포함한 대부분 사람은 성인의 주의력결핍과잉행동장애에 대해 잘 알지 못하거나 아예 모른다. 그들은 주의력결핍과잉행동장애가 지나치게 활동적인 남자아이들에게 나타나는 증상이라고만 생각한다. 치료만 받으면 큰 효과를 볼 수 있다. 그런데도 수백만 명의 성인 주의력결핍과잉행동장애 환자들이

주의력결핍과잉행동장애가 있는 사람들의 이로운 점과 해로운 점

이로운 점	해로운 점
창의적이다.	옆길로 샌다.
직관적이다.	증거의 출처를 제공하기 어려워한다.
관심사에 초집중할 수 있다.	관심이 없으면 쉽게 주의가 산만해진다.
관심 있는 업무에 열정적이다.	자주 마감일을 놓치거나 미루거나 지각한다.
행동이 빠르고 시간을 낭비하지 않는다.	
항상 새로운 자극을 찾으려고 한다.	충동적이고 무모한 결정을 내린다.
에너지가 넘친다.	강한 자극을 원하는 행동이 위험한 행동이나 약물 남용 같은 문제로 이어질 수 있다.
쉽게 영감을 얻고 영감을 준다.	
	가만히 앉아서 듣지 못한다.
	프로젝트 완료나 장기적인 관계 유지를 어려워한다.

절실히 필요한 도움을 받지 못한다. 성인 주의력결핍과잉행동장애 환자는 적절한 도움을 받으면 가장 높은 수준의 성취도를 달성할 수 있다. 노벨상 수상자, 퓰리처상 수상자, 자수성가한 억만장자, 아카데미상 수상자, 기업가 등 다양한 분야에서 최고의 위치에 오른 사람들 중에는 주의력결핍과잉 행동장애의 특성을 보이는 경우가 많다. 이 특성은 종종 오해받고 받아들이기 어려운 면이 있지만 매우 흥미롭다. 주의력결핍과잉행동장애가 흥미로운 이유는 장점과 문제점으로 이루어져 있기 때문이다. 치료는 부정적인 요소의 피해를 제한하면서 긍정적인 요소를 활용하는 것을 목표로 한다.

나는 1981년에 성인 주의력결핍과잉행동장애에 대해 처음 알게 된 이후로 환자들과 함께 일해왔다. 나 역시 주의력결핍과잉행동장애와 난독증이 있다. 적절하게 관리해주면 주의력결핍과잉행동장애는 삶의 중요한 자산으로 바뀔 수 있다. 내가 스스로를 장애를 치료하는 전문가가 아니라 선물 포장을 풀 수 있도록 도와주는 전문가로 생각하는 이유도 그 때문이다.

샤론은 정확한 진단을 받은 후 자신에게 주어진 선물 포장을 풀기 시작했다. 그제서야 수십 년 동안 이어진 실망과 자책을 그만둘 수 있었다. 샤론 같은 수백만 명의 성인은 제대로 된 진단만 받으면 새롭고 개선된 삶을 시작할 수 있다. 주의력결핍과잉행동장애가 있는 사람들은 무의식에 문제가 있기 때문이 아니라 뇌의 배선 때문에 스스로를 망친다. 잘못된 배선 때문에 뇌가 탁월한 능력에 접근할 수 없는 것이다.

주의력결핍과잉행동장애가 있는 사람들뿐만 아니라 무수히 많은 사람이 낮은 성취도로 고생하는 이유는 뇌를 관리하는 방법을 모르기 때문이다. 내가 몇 년 전에 쓴 동화책 『뇌와 함께 빗 속을 걷기』에는 이런 문구가 나온다. '똑같은 뇌도 없고 가장 최고인 뇌도 없고 모든 뇌는 저마다 특별하다.' 뇌를 관리하는 방법을 아는 전문가의 부족으로 인해 대부분 사람이 자기 뇌의 특별함을 이해하거나 잘 다루지 못한다. 그래서 평소 허우적거리는 정도는 아니더라도 탁월한 능력을 제대로 발휘하지 못하는 것이다.

샤론을 돕기 위한 첫걸음은 샤론의 상태를 재구성하는 것이었다. 샤론은 그녀가 갇힌 덤불 속에서 해방될 필요가 있었다. 뛰어난 재능을 가진 샤론의 성취도가 낮은 이유는 노력이나 자제력의 부족 때문이 아니라 치료되지 않은 주의력결핍과잉행동장애 때문이었다. 그녀에게 더 열심히 노력하라고 말하는 것은 근시인 사람에게 눈을 더 가늘게 뜨라고 말하는 것과 똑같았다.

우리의 작업은 교육으로 시작됐다. 나는 샤론에게 내 책 『주의력

결핍에서 구원받다』을 읽어보라고 권했다. 책을 빨리 읽는 편인 그녀는 기꺼이 그러겠다고 했다. 만약 그녀가 독서를 싫어했다면 그 책의 1장만 읽으라고 했을 것이다. 1장에는 책의 전체 내용이 간략하게 요약돼 있기 때문이다. 샤론은 주의력결핍과잉행동장애가 무엇인지와 그 안에 창의성, 용기, 독창성, 근성, 에너지와 같은 긍정적인 특성이 내재되어 있다는 사실을 이해했다. 그 후 우리는 그녀의 포장을 풀기 시작했다.

리탈린이나 애더럴 같은 각성제는 뜻밖의 행운이 될 수도 있다. 효과가 약 80%나 된다. 주의력결핍과잉행동장애를 치료하는 약물은 안경과 비슷하다. 더 효과적으로 집중할 수 있도록 도와준다. 올바로 사용하면 식욕 억제로 인한 체중 감소 외에는 부작용도 없다. 다른 부작용은 용량을 바꾸거나 복용을 중단하면 사라질 수 있다. 약물 외에도 운동, 영양, 명상, 긍정적인 인간관계가 도움이 된다. 그 밖에도 올바른 감정 상태에 이르는 방법을 배우고 코치의 도움을 받아 구조를 학습하는 게 도움이 된다. 주의력결핍과잉행동장애 치료에 사용되는 약물에 대한 자세한 내용은 이 책 부록을 참조하자.

코칭은 비교적 새로운 분야이다. 자칭 주의력결핍과잉행동장애 코치라고 나서는 사람들이 많지만 해당 분야에 대한 규제가 이루어지지 않아서 투자한 시간을 날리는 경우가 많다. 또 돈을 투자할 만한 코치를 찾기가 어려울 수 있다. 그렇기 때문에 잘 알아보고 도움 받기를 권한다.

주의력결핍과잉행동장애 진단을 받지 않은 성인들이 그러하듯 샤론은 자신을 막고 있는 것이 치료 가능한 질환이라는 사실을 알지 못했다. 꼭 네모 바퀴가 달린 자동차를 운전하는 느낌이었다. 그녀는 인생에 닥친 어려움 때문에 충분히 이룰 수 있는 꿈을 포기 했다. 운 좋게도 각성제 애더럴을 복용하자 즉각 효과가 나타났다. 주의력결핍과잉행동장애 환자의 80%가 약물 치료에 반응하니 운 이 좋았다고도 하기도 뭐하지만 말이다. 어쨌든 샤론은 곧바로 약 물 치료의 효과를 보았다.

그 덕분에 그녀는 나를 찾아오기 전까지 자신에게 일어난 모든 일에 대해 다시 생각해 볼 수 있게 됐다. 타고난 전사 샤론은 진즉 주의력결핍과잉행동장애를 진단받지 못했다는 사실에 화가 치밀 었다. 하지만 분노는 여전히 마음속에 살아 있는 꿈을 이루고 싶다 는 열망을 더 뜨겁게 타오르게 했다. 약물 복용은 그녀의 전체적인 치료 과정에서 쉬운 부분에 속했다. 약을 먹는 것이 집중력에 엄청 난 도움이 됐다. 네모 바퀴가 정상적인 둥근 바퀴로 바뀌었다. 하 지만 이것은 시작에 불과했다. 그녀는 평생 자신에 대한 부정적인 시각을 가지고 살아왔다. 아무리 투지, 추진력, 회복력이 강해도 속 으로는 큰 고통을 느꼈다.

학습 장애를 가진 사람들은 어린 시절에 트라우마에 가까운 피 해를 입었을 수 있다. 젯블루항공의 창업자인 내 친구 데이비드 닐 먼David Neeleman은 심각한 주의력결핍과잉행동장애를 앓고 있다. 젯 블루항공이 상장되던 날 단 몇 시간 만에 수백만 달러를 벌었다. 그는 나에게 말했다. "그날 밤 집으로 돌아가면서 축하할 생각에 들뜨지 않았느냐고? 아니, 고등학교 때 남들과 달리 뭐 하나 제대 로 하지 못하는 패배자 같았던 그 느낌 그대로였어."

하루아침에 자아상을 개선해 주는 약은 존재하지 않는다. 나는 샤론에게도 내가 성인들을 진단하고 치료할 때와 똑같은 방법을 썼다. 함께 앉아 그녀의 이야기를 듣고 탐구하고 고통의 감정을 함께 느끼고 수면으로 올라오는 상반된 감정들을 서서히 해독했다. 샤론은 둥근 바퀴를 가지고 새로운 삶을 살게 되어 기뻤다. 하지만 혼란스럽고 화가 나기도 했다. 자신의 문제가 주의력결핍과잉행동장애라는 사실을 왜 이제야 알게 된 걸까? 어째서 학창 시절 내내 알아차려준 사람이 한 명도 없을까? 어머니는 도와주기는커녕 왜 그렇게 비판하기만 했을까?

이 모든 문제를 해결하려면 시간이 걸린다. 하지만 샤론은 서서히 글쓰기에 대한 꿈과 자신의 능력에 대한 믿음을 깨닫고 글을 쓰기 시작했다. 세상에 결코 늦은 때란 없다. 내 최고령 환자는 86세이다. 책을 쓰고 싶은 평생의 염원을 이루고 싶어서 나를 찾아온 것이다. 샤론은 주의력결핍과잉행동장애를 진단받고 치료하자 책을 쓸 수 있게 됐다.

샤론의 주의력결핍과잉행동장애에 기본 계획을 대입해 보면 다음과 같다.

1. 에너지. 대부분의 주의력결핍과잉행동장애 환자들이 그렇듯이 샤론은 넘치는 에너지를 스스로 통제하거나 에너지의 흐름을 관리하지 못했다.
2. 감정. 감정의 변화가 너무 심해서 안정적인 감정 상태를 유지하기가 힘들었다.
3. 참여. 샤론의 집중력은 기복이 심했다. 완전히 집중하고 참여할 수 있을 때도 있었지만 전혀 집중할 수 없을 때도 많

았다.

4. **구조.** 샤론은 성공에 필수적인 기본 구조인 목록, 계획, 일정을 만드는 데 큰 어려움을 겪었다.

5. **통제.** 샤론은 마음의 힘을 제어하기가 무척 힘들었다. 그녀는 머릿속은 브레이크 없는 페라리 같았다.

어떻게 해결할 것인가?

주의력결핍과잉행동장애가 있는 성인을 위한 10가지 팁

1. 주의력결핍과잉행동장애에 대해 최대한 많은 정보를 얻어라. 인터넷에는 주의력결핍과잉행동장애에 대한 오해와 잘못된 정보가 많이 퍼져 있으므로 인터넷 말고 다른 곳에서 시작하는 것이 좋다. 내 책 『ADHD 2.0』이나 크레이그 서먼, 팀 빌키, 카렌 와인트라우브의 『패스트 마인드: 성인 ADHD 환자가 성공하는 방법』, 러셀 바클리의 『성인의 주의력결핍과잉행동장애』, 리디아 자일로스카와 대니얼 시겔의 『ADHD를 위한 마음챙김 처방』을 읽어보는 것을 추천한다.

2. 이름부터 끔찍하지만 주의력결핍과잉행동장애를 받아들여라. 주의력결핍과잉행동장애에는 주의력이 결핍된다는 문제도 있지만 마음이 방황하고 떠도는 것을 수반한다. 일반적으로 성인에게는 과잉 활동이 존재하지 않는다. 내 생각에 장애라기보다는 적절히 관리하기만 하면 훌륭한 도움을 주는 특성이다. 내가 주의력결핍과잉행동장애가 있는 아이

들에게 해주는 말이 있다. "너희의 뇌에는 자전거 브레이크와 페라리 엔진이 있는 거야."라고 말한다. 이 비유는 성인에게도 적용된다. 브레이크 없는 페라리는 위험하지만 브레이크를 개선하면 챔피언이 될 수 있다. 아이들에게 말하듯 나는 브레이크 전문가다.

3. 당신의 발목을 붙잡고 만성적으로 낮은 성취를 초래한 것은 도덕적 실패나 성격 문제가 아니라 주의력결핍과잉행동장애라는 것을 알아야 한다. 적절한 관리만 따라준다면 한계는 사라지고 가능성은 무궁무진해진다.

4. 성인 주의력결핍과잉행동장애를 치료한 경험이 있고 강점 기반 접근법을 선호하는 의사에게 도움을 받는다. 그런 의사를 찾기가 쉽지 않을 수도 있다. 하지만 시간을 투자할 가치가 충분하다. 가까운 병원의 정신의학과부터 찾아보자.

5. 자신의 장점을 자랑스러워해라. 주의력결핍과잉행동장애의 장점은 돈 주고 살 수도 없으며 주의력결핍과잉행동장애의 단점은 올바른 도움을 받아 해결할 수 있다. 나는 주의력결핍과잉행동장애에 '미국의 우위'라는 이름을 붙였다. 그만큼 미국인의 유전자 풀에 주의력결핍과잉행동장애가 가득하기 때문이다. 애초에 이민의 물결 속에서 이곳으로 건너와 정착한 사람들에 대해 생각해 보자. 그들은 몽상가, 탐험가, 개척자, 위험 감수자, 혁신가, 기업가였다. 실제로 대부분의 기업가들은 주의력결핍과잉행동장애가 있다.

6. 코치의 도움을 받아 정리정돈과 시간 관리 기술을 익힌다. 내가 만든 앱 크레이지비지를 다운로드해도 된다. 과제의

우선순위를 정하고 과제의 가치를 평가하고 과제들을 정리하도록 도와준다. 타이머와 스톱워치 기능도 있으며 명상법도 알려주고 빠르게 돌아가는 일상에 관한 여러 다양한 팁도 제공한다.

7. 명상, 운동, 적절한 영양 섭취, 충분한 수면은 일반적으로 누구에게나 좋지만 주의력결핍과잉행동장애의 개선에도 도움이 된다.

8. 약물 복용을 두려워하지 마라. 적절하게 사용한다면 안경만큼이나 도움이 될 수 있다. 단, 반드시 전문의의 처방을 받아야 한다.

9. 가능한 한 잘하는 일을 하라. 주의력결핍과잉행동장애가 있는 성인들은 자신이 못하는 일을 잘하려고 애쓰느라 많은 시간을 낭비하는 경우가 많다.

10. 주의력결핍과잉행동장애에 대해 알게 된 내용을 다른 사람들과 공유하라. 성인 주의력결핍과잉행동장애에 대한 인식은 여전히 부족한 상황이다. 주의력결핍과잉행동장애의 진단과 치료가 많은 도움이 되었다면 마찬가지로 성인 주의력결핍과잉행동장애일 수 있는 사람들에게 정보를 공유한다.

2부

우리는 어떻게 집중력을
회복할 것인가

7장 [유연한 집중력]

유연한 집중력을 사용하자

◆ ◆ ◆ ◆ ◆

탁월함을 위한 최상의 상태를 만들자

2012년 3월 부바 왓슨Bubba Watson은 플로리다주 도럴의 블루 몬스터 골프장에서 열린 도럴 오픈 골프 대회의 최종 라운드를 상대보다 3타 앞선 상태로 시작했다. 프로 골프의 최종 라운드에서 3타 차로 앞선 것은 결코 안전한 상태는 아니지만 그래도 썩 괜찮은 편이다. 일요일에 최종 라운드가 시작됐을 때 왓슨은 유력한 우승 후보였다.

그는 참가자 중에서도 일반적으로 가장 뛰어난 장타자에 속했고 그 대회에서 매우 창의적인 샷을 보여주었다. 어느 모로 보나 엄청난 재능을 갖춘 선수였다. 하지만 그에게 부족한 것은 집중력이었다. 도럴 오픈 대회에서 그는 앞쪽의 9개 홀에서 불안정한 모습을 보여주며 3타 선두를 잃고 말았다. 갑자기 끝날 때까지 예측할 수 없는 치열한 경기가 됐다. 텔레비전 중계를 맡은 해설자 조니 밀러는 왓슨이 집중력을 유지하지 못한다고 지적하며 일관되게 집중할 수만 있다면 많은 대회에서 우승을 차지할 수 있으리라고 한탄했다. 전문가들은 지속적인 집중력의 부족이 왓슨이 위대함으로 가는 길을 방해하고 있다고 입을 모았다. 하지만 그해 말 조지아주 오거스타 내셔널 골프장에서 열린 마스터스 토너먼트에 출전했을 때 왓슨은 무언가가 변했다. 골프의 가장 위대한 무대이자 골프계의 영웅 바비 존스가 설립한 골프장에서 왓슨은 그동안 그를 피해 다니는 것만 같았던 집중력을 찾았다.

그는 일요일에 치러진 마스터스 최종 라운드가 시작됐을 때 선두를 2타 차로 뒤쫓고 있었다. 물론 충분히 따라잡을 수 있는 거리였다. 그런데 4번 홀에서 평소 왓슨의 집중력을 완전히 무너뜨리고 게임을 망치게 했던 일이 발생했다. 상대 선수 루이스 우스투이젠Louis Oosthuizen이 골프 역사를 통틀어 가장 화려하다고 할 만한 샷을 성공시켰다. '더블 이글'이라고 불리는 샷을 선보인 것이다. 골프에 대해 잘 모르는 사람들을 위해 설명하자면 '이글'은 홀에서 파보다 2타 적은 점수를 말한다. 파는 기준 타수, 즉 홀에서 각 샷을 제대로 치면 얻을 수 있는 점수이다. 파보다 1타수 적은 1언더파로 홀에 공을 넣는 것도 훌륭한데 '버디'라고 한다. 2언더파는 매우 놀라운 점수이고 '이글'이라고 한다. 3언더파는 여간해서는 나오기 힘들며 더블 이글이라고 한다. 우스투이젠은 기준 타수가 파 5인 4번 홀에서 2점을 기록했다. 가장 역사 깊은 골프 대회에서 골프 역사상 가장 놀라운 점수를 달성한 것이다.

우스투이젠이 더블 이글을 기록했으니 평소의 왓슨이라면 당연히 집중력을 잃고도 남았다. 하지만 그는 경쟁자가 놀라운 역사를 쓰는 모습을 보고 강렬한 감정에 휩싸이지 않았다. 오히려 그는 정신을 가다듬었다. 집중력을 잃기는커녕 오히려 집중력이 커졌고 이전에 그를 괴롭혔던 재앙을 피했다.

18번 홀에 이르렀을 때는 왓슨과 우스투이젠 둘 중에서 누구든 먼저 퍼트를 성공시키는 사람에게 우승이 돌아가는 상황이었다. 하지만 두 사람 모두 놓치고 말았다. 결국 경기는 '서든 데스' 방식의 연장전으로 돌입했다. 골프에서 한 홀에서 승부를 가리는 서든 데스 연장전만큼 긴장감 넘치는 경기는 없다. 한 홀에서 이기면 바로 승자와 패자가 결정된다. 연장전의 첫 번째 홀에서 두 선수 모두 다시 한번 우승 기회를 잡았지만 퍼팅에는 실패했다. 연장전은 두 번째 홀로 이어졌다. 이번에 왓슨의 스윙에서 실수가 나왔다. 공이 오른쪽으로 멀리 날아가 페어웨이(선수가 공을 칠 때 겨냥하는 착지 구역)와 접해 있는 키 큰 소나무로 향한 것이다. 그의 패배를 확정 짓는 대참사처럼 보였다. 평소에도 그를 괴롭혀온 집중력 부족이라는 괴물이 마침내 그를 물어뜯고 쓰러뜨린 것 같았다. 최악의 타이밍에 최악의 샷을 날렸으니까. '부바, 바보 같은 짓을 하다'라는 제목이 월요일 아침 신문과 몇 분 후 트위터를 장악할 것이 분명했다.

하지만 상황은 그렇게 흘러가지 않았다. 왓슨은 그가 친 공이 약 30야드 떨어진 숲속의 마른 솔잎 더미 위에 놓인 당황스러운 상황에 직면했다. 그 상황에서 분별 있는 골퍼가 할 수 있는 합리적인 플레이는 나무에서 페어웨이로 안전하게 공을 날려 파를 달성하려 노력하고 우스투이젠이 버디를 기록하지 않기를 바라는 것일 터였다. 페어웨이 쪽으로 공을 안전하게 날리는 것 외에는 현실적으로 가능한 샷이 없었다. 적어도 경기를 지켜보는 전 세계 사람들이 보기에는 그러했다.

하지만 왓슨에게는 아니었다. 그가 나중에 말한 바에 따르면 그는 전에도 숲의 같은 지점으로 공이 날아간 적이 있었다고 한다. 그 덕분에 전혀 고민하지 않고 결정할 수 있었다. 그는 시간을 낭비하지 않고 곧바로 자세를 취했다. 그 자신이 개발한 특별한 그립과 스윙을 이용해 나무 아래의 공을 쳤다.

그는 공이 불가능해 보이는 경로로 움직이게 만들어야만 했다. 공이 똑바로 올라가 뻗은 나뭇가지들을 피한 다음 우회전해야 했으니까 말이다. 프로 선수들은 공을 직선으로 날아가게 하거나 우회전하게 만들 수는 있다. 하지만 한 번에 두 가지를 하는 건 무척 어려워서 엄청나게 특별한 기술이나 마법이 필요하다.

왓슨은 공이 마법을 부리게 했다. 공은 저 멀리 날아가다가 적절한 타이밍에 오른쪽으로 방향을 바꿔 곡선을 그렸다. 약 40야드를 날아갔고 그린 위로 떨어져 굴러갔다. 결국 컵에서 15피트 정도 떨어진 곳에서 멈추었다. 이제 우스투이젠의 우승 기회는 사라졌다. 놀랍게도 우승은 왓슨에게 돌아갔다.

도대체 그 대회에서 왓슨에게 무슨 일이 있었던 것일까? 그가 그 샷을 어떻게 성공시켰는지 아무도 모른다. 대부분 사람들은 그때 왓슨이 평소와 다른 모습이었다고 말했다. 단호하게 악문 턱과 똑바로 앞을 향한 시선. 갤러리들과 장난을 치지도 않았고 평소의 산만한 모습이 하나도 보이지 않았다.

이런 변화가 그와 아내가 대회 며칠 전에 첫 아이를 입양한 사실과 관련이 있다고 말하는 사람들도 있었다. 왓슨이 대회를 위해 오거스타로 올 때 아내와 아기는 같이 오지 못했다. 아기가 너무 어렸기 때문이다. 하지만 왓슨의 머릿속에는 아내와 아기가 함께했다. 부모이자 아동 정신과 의사로서 장담하건대 부모가 되는 것만큼 사람을 극적이고 영구적으로 변화시키는 것은 없다. 부모가 되는 순간 영구적인 정신병적 상태에 빠진다. 자기가 세상으로 데려온 존재를 미친 듯이 사랑하게 된다. 그 존재가 꿈틀거리며 악을 쓰며 울어대고 똥오줌을 마구 싸대는데도 말이다.

왓슨이 어떻게 집중력을 찾았는지는 정확히 알 수 없다. 하지만 집중력을 찾은 것만큼은 의심할 여지가 없는 사실이다. 나는 그가 주의가 집중되는 세 가지 요소를 이용했다고 생각한다. 이 세 가지 요소는 합쳐질 때 더 큰 효과를 낸다. 바로 구조, 새로움, 동기 부여다. 골프의 모든 샷은 이 세 가지를 결합한다. 골프 경기는 구조화의 특징이 강하다. 그리고 각각의 샷은 그 자체로 독특하기 때문에 새롭다. 선수에게는 잘하고 싶다는 동기가 있다.

4번 홀에서 우스투이젠의 더블 이글이 왓슨의 주의를 끌고 동기를 부여했을 것이다. 연장전의 두 번째 홀에서 왓슨은 잠시 예전처럼 초점을 잃고 나무 쪽으로 공을 쳤다. 하지만 그는 창의력을 발휘해 불가능한 샷을 인생 최고의 샷이 되게 날렸다.

◆ ◆ ◆ ◆ ◆ ◆
유연한 집중력은 혼합 형태의 몰입이다

집중력은 그 강도와 지속 시간이 제각각이다. 극단적으로 집중력이 아예 부재할 수도 있다. 극단적인 예로 잠들거나 술에 취했거나 혼수상태에 빠진 것처럼 집중을 전혀 하지 않을 때도 있다. 나는 그렇게 목적 없이 헤매는 상태를 '표류'라고 부른다. 표류는 달콤한 상태일 수도 있고 시간 낭비일 수도 있다. 어부가 배로 그물을 끌고 다니며 물고기를 잡는 것처럼 머릿속이 정처 없이 흘러가는 것이다. 어쩌다 대어를 낚을 수도 있다.

사실 우리의 뇌는 무의미해 보이는 이런 순간을 이용해 많은 일을 한다. '기본 모드'라고 불리는 상태에 돌입해 기본 연결망, 즉 '디폴트 네트워트DN, default network'를 활성화한다. 공상이나 표류의 순간에는 특히 외측 전전두피질과 배측전방대상피질 부위가 활성화된다. 둘 다 계획과 집중을 포함한 이른바 집행 기능을 수행하는 데 중요한 역할을 하는 곳이다. 가끔은 하던 일을 제쳐두고 뇌가 표류하고 휴식을 취하는 것이 중요한 이유를 알 수 있다. 사실 우리가 쉴 때도 뇌는 놀지 않는다. 오히려 그 반대다. 기본 계획에서 가장 중요한 요소인 에너지를 충전해 앞으로 주의 집중이 잘 이루어질 수 있도록 해준다.

문제를 해결하거나 과제에 집중할 때 뇌가 에너지를 더 많이 소비할 것으로 생각되지만 그렇지 않다. 표류 상태에서 디폴트 네트워트DN는 집중 모드일 때와 비슷한 수준의 에너지를 사용한다. 흥미롭게도 표류 상태일 때나 디폴트 네트워트DN 모드일 때나 우리의 뇌는 보통 다른 사람들, 자기 자신, 사람들과의 관계에 대해 생각하고 있다. '사회 인지'가 이루어지는 것이다. 뇌는 여가시간에 사회적인 생각을 하도록 만들어졌다. 사회인지 신경과학의 선구자인 심리학자 매튜 리버먼Matthew Lieberman은 이렇게 설명한다. "우리 뇌는 남는 시간을 미적분학을 배우거나 논리적 추론 능력을 향상시키거나 여러 물체를 분류하고 목록을 만드는 일을 하게끔 만들어질 수도 있었다. 이런 것들은 적응에 중요한 가치가 있는 일들이다. 그러나 뇌는 그 시간에 사회적 사고를 하도록 설계됐다."

표류의 반대쪽 극단에는 고조된 인식 상태인 '몰입flow'이 있다. 심리학자 미하이 칙센트미하이는 정신이 가장 집중된 상태에 관해 연구하고 몰입이라는 이름을 붙였다. 몰입 상태에 들어가면 어떤 활동에 완전히 몰두하여 자의식을 완전히 잃는다. 하고 있는 일에 깊이 빠져들어 그 행동과 하나가 된다. 시간 감각도 사라진다. 생물학적 필요와 욕구에 대한 인식조차 없어진다. 윌리엄 버틀러 예이츠의 시 구절 '오, 음악에 따라 흔들리는 육체여, 오 빛나는 눈짓이여, 어떻게 우리는 춤과 춤추는 이를 구별할 수 있는가?'를 떠올리게 한다.

모든 강렬한 순간이 그러하듯 몰입도 희미해진다. 누구나 몰입 상태에 들어간 경험을 해본 적 있을 것이고 몰입이 지속되지 않는다는 사실도 잘 알 것이다. 어떤 사람들은 달리기나 요가를 하다가 몰입 상태에 들어간다. 어떤 사람들은 악기 연주, 명상, 뜨개질, 가로세로 낱말 퀴즈를 하다가 몰입을 경험한다. 또 어떤 사람들은 위험한 활강 스키를 탈 때나 심혈을 기울여 조각품을 만들면서 몰입에 빠지기도 한다.

나의 개인적인 경험이나 인터뷰한 많은 사람의 경험으로도 확인되는 사실이지만 칙센트미하이의 연구에 따르면 우리는 몰입 상태에서 가장 고조되고 가장 즐겁고 가장 충만한 상태의 삶을 경험한다. 평소의 수준을 뛰어넘어 최고의 역량을 발휘할 수 있는 것도 바로 몰입의 순간이다. 몰입 상태에서는 그 일에 완전히 빠져 있으므로 무아지경과 순수한 기쁨만 기억에 남는다. 또한 자의식을 잃기 때문에 몰입이 끝나고 나서야 그 순간이 얼마나 위대한지 알 수 있다.

하지만 종일 몰입 상태에서 시간을 보낼 수는 없다. 먹고 자야 한다. 게다가 몰입 상태일 때는 뇌의 신경전달물질 공급이 제한된다. 하지만 연습을 통해 정기적으로 몰입하는 법을 배울 수 있다. 자신에게 매우 중요한 의미가 있고 능력을 최대한 발휘할 필요가 있는 도전적인 활동을 할 때 몰입이 더 쉽다.

몰입 상태에서 일어나는 일을 연구하는 국제적인 초학제 연구 기관인 몰입 게놈 프로젝트의 책임자 스티븐 코틀러Steven Kotler는 칙센트미하이의 연구를 실용적인 방향으로 확장했다. 코틀러가 이끄는 연구진은 일상에서도 접근할 수 있는 '간편한 몰입'의 방법을 찾고 있다. 그들의 연구는 대부분 목숨이 위험해질 수도 있는 익스트림 스포츠를 하는 선수들을 대상으로 진행됐다. 연구진은 그 선수들이 종종 몰입 상태에 접근하며 그때마다 기존의 최고 기록을 뛰어넘는 경우가 많다는 사실을 발견했다. 하지만 큰 이익에는 큰 위험이 따를 수밖에 없다.

그러나 보통 사람들은 몰입 상태를 경험하기 위해 극한의 상황에 처하고 목숨까지 무릅쓰고 싶지는 않을 것이다. 나 또한 마찬가지다. 하지만 그런 사람들에게도 몰입으로 가는 문은 열려 있다. 자신에게 중요한 의미가 있으면서 도전적인 과제를 선택하기만 하면 된다. 예를 들어 내 경우에는 글쓰기가 바로 그런 도전 과제에 해당한다. 작가들이 그렇듯 나 역시 글쓰기와 애증의 관계를 맺고 있다. 그 이유는 글쓰기가 도전을 넘어 가끔은 불가능한 것처럼 느껴지기 때문이다. 원하는 대로 풀리지 않거나 원하는 만큼 잘 써지지 않으므로 매번 실망하게 될 수밖에 없다. 그래서 작가들은 글쓰기를 피하려는 경우가 많다. 어니스트 헤밍웨이는 소설을 쓸 때 어떻게 해야 하냐는 질문을 받자 "가장 먼저 냉장고를 청소한다."라고 답했다. 어떻게든 피하려고 글은 쓰지 않고 딴짓 먼저 한다는 뜻이다.

하지만 작가들은 글 쓰는 것을 사랑한다. 나 역시 좋은 문장이 떠오르거나 원하는 이미지를 간결하게 묘사하는 방법을 찾으면 그렇게 기쁠 수가 없다. 이러니저러니 해도 매번 빈 페이지로 돌아가는 이유일 것이다. 골프 선수가 계속 엉망인 샷이 나와도 다시 도전하는 이유도 마찬가지이리라. 마침내 내가 자리에 앉아 키보드를 치기 시작하면 보통은 몇 분 동안 몰입 상태가 된다. 때로는 한 시간 이상 몰입이 이어질 때도 있다. 내 경험과 익스트림 스키 간에 차이가 있다면 나에게는 몰입 시간을 늘려줄 수 있는 위험 요소가 없다는 것이다. 그래서 글을 쓸 때 몰입이 될 때도 있고 되지 않을 때도 있다. 만약 목숨을 걸고 글을 써야 한다면 몰입 상태가 좀 더 오래 지속될지도 모른다.

몰입보다는 못한 상태로 집중이 있다. 집중이 무엇인지는 누구나 잘 알 것이다. 하나의 목표를 향한 명확한 정신 상태를 뜻하는 말이다. 몰입과 집중 사이에는 내가 '유연한 집중'이라고 부르는 것이 있다. 몰입만큼 고조된 상태는 아니기에 몰입과는 다르지만 다른 일에 주의를 쏟을 수 없을 만큼 한 가지에 완전히 몰두하지 않고서 몰입의 요소를 활용하는 방법이다. 유연한 집중 상태에서는 어떤 일에 집중하면서도 새로운 자극에 열려 있을 수 있다.

유연한 집중은 일상생활에서 접근할 수 있는 혼합 형태의 몰입이다. 유연한 집중 상태일 때 마음은 반투과성 경계로 둘러싸여서 어느 정도 주의 분산이 가능해 새롭고 중요한 아이디어가 들어올 수도 있다.

젯블루항공의 창업자 데이비드 닐먼을 생각해보자. 그는 지난 20년간 항공 산업 분야의 가장 중요한 혁신 중 하나인 전자 항공권을 발명했다. 그가 나에게 말했다. "계획하고 한 일은 아니었어. 어느 날 갑자기 떠올랐어. 너무나 명백한데 왜 여태까지 이걸 생각해낸 사람이 없는지 이해되지 않더군. 그런데 업계 사람들은 '종이 티켓 없이 공항에 갈 사람은 없을 것'이라며 오히려 나를 비웃었어. 물론 지금은 모든 항공사가 전자 항공권을 발행하지. 덕분에 막대한 비용을 절약하고 고객들의 불안을 잠재우고 비행기를 놓치는 사례도 줄일 수 있었지."

"그 아이디어가 어떻게 떠오른 건가?" 내가 물었다.

"특별한 계기는 없었어. 평소 사업을 개선할 방법을 항상 생각한다는 것 외에는. 내가 항상 하는 게 그거거든. 늘 아이디어를 떠올리고 개발하지. 전자 티켓은 그중에서도 좀 더 훌륭한 아이디어였던 거고. 하지만 아이디어를 떠올리는 과정은 항상 똑같아. 특정 모드로 들어가면 아이디어가 나오거든."

닐먼은 예술가가 아니라 사업가다. 하지만 전자 티켓 아이디어를 떠올렸을 때 그의 마음은 기꺼이 준비된 개방적인 상태였다. 그는 대부분의 기업 임원들이 그렇듯이 효율성을 개선하는 방법을 고민하고 있었다. 하지만 기존의 뻔하고 융통성 없는 상태에서 아이디어를 짜내려 애쓰지 않았다. 예를 들면 과거의 경험을 과대평가하고 관심을 쏟는다거나 효율성 개선에 도움이 될 만한 자료를 닥치는 대로 읽지 않았다. 대신 그는 유연한 집중 상태로 들어갔고 아이디어가 떠올랐다. 유연한 집중은 역설이다. 우리는 유연한 집중 상태에서 뇌의 논리적인 영역과 창의적인 영역에 동시에 의존하고 균형을 잡는다. 창의적인 힘과 조직하고 분석하는 힘을 합친다. 새로운 정보가 입력되더라도 방해받지 않고 받아들일 수 있다. 과제를 계속 수행할 수는 있지만 융통성 없는 상태가 아니다.

유연한 집중 상태에 들어가려면 우뇌와 좌뇌, 창의성과 규율, 무작위성과 조직성의 균형을 본능적으로 맞추어야 한다. 유연성과 경직성, 자발성과 구조, 규칙 파괴와 규칙 준수를 결합함으로써 해당 과제를 수행하면서도 새로운 무언가를 찾으려 할 수 있다. 새로운 방식과 검증된 방식을 합칠 수 있다. 이것은 과제의 어려움을 마스터하고 이 시대에 넘쳐나는 기회를 활용하게 해주는 뇌의 훌륭한 균형 잡기 기술이다. 균형에 이르면 이미 가지고 있는 아이디어를 조작하고 개발할 수 있으며 예상치 못한 아이디어를 떠올릴 수 있게 된다. 이뿐만 아니라 충동과 감정을 더 잘 다룰 수 있게 된다. 그래서 모든 정신 활동의 깊이가 더 깊어진다.

◆ ◆ ◆ ◆ ◆
형상 법칙에 근거해 뇌를 진화시켜야 한다

1. 전자기기를 꺼라. 아무런 방해도 받지 않고 집중하고 싶은 시간에는 전자기기를 끈다.
2. 자신의 방식을 믿어라. '나는 내 방식대로 했다.'라는 노래 가사는 진부하게 느껴질 수도 있지만 그 가사에 담긴 메시

지는 너무나 강력하다. 사람은 자기 방식대로 할 때 가장 집중하고 최선을 다할 수 있다. 누구나 최고의 성과를 내는 각자의 루틴, 개별화된 프로세스, 방법을 가지고 있다. 자신의 방식을 믿어라. 어디로 향하는지 모를 때 자기만의 방식이나 프로세스가 무의식을 개입시킬 것이다. 무의식은 우리를 가치 있는 발견과 예상치 못한 해결책으로 안내하고 놀라게 할 것이다. 자신의 방식을 거스르지 말고 따라가라.

3. 휴식을 취하라. 멍해지거나 정신이 하나도 없는 듯한 느낌이 들면 하던 일을 멈춰야 한다. 자리에서 일어나서 걸어다니고 물을 마시고 스트레칭을 한다. 단 60초만으로 효과를 볼 수 있다.

4. 난이도가 높은 일을 하라. 사람은 자신이 잘하는 분야의 도전 과제를 수행할 때 가장 집중력이 커질 뿐만 아니라 능력의 한계치를 밀어붙일 수 있다. 놀랍게도 불가능해 보였던 일이 가능해지는 경우가 많다.

5. 도움을 받아라. 난관에 부딪혔을 때 도움을 구하는 것이 약하다는 신호라고 생각하지 마라. 오히려 강하다는 신호다. 혼란에서 벗어나 다시 정상 궤도로 돌아갈 수 있다.

6. 시간을 사수하라. 현대인의 생활방식에서 가장 진리에 가까운 규칙은 내가 내 시간을 지키지 않으면 다른 사람에게 빼앗긴다는 것이다. 따라서 시간을 사수해야 한다. 시간은 우리가 가진 것 중에서 가장 값진 것이니까. 절대적으로 정당한 이유가 없다면 내 시간을 쉽게 내어주거나 타인에게 대신 관리를 맡기지 마라.

7. 눈을 감아라. 집중력이 떨어지거나 혼란스러울 때는 의자에 다시 앉아 눈을 감는다. 이상하게도 이 간단한 동작만으로도 정신이 맑아질 수 있다. 집중력이 회복되고 새로운 방향이 보일 것이다.

8. 그림을 그려라. 시각적 이미지는 사고를 명확하게 해준다. 색연필이나 사인펜으로 다이어그램을 그리거나 표를 만들고 아이가 손가락으로 그림을 그리듯 페이지에 지그재그를 그리거나 문구와 화살표를 그린다. 포스터 용지, 이젤, 바닥에 그림을 그린다. 글자는 제쳐두고 아무 이미지나 그려 넣는다. 지금까지 찾고 있던 큰 그림이 뚜렷하게 보이기 시작할 수도 있다.

9. 혼잣말을 하라. 소리 내어 혼잣말을 하면 혼란에서 벗어날 수 있다. 방법은 간단하다. 혼잣말을 할 수 있는 장소에서 현재 고민 중인 문제에 대해 이야기하면 된다. 소리 내어 말할 때는 생각할 때와 다른 뇌의 영역이 개입되므로 뿌연 안개가 걷힐 수도 있다.

10. 나에게 효과적인 방법을 써라. 일반적인 통념이나 다른 사람들이 말하는 효과적인 방법에는 신경 쓰지 마라. 어떤 사람들은 음악이 흘러나오거나 잡음이 있는 공간에서 집중을 잘하고 또 어떤 사람들은 걷거나 달릴 때 집중을 잘한다. 사람마다 이른 아침이나 늦은 밤에, 기온이 낮은 장소나 사우나에서, 단식 중이거나 음식을 먹을 때 등 집중이 잘될 때가 다르다. 정해진 답은 없다. 각자에게 가장 좋은 방법만 있을 뿐이다. 여러 방법을 시도해 보고 나에게 잘 맞는 방법을 찾자.

제프 다이어, 할 그레거슨, 클레이튼 크리스텐슨은 저서『혁신가의 DNA』에서 아마존의 제프 베이조스, 인투이트의 스콧 쿡, 세일즈포스의 마크 베니오프 같은 혁신적인 기업가들에게 공통으로 나타나는 몇 가지 특징을 설명한다. 이런 혁신가들은 경계를 허물고 기존의 프로세스나 사고방식과 정반대 입장을 취하는 경향이 있다. 그들은 서로 다른 아이디어, 정보, 지식 분야를 연결 지어 자유롭게 연상한다. 사물을 자세히 관찰하고 일상적인 현상에서 아이디어를 모은다. 그들은 실험하는 것을 좋아한다. 여행을 통해 마음의 경계를 넓히고 각계각층의 사람들을 만나는 것을 즐긴다. 한마디로 그들은 마음이 열려 있고 호기심이 많으며 정해진 길을 따르기보다는 자신만의 길을 찾으려고 한다.

다음은 로버트 프로스트의 시 마지막 구절인데 너무 자주 인용되어 진부하게 느껴진다. 하지만 인상적인 맨 마지막 문장을 비롯해 읽을 가치가 충분하다.

> 나는 한숨 지으며 이렇게 말하겠지.
> 숲속에 두 갈래 길이나 있었다고, 그리고 나는-
> 나는 사람들이 덜 지나간 길을 택했고,
> 그로 인해 모든 것이 달라졌노라고.

사람들이 적게 지나간 길인 새로움의 요소는 유연한 집중의 가능성을 높여주지만 반복, 순응, 일상은 그 반대의 효과를 낸다. 그러나 새로움이 너무 많으면 혼란을 가져오므로 새로움과 그것을 만들어내는 상상력을 제어하는 구조가 필요하다.

유연한 집중과 관련 있는 또 다른 혁신의 사례를 들어보겠다. 이 이야기는 유연한 집중력에 관해 설명해줄 뿐만 아니라 이상적인 정신 상태에 이르도록 도와줄 수 있다.

우연이 아닌 설계는 몰입과 집중의 기초가 된다. 앞에서 말했듯 우연과 무의식은 생산적인 정신 활동에서 매우 중요한 역할을 한다. 하지만 최대한 방해물이 적어서 자유롭게 흘러가야만 최적의 기여를 할 수 있다. 자연에는 공기에서 물, 교통, 수하물, 번개, 정보, 아이디어, 그리고 주의집중에 이르기까지 모든 사물을 가장 효율적으로 움직이게 하는 중대한 설계가 존재한다. 이 자체로 위대한 발견이었다.

가끔 아무런 경고나 준비도 없이 중요한 아이디어가 머릿속에 떠오를 때가 있다. 아주 사소하지만 일상에서 항상 일어나는 일이다. 안경을 어디에 두었는지 갑자기 생각난다거나 어떤 사람과의 관계나 고민하고 있던 투자 건에 대한 통찰이 퍼뜩 떠올라 우리를 당황하게 한다. 그런 즉흥적인 통찰이 우리의 인생을 바꿀 수도 있다. 비록 드물지만 중대한 깨달음의 순간은 실제로 일어난다. 욕조에서 목욕하다가 부력의 원리를 발견한 아르키메데스, 사과나무 아래에 앉아 있다가 중력을 발견한 뉴턴. 사실 둘 다 실제로 있었던 일인지는 확실하지 않지만 어쨌든 훌륭한 이야깃거리인 것만은 분명하다.

하지만 지금 소개할 깨달음의 순간은 최근에 실제로 일어난 일이다. 그 일을 직접 겪은 사람이 2012년에 저서『자연 속의 디자인

Design in Nature』에서 직접 설명했다. 1995년 9월 당시 47세로 듀크대학교 기계공학과 교수였던 에이드리언 베얀Adrian Bejan은 그의 전문 분야인 열역학에 관한 콘퍼런스에서 강연하기 위해 프랑스 낭시로 갔다. 그는 강연하기 전에 누구나 꿈꾸지만 거의 경험하지 못하는 일을 겪게 됐다. 그것은 베얀이 계획하지도 않았고 일어나리라 예상하지도 못한 일이었다. 하지만 그의 인생을 바꿀 수도 있는 일이었으며 아직 말하기는 이르지만 어쩌면 세상에 대한 우리의 이해를 바꿀 가능성도 있는 일이었다.

베얀은 콘퍼런스가 시작되기 전에 열린 만찬에 참석해 벨기에의 노벨화학상 수상자 일리야 프리고진Ilya Prigogine의 연설을 들었다. 프리고진은 그 연설에서 베얀의 주의를 사로잡는 발언을 했다. 실제로 베얀은 그 말을 듣자마자 얼어붙었다고 하는 편이 옳을 것이다. 프리고진의 말은 뉴턴이 떨어지는 사과에 맞았을 때와 똑같은 충격으로 베얀을 강타했다.

사실 프리고진이 한 말은 당시 과학계 전체가 동의했던 아주 흔한 내용이었다. 그는 번개부터 폐의 기관이나 강의 삼각주에 이르기까지 자연계에 존재하는 나무와 비슷하게 생긴 구조물들이 서로 닮았지만 다른 이유는 없으며 순전히 우연에 불과하다고 말했다. 프리고진은 이 구조물들이 서로 닮았다는 사실은 우연에 불과하다고 말했다. 나무처럼 생긴 형태가 전 세계에 걸쳐 다양하게 분포돼 있다. 하지만 이 또한 단순한 우연의 일치일 뿐이며 아우르는 공통 법칙은 없다는 말이다.

나중에 베얀이 말하기를 프리고진의 그 말을 듣는 순간 "분명히 이해가 됐다. 퍼즐이 맞춰지는 느낌이었다. 나는 프리고진을 비롯해 모두가 틀렸다는 것을 알 수 있었다. 세상은 무작위의 사고, 우연, 운명에 의해 만들어진 것이 아니다. 아찔하게 느껴질 정도의 다양한 세계 이면에는 예측 가능한 패턴의 매끄러운 흐름이 존재한다는 것을 순간적으로 깨달았다."

그는 바로 그 자리에서 그가 '형상 법칙constructal law'이라고 이름 붙인 개념에 대해 이렇게 썼다. "크기가 유한한 흐름 시스템이 지속되려면 그 형상이 흐름에 더 쉽게 접근할 수 있는 방식으로 진화해야 한다." 적어도 나 같은 비전문가가 언뜻 보기에 이 원칙은 전혀 중요하지 않고 이해하기도 힘들며 일상생활과 관련이 없는 것처럼 들린다. 이 책과도 전혀 관련이 없는 것처럼 보인다. 하지만 첫인상이 틀린 경우는 흔하다.

그 이유를 설명하겠다. 형상 법칙은 모든 흐름 시스템을 지배하는 물리 법칙이다. 흐름 시스템이란 생물이든 무생물이든 움직임이 있는 모든 시스템을 말한다. 형상 법칙은 교통 체증부터 스포츠, 조직의 구조, 하늘을 나는 새, 물고기 떼, 인터넷 등 우리가 마주하는 모든 시스템을 지배한다. 그뿐만 아니라 뇌의 뉴런 시스템과 뉴런이 전달하는 아이디어의 흐름도 지배한다고 말할 수 있다.

간단히 말해 형상 법칙은 모든 흐름 시스템(움직임이 있는 시스템)이 모든 저항에 대한 움직임을 개선하는 방식으로 진화한다고 주장한다. 이 법칙은 시간이 지남에 따라 모든 시스템이 끊임없이 개선되는 방향으로 움직이게 된다고 말한다. 이는 우리의 생각 흐름에도 똑같이 적용할 수 있다. 생각도 처음에는 머릿속의 아이디어 형태로 불쑥 떠올랐다가 표현을 통해 구체화된다.

만약 움직임이 점점 더 효율적으로 개선되지 않는다면 움직임은 점차 멈춰버린다. 어린 시절 이후로 생각하는 것을 멈추는 사람들이 많은 이유도 그래서일지 모른다. 그들의 정신은 생각의 흐름을 가로막는 장애물에 방해받아 더 발전하지 못하고 제자리를 맴돌게 된다. 움직임이 멈추면 삶도 멈춘다. 삶은 움직임이라고 할 수 있으니까 말이다. 움직임이 전혀 없으면 죽은 것이다.

베얀이 사용하는 열역학 언어에서 죽음은 시스템이 주변 환경과 평형을 이루고 있음을 의미한다. 들어오는 움직임도 밖으로 나가는 움직임도 없다. 이것은 열역학적 죽음이지만 영구적인 죽음을 뜻할 수도 있다. 삶은 움직임이고 베얀의 말을 빌리자면 흐름이다. 나무 형태의 구조는 물, 공기, 전기가 한 부분에서 다른 부분으로 이동하기에 놀랍도록 효과적인 형태다. 자연에서 나무와 유사한 구조를 가진 물질도 마찬가지로 효과적으로 설계됐다. 그래서 자연이 이런 구조를 추구하며 계속해서 이런 모양을 만들어내게 된다.

이제 뇌를 살펴보자. 뉴런들의 연결은 어떤 구조일까? 당연히 뉴런들의 연결 또한 나무의 디자인과 흡사하다. 신경 세포 또는 뉴런의 중심부는 긴 세포체이고 끝부분에는 뻗어 나온 수상돌기가 있다. 긴 세포체는 나무로 치면 나무의 몸통이고 뻗어 나온 수상돌기들은 나무의 가지에 해당한다. 이 수상돌기는 시냅스의 인접한 뉴런으로부터 들어오는 신호를 받는다. 수상돌기를 뜻하는 '덴드라이트_{dendrite}'라는 단어 자체가 나무를 뜻하는 그리스어에서 유래한다.

베얀의 발견을 인용하는 이유는 두 가지 요점을 강조하고 싶어서이다. 첫째, 훌륭한 아이디어가 그물에 걸린 커다란 물고기처럼 팔딱거리며 우리를 배 밖으로 끌어당길 때가 있다. 베얀 같은 훌륭한 어부는 그런 상황에 대비가 돼 있어서 전혀 예상치 못한 상황에서도 그물을 안쪽으로 잡아당길 수 있다. 둘째, 형상 법칙은 아이디어의 흐름을 개선해주는 패턴이 존재한다는 사실을 말해준다. 비록 우리가 그 패턴을 마음대로 만들어낼 수는 없더라도 존재한다는 사실은 어떻게든 그것이 나타나게 할 가능성을 높일 수 있다는 이야기다.

훌륭한 아이디어가 미끼를 덥석 물 확률을 높일 수 있다. 게다가 훌륭한 아이디어가 없다고 하더라도 집중력과 생각이 우리의 의식 속을 매끄럽게 흐르게 하는 것이 가능하다. 1854년 루이스 파스퇴르Louis Pasteur는 강연에서 그 유명한 "Dans les champs de l'observation le hasard ne favorise que les esprits préparés."라는 말을 했다. 번역하면 "관찰에서는 준비된 자에게만 기회가 온다."라는 뜻이다. 그렇다면 문제는 이것이다. 어떤 조치를 취해야 정보와 아이디어가 가장 효율적으로 흐르게 할 수 있을까?

수백만 개의 수상돌기로 이루어져 있으며 형상 법칙을 따르는 뇌의 구조는 할 수 있는 일을 한다. 하지만 우리도 다양한 단계를 밟아 뇌를 도울 수 있다. 생각이 가장 효율적으로 흘러서 좋은 아이디어가 떠오르도록 뇌와 신체를 도와주는 구체적이고 검증된 방법들이 있다. 그 방법들은 초등학생 아이가 무서운 선생님에게 혼난 뒤에야 정신 바짝 차리고 잘하려 애쓰는 것과는 다르다. 계획, 준비, 기술을 이용하면 미친듯이 노력하지 않아도 유연한 집중력을 얻을 수 있다. 우리가 마스터하고자 하는 모든 기술이 그러하듯 주의 집중을 유지하는 가장 효과적인 방법은 습관과 훈련이다.

명료한 정신은 마법과도 같은 힘이 있다. 하지만 우리가 그 기술을 마스터하지 못하는 이유는 끊임없는 아이디어가 넘쳐나고 정보가 과도하게 들어오고 우리가 스스로에게 자기 파괴적인 이야기를 들려주기 때문이다. 때로는 해롭기까지 한 데이터, 기억과 해석을 가로막는 방해물, 주의산만으로 정신이 오염되면 유연한 집중 상태에 이르는 능력이 피해를 입게 된다. 마치 지나치게 심각한 환경 오염이 어업을 위협하는 꼴과 같다. 유연한 집중에 이르려면 산만함을 제한하고 몸과 마음이 필요로 하는 것을 공급해야 한다. 정원이 좋은 토양, 적절한 햇빛, 물, 채소와 꽃을 질식시키는 잡초의 지속적인 제거 없이 번창할 수 없다. 마찬가지로 우리도 자신을 돌보는 근본적인 노력 없이는 유연한 집중력을 얻을 수 없다.

유연한 집중에 유리한 조건을 만들고 마음속 생각과 정보의 흐름을 방해하는 장애물을 제거하는 방법을 배우기 전에 자신에게 한번 물어보자. "형상 법칙을 이용해 집중력을 높이고 마음을 능숙하게 사용하려면 어떻게 해야 할까?" 자신의 상황은 누구보다 자기가 잘 알 테니 이런 질문을 던질 수도 있다. "내 마음에서 정보와 생각이 자유롭게 이동하지 못하도록 막는 장애물은 무엇인가? 어떻게 하면 장애물을 제거할 수 있을까?"

대다수 현대인을 가로막는 장애물은 뻔하다. 지속적인 방해, 주의산만, 화면 중독, 너무 많은 기회와 할 일, 정신 회로 과부하 등. 우리는 정보와 아이디어가 마음속에서 자유롭게 흐르지 못하게 방해하는 장애물을 제거하기는커녕 오히려 반대의 행동을 한다. 통로를 막아버린다. 베얀의 형상 법칙과 반대로 마음속에 교통 체증을 일으키는 것이다. 이제는 바뀌어야 한다. 마음속의 교통 체증은 없앨 수 있다. 필요한 계획만 세운다면 생각이 자유롭게 흘러가도록 길을 뚫을 수 있다.

◆ ◆ ◆ ◆ ◆
집중력을 만드는 5가지 필수 요소가 있다

내가 고안한 계획에 포함되는 모든 요소는 마음의 장애물을 제거하고 마음이 형상 법칙에 따르는 것을 목표로 한다. 이 목표를 달성하면 긴 시간 동안 아무런 방해 없이 수행하는 과제나 대상과 연결된다. 기본 계획은 정보와 생각이 최대한 아무런 방해도 받지 않고 효율적으로 뇌로 흘러 들어가고 나올 수 있도록 해준다. 지금부터 제안하는 모든 것은 움직임을 개선하고 방해받지 않는 흐름을 촉진하는 것을 목표로 한다. 여기에는 운동부터 최적의 감정 상태 만들기, 방해물 줄이기, '스위트 스팟' 찾아서 집중하기 등 다양한 활동들이 포함된다.

이제부터 나와 함께 무엇이 당신의 정신과 생각을 제한하고 있는지 살펴보자. 어린 시절에는 자신을 보호하는 데 도움이 됐지만 지금은 방해가 되는 낡은 유형을 버려야 한다. 낡은 패턴에서 벗어나 자신을 최고 수준에 도달하게 할 몇 가지 변화를 이룰 준비가 됐다고 생각하자. 이러한 작업은 몇 년이 걸릴 수도 있지만 꼭 그런 건 아니다. 심리 치료를 계속 받으면 나쁜 습관의 힘이 서서히 빠지기 시작하는 게 느껴진다.

앞으로 이어질 몇몇 챕터에서는 유연한 집중력을 발휘하게 해주는 실용적인 습관을 훈련하는 방법을 다룰 것이다. 유연한 집중력에 이르는 세부적인 사항은 사람마다 다르다. 하지만 맛있는 소스를 만들기 위해서는 꼭 들어가야 하는 몇몇 재료가 있다. 마찬가지로 모든 개인의 계획에 빠져서는 안 되는 요소들이 있다. 이를테면 이탈리아 요리사들은 맛있는 붉은 소스에는 토마토, 올리브 오일, 양파, 마늘, 바질, 오레가노가 꼭 들어가야 한다고 말한다. 이 다섯 가지가 필수다. 사람에 따라 당근, 셀러리, 피망도 넣고 소금, 후추, 설탕을 추가한다. 하지만 토마토, 올리브 오일, 몇몇 향신료는 어떤 경우에도 절대로 생략할 수 없다.

유연한 집중력도 마찬가지다. 내 기본 레시피에는 다섯 가지 필수 요소가 들어간다. 지난 30여 년 동안 병원에서 수천 명의 고객과 환자를 만나면서 개발한 레시피다. 인생이라는 주방에서 시험도 해봤다. 온전히 집중하거나 유연한 집중력을 발휘하는 순간은 훌륭한 와인이나 식사보다도 큰 즐거움을 준다. 그 순간에 우리의 마음에는 음악이 만들어진다. 우리의 정신이 바이올린이라면 유연한 집중 상태는 최고의 연주가 이루어지는 순간이다. 정보와 아이디어가 가장 적은 저항 속에서 흘러간다.

서문에서 설명한 것처럼 기본 계획에는 다음의 다섯 가지 요소가 포함된다. 이 다섯 가지는 레시피의 필수 재료다. 이것을 기본으로 각자 원하는 요소를 추가할 수 있다. 하지만 필수 재료는 빠짐없이 들어가야 한다. 다섯 가지 중 하나라도 빠지면 계획이 실패로 돌아갈 것이다.

1. 에너지. 자동차의 남은 휘발유 양이나 은행 계좌의 잔액을 확인하는 일만큼 주의 깊게 에너지 공급 상태를 모니터링해야 한다. 현명한 에너지 관리의 6가지 기본 규칙만 잘 지켜도 매일 집중력이 훨씬 커진다. 이 6가지 기본 규칙을 '집중력의 여섯 기둥'이라고 한다. 집중력의 여섯 기둥은 수면, 영양, 운동, 명상, 인지 자극, 긍정적인 인간관계를 말한다. 이중에서 하나라도 소홀하면 놀라울 정도로 집중력이 떨어진다.

2. 감정. 성취에 필요한 동력을 공급하는 건 열정이다. 유연한 집중력을 얻고 싶다면 감정을 조절하는 방법을 배워야 한다. 감정은 가장 큰 조력자가 될 수도 있고 그 어떤 거대한 장벽보다도 앞길을 가로막을 수도 있다. 두려움이 없고 굳건한 신뢰가 있는 환경에서 일하고 능력을 제대로 발휘할 수 있는 위치에서 일하는 것이 중요하다. 자신이 언제 어떻게 감정이 격해지거나 누그러지는지를 알고 잘 관리하는 법을 배워야 한다.

3. 참여. 일에 푹 빠지거나 적극적으로 임해야 최고의 성과를 올릴 수 있다. 뛰어난 성과를 올리는 방법에 관해서 최고의 권위를 인정받은 짐 로어Jim Loehr가 지적하듯 참여는 터보과급기처럼 우리가 최고의 성과를 거둘 수 있도록 몰아붙인다. 자신이 좋아하고 정말 잘하기도 하며 조직의 목표나 사명에 도움이 되는 일을 해야 한다. 이 세 가지가 합쳐져 교집합을 이룰 때 관심과 참여도가 가장 높아질 수 있다.

4. 구조. 구조라는 단순한 단어는 더없이 놀라운 힘을 발휘한다. 구조는 막힌 길을 뚫어준다. 구조는 덤불을 뚫고 나아갈 수 있게 해준다. 구조는 궤도를 이탈하지 않고 오롯이 집중할 수

있게 해준다. 구조란 당신이 일을 수행하기 위해 만들어낸 세계이자 시스템이다. 수동적으로 주어지는 일이 아니라 자발적으로 하는 일을 뜻하기도 한다. 유연한 집중은 구조를 얼마나 잘 만들었는지에 좌우된다. 구조를 짜는 것은 계획을 세워서 자신도 모르게 내주었던 통제권을 되찾는 일이다.

5. 통제. 현대 사회의 쉴 틈 없이 바쁜 일상에 끌려다니지 않고 자기가 스스로의 삶을 잘 통제한다면 5단계 계획을 완성할 수 있다. 사람들이 자신의 상황을 얼마나 잘 통제할 수 있는지는 그 상황이 어떤지에 따라 달라진다. 하지만 대부분 현대인은 상황을 통제할 수 있는 능력을 가진 것보다 적게 발휘하고 있다.

다음 장에서는 계획의 여러 요소에 대해 자세히 설명할 예정이다. 자신의 본능을 거슬러서는 안 되며 자신에게 맞는 방법을 찾아야 한다. 무조건 전보다 열심히만 한다고 결과가 좋은 건 아니다. 집중력과 최고 역량을 발휘하게 해주는 전략을 세워야 한다. 합리적인 계획을 세우고 탁월한 결과를 이끌어내는 프로세스를 찾아내게 될 것이다.

8장 [운동과 수면 관리]
신체 에너지와 정신 에너지를 관리하자

회의 시간에 하품이 쏟아지고 몰려오는 잠을 막으려 몸을 꼬집고 이를 꽉 물고 혀를 깨물면서 안간힘을 썼던 적이 몇 번이나 있는가? 어떻게든 에너지를 쥐어짜내보려고 하루에 몇 번이나 커피 자판기를 들락날락했는가?

대부분 사람들은 아침에 일어나서 간단히 아침을 먹고 카페인을 조금이라도 섭취하고 출근한다. 그 뒤로는 종일 에너지를 보충하고 유지하기 위해 별다른 조치를 취하지 않아도 집중력을 발휘할 수 있다고 생각한다. 그런 사람들이 바로 정신 에너지를 제대로 관리하지 못하는 전형적인 사례다. 하지만 자신이 여기에 속한다고 의기소침해질 필요는 없다. 정신 에너지를 관리하는 법을 배우는 사람들은 지극히 소수에 불과하기 때문이다. 당연히 직원들에게 그런 걸 교육하는 관리자들도 거의 없다. 스타벅스, 던킨도너츠, 레드불, 마운틴듀, 졸트, 심지어 동네 약국마저도 우리의 그런 무지를 매우 반기지만 우리의 뇌와 신체는 그렇지 않다. 뇌의 컨디션이

나쁘면 성과는 나쁠 수밖에 없다.

에너지 관리에서 가장 중요한 규칙은 당연하게 여기지 않는 것이다. 에너지 수치가 낮으면 정신 상태가 명료할 수 없고 정신이 명료하지 않으면 주의를 전혀 집중할 수가 없게 된다. 한마디로 에너지 수치가 낮을수록 집중력이 약해진다. 높은 에너지는 그 자체로 충분하지는 않지만 집중력의 필요조건이다. 보통 사람들은 에너지 공급 문제를 특별하게 신경 쓰지 않아도 무사히 하루를 보낼 수 있다. 하지만 단순히 버티는 것에 그치지 않고 최고의 역량을 발휘하고 싶다면 이 장을 포함해 앞으로 소개할 단순한 방법들을 따르면 된다. 소개 방법들을 잘 지키면 뇌를 위해 에너지를 최적으로 유지할 수 있게 된다.

신문, 인터넷, 시중에 나온 수많은 도서에서 뇌를 점검하고 성취도를 올리는 방법을 접할 수 있다. 그중에는 썩 훌륭한 방법들도 많지만 제품을 파는 것이 목표인 것들도 많다. 나 역시 그런 제품들을 직접 사용해 보았지만 결과적으로 돈 낭비에 불과했다. 뇌 영양제는 화장품과 비슷하게 되어버렸다. 정말로 효과가 있어서가 아니라 효과가 있다고 믿고 싶은 마음 때문에 소비자들이 엄청나게 많은 돈을 쓰고 있으니까 말이다.

사람들은 에너지 관리만큼 중요하고도 간단한 일에 무관심하다. 심각한 피로로 쓰러지기 일보 직전이 되고 중대한 실수를 연달아 저지르고 나서야 겨우 신경 쓰는 사람들이 대부분이다. 간단하고 중요한 사실을 알아야 한다. 몸은 뇌가 모르는 것을 알고 있다. 몸은 에너지 상태에 대해 뇌보다 빨리 알아차린다. 몸에도 뇌가 있기라도 한 것처럼 말이다. 몸이 따라주지 않으면 최고의 역량을 발휘할 수 없다. 몸이 제대로 준비돼 있지 않으면 뇌가 필요한 것을 생산하거나 배우거나 집중할 수 없다.

지금으로부터 한 세기도 전에 활동했던 철학자이자 심리학자 윌리엄 제임스는 정신이 육체의 명령을 따르는 것이지 그 반대가 아니라고 했다. 좀 더 최근에는 사회 심리학자 제임스 레어드James Laird 가 실험을 통해 이 사실을 확인했다. 레어드는 피험자들의 얼굴에 전극을 부착한 뒤 일부는 미소를 짓고 일부는 찡그리게 했다. 그리고 기분에 어떤지 물어보았다. 미소 지은 사람들이 더 큰 행복감을 느꼈고 찡그린 사람들은 더 큰 분노를 느꼈다. 다시 말해 우리의 몸에서 생물학적으로 일어나는 일이 우리가 느끼고 생각하는 것에도 큰 영향을 미친다.

신체적 에너지와 정신적 에너지는 대단히 중요한 데 비해 그 관리 방법이 비교적 간단하다. 습관을 바꿔야 할 필요가 있을 수도 있지만 말이다. 효과적인 에너지 관리는 두 가지 요소로 이루어진다. 첫 번째이자 가장 중요한 요소는 몸과 마음이 자신을 잘 뒷받침할 수 있도록 준비를 철저히 하는 것이다. 두 번째는 하루 종일 집중 상태를 유지할 수 있도록 힘쓰는 것이다. 집중력을 실제로 사용하는 일터에서 이뤄지는 현장 작업이다. 대부분 사람은 준비 작업보다 현장 작업에 훨씬 신경을 쓴다. 위기나 피로가 발생한 이후에 개입하는 것이다. 하지만 준비 작업에 신경 써야 위기와 피로를 사전에 막을 수 있다.

◆ ◆ ◆ ◆ ◆ ◆

집중력의 여섯 기둥으로 집중력을 준비해라

준비 작업은 '집중력의 여섯 기둥'을 통해 이뤄진다. 이 장에 나오는 방법들을 따른다면 당신의 몸과 뇌가 행복해진다. 매일 집중력을 향상하기 위한 준비를 철저히 하면 뇌가 유연한 집중력을 발휘하는 시간도 늘어난다.

다음 두 장의 내용을 읽으며 '이미 다 아는 것들'이라는 생각이 들수도 있다. 하지만 아는 것을 실천에 옮기고 있는가? 중요한 것은 뇌와 신체가 일도 놀이도 잘할 수 있도록 일상에서 집중력의 여섯 기둥을 실행에 옮기는 것이다. 앞에서 이미 언급했지만 집중력의 여섯기둥은 다음의 여섯 가지 영역을 말한다.

- 수면
- 영양
- 운동
- 명상
- 자극
- 관계(긍정적인 인간관계)

건강을 지키고 일상적인 기능을 제대로 수행하기 위해서는 처음 3가지 영역인 수면, 영양, 운동이 반드시 필요하다. 남은 3가지 중에서 2가지 영역인 명상과 자극은 신체뿐만 아니라 마음도 건강하게 만들어준다. 마지막 조항인 관계는 간과하거나 피하려 애쓰는 사람들이 많고 관계가 우리 삶에 미치는 특별한 힘을 알아보지 못하는 전문가들도 많다. 하지만 내가 다른 무엇보다 중요하다고 여기는 영역이다.

이 집중력의 여섯 기둥은 서로 긴밀하게 연결돼 있고 좋은 영향을 주고받는다. 모두를 관리해야만 가장 큰 효과가 나타난다.

◆ ◆ ◆ ◆ ◆ ◆
잠을 잘 자는 게 가장 중요하다

멀티태스킹을 하느라 집중력을 잃어버린 진의 사례를 기억하는가? 진이 제대로 집중하지 못하는 이유 중 하나는 충분한 수면을 취하지 못했기 때문이다. 평소 너무 바빠서 수면을 취할 시간이 부족했다. 그 결과 뇌와 신체는 최적의 기능을 발휘하지 못했다. 잭은 지나친 걱정이 문제였다. 그는 "잠은 죽어서 자면 된다."라고 말하며 잠의 중요성을 무시했다. 수면에 무신경한 태도 때문에 결국은 큰 대가를 치러야 했지만 말이다.

진과 잭처럼 잠을 너무 적게 자면서 생활하는 현대인이 많다. 그 결과 모두가 크고 작은 피해를 보고 있다. 몸에 필요한 만큼 잠을 자지 못하는 나날이 계속되면 식욕을 증가시키는 호르몬 그렐린의 수치는 늘어나고 식욕을 억제하는 호르몬 렙틴의 수치는 줄어든다. 그래서 잠이 부족하면 뚱뚱해질 수 있다. 수면 부족은 고혈압, 면역 기능 저하, 암, 감기, 독감의 원인이 되기도 한다. 짜증, 집중력 저하, 기억력 감퇴로 이어진다는 사실 또한 잘 알려져 있다. 또한 수면 부족은 차가 달리는 도로를 위험천만한 장소로 만든다. 자료에 따르면 1년이라는 기간 내에 성인 운전자의 약 60%가 운전 도중에 졸음이 쏟아진 경험을 한 적이 있다. 실제로 깜빡 잠든 적 있는 사람도 3분의 1이 넘는다. 집중력 저하가 운전자, 동승자, 다른 운전자들을 심각한 위험에 처하게 했다. 이뿐인가. 수면 부족은 얼굴을 붓게 하고 못생겨 보이게 한다.

또한 수면이 부족한 상태에서는 유연한 집중 상태로 들어가는 것이 사실상 불가능하다. 실제로 수면 부족 상태에서는 주의력결핍과잉행동장애와 유사한 증상이 나타날 가능성이 크다. 2013년 4월 『뉴욕타임스』 기사에서 바살 타카르Vatsal Thakkar 박사는 일을 미루고 중요한 사실을 잘 까먹고 물건을 자주 잃어버리고 무언가에 집중하지 못하는 환자에 대해 설명했다. 언급한 특징들은 주의력결핍과잉행동장애의 전형적인 증상이다. 하지만 31세의 그 환자는 전에는 이러한 증상을 보인 적이 없었다. 이상했다. 이는 주의력결핍과잉행동장애의 진단 기준에 완전히 어긋나는 것이었다. 알고 보니 그는 만성 수면 부족이었다. 밤에 수면을 취할 수 있는 방법을 처방받은 후 의심 증상들이 사라졌다.

우리가 뇌와 몸에 해줄 수 있는 가장 좋은 일 중 하나는 충분히 자는 것이다. 수면은 자양강장제 효과가 있다. 셰익스피어는 "잠은 걱정이라는 올 풀린 소매를 기워주고 그날그날 소멸하는 생, 괴로운 노동으로 흘린 땀을 씻고 마음에 난 상처를 낫게 하는 약, 대자연이 베푸는 두 번째 삶, 현생에서 벌어지는 향연의 제일 큰 자양분이다."라고 했다. 그는 잠이 건강에 정말 좋다는 것을 알고 있었다. "맞는 말이다. 하지만 잠을 충분히 잘 시간이 없다는 게 문제다. 할 일이 너무 많고 가족을 위한 시간도 내야 한다. 이 모든 일을 다하고 턱없이 부족한 시간을 채우려면 잠 자는 시간을 줄일 수밖에 없다."라고 말하는 사람도 있을 것이다.

그렇기 때문에 우선순위를 새롭게 정비해서 잠잘 시간을 마련해야 한다. 수면이 매우 가치 있다는 것은 과학적으로도 밝혀진 사실이다. 저널리스트 데이비드 K. 랜덜David K. Randall은 자신의 저서에서 최근 크게 늘어나고 있는 수면 연구가 어떻게 진행되고 있는지 다음과 같이 설명한다.

오늘날 연구자들은 수면에 관한 연구가 황금기에 접어들었다고 믿는다. 이제 사람들은 수면을 모든 것에 영향을 미치는 복잡한 과정으로 이해하고 있다. 수면은 법과 제도를 결정하고 아기를 어떻게 키울지도 되돌아보게 만들고 전쟁에서 돌아온 군인의 트라우마도 치유한다. 또한 수면은 행복의 필수적인 부분으로도 여겨진다. 깨닫지 못할 수도 있지만 어젯밤에 잘 잤는지는 당신이 무엇을 먹고 얼마나 많은 돈을 벌고 어디에 살았는지보다 삶에 더 큰 영향을 미친다.

당신이라는 사람을 만드는 모든 것은 당신이 매일 밤 베개를 베고 누워서 자는 동안 뇌에서 일어나는 일의 부산물이라고 할 수 있다. 잠이 창의성을 발휘하게 하고 좋은 감정을 심어주며 건강을 좋게 하고 새로운 기술을 빠르게 배우게 하고 문제해결 능력을 향상하기 때문이다. 잠의 세계에는 누구나 들어갈 수 있지만 그 세계를 제대로 이해하기는 어렵다. 잠은 삶이 멈추는 시간이 아니다. 잠은 삶이라는 거대한 퍼즐의 한 조각이다.

사람마다 필요한 수면의 양은 다르다. 자신에게 얼마만큼의 수면 시간이 필요한지 알 수 있는 방법은 알람 시계 같은 외부적인 방법으로 깨지 않고 얼마나 오래 자는지 알아보는 것이다. 잠자리에 들기 전에 술을 마시지 않고 지나치게 피곤해서 부족한 잠을 채워야 하는 상태가 아니라면 생리적으로 수면이 얼마나 필요한지 몸이 알려준다. 필요한 만큼 잔 후에 깰 것이다. 보통 성인은 하루에 7~8시간 정도 자야 한다. 사람에 따라 더 적게 잘 수도 있고 더 많이 잘 수도 있다.

수면을 시간 낭비, 사치, 여유로운 시간이라고 생각해서 다른 일에 쓰려고 하면 절대로 안 된다. 뇌와 신체는 우리에게 제발 잠을 충분히 자라고 애원한다. 외면하지 말자. 따라서 현재 충분히 잘 자지 못하고 있다면 새로운 습관을 길러야 한다. 당분간은 규칙이 필요하겠지만 금세 충분한 수면에 대한 보상을 얻어 잘 자려는 동기가 더 강해진다. 스누즈 버튼을 누를 필요 없이 맑고 상쾌한 정신으로 깨어날 수 있다는 것이 즉각적인 보상이다. 아침에 에너지가 폭발해서 하루의 시작부터 최고의 역량을 발휘할 힘이 생긴다.

올바른 수면 습관을 실천하면 숙면에 도움이 된다. 숙면을 위해 해야 할 일과 하지 말아야 할 일은 다음과 같다.

- 취침 시간과 기상 시간을 규칙적으로 한다. 뇌가 이 일정에 익숙해져야 한다.
- 침구가 편안한지 확인한다.
- 침대에서는 절대 일하지 말고 수면과 섹스를 위한 공간만으로 사용한다.

- 잠들기 전에 텔레비전을 끄고 따뜻한 물로 목욕하거나 약간의 독서를 한다.
- 잠들기 4시간 전부터는 술을 마시지 않는다. 술은 수면에 방해가 된다.
- 잠들기 4시간 전부터는 기름지거나 칼로리 높은 음식을 먹지 않는다.
- 잠자리에 들기 전에 강도 높은 운동을 하지 않는다.
- 잠이 오지 않으면 다른 방으로 가서 잠시 독서를 한다.

누군가와 함께가 아니라 혼자 잘 때 숙면 상태에 들기 쉽다. 숙면을 취하기 어렵다면 혼자 자거나 킹사이즈 침대를 마련하는 방법을 써봐도 좋다. 파트너가 코를 골거나 밤중에 일어나거나 뒤척이면 숙면에 방해가 될 수 있다. 1991년 1월에 『부부 및 가족 치료 저널Journal of Marital & Family Therapy』에 발표된 연구에 따르면 부부의 수면 패턴이 서로 반대일수록 성관계 횟수가 줄어들고 대화 시간이 짧아지며 갈등이 심해져 부부관계에 어려움을 겪게 된다.

주로 졸음이 쏟아지는 오후 시간대에 낮잠을 자면 빠르게 에너지를 충전할 수 있다. 실제로 일부 기업들은 '낮잠 자는 공간'을 만들어 직원들이 이용할 수 있도록 한다. 낮잠이 적합하지 않다면 명상을 고려해보자. 명상도 낮잠만큼 효과적일 수 있다. 그래도 문제가 계속된다면 잠들 때 마음을 진정시켜주는 음악을 틀어보자. 스마트폰에 수면을 도와주는 무료 앱을 다운로드한다. 우리 부부에게는 꽤 효과적이다! 발레리안 뿌리, 멜라토닌 같은 다양한 천연 수면제도 있고 베나드릴이나 타이레놀처럼 일반의약품으로 나오는 수면 보조제도 있다. 마지막으로 암비엔, 루네스타, 트라조돈처럼 의사에게 처방받는 수면제도 있다. 의사의 처방이 필요한 수면 보조제는 최후의 수단으로만 사용할 것을 강력하게 권한다. 올바른 수면 습관을 키우거나 천연 보조제를 먼저 사용해 보지 않고 너무 급하게 처방약에 의존하는 경우가 많다.

지속적인 수면 문제는 반드시 전문의와 상의해야 한다. 수면 무호흡증, 우울증, 불안 장애, 관절염, 암, 심부전, 폐 질환, 위식도 역류성 식도염, 갑상샘항진증, 뇌졸중, 파킨슨병, 알츠하이머를 포함해 수면을 방해하는 신체 및 정신질환이 많다. 밤중에 깨서 소변을 보게 하는 처방 약물이나 질환도 있다. 절대로 혼자 해결하려 하지 말고 의사를 찾아가라. 의사에게 약만 처방받지 말고 다양한 해결책에 대한 조언도 구해라. 앞에서 만난 메리도 더 많은 도움과 관심이 필요했지만 의사는 단지 프로작을 처방해줬을 뿐이다. 먹는 게 먹지 않는 편보다는 낫기 때문이다. 수면뿐만 아니라 뇌나 정신과 관련된 모든 문제는 언제나 다양한 방식으로 접근해야 한다.

◆ ◆ ◆ ◆ ◆

제대로 먹어야 뇌가 제대로 기능한다

1부에서 소개한 사람들은 대부분 상황이 나빠지기 시작하면서 영양과 관련된 문제를 마주쳤다. 진처럼 스트레스를 받거나 불안할 때 음식을 자가 처방하는 사람들이 있다. 정반대로 굶는 쪽을 선택하는 사람들도 있다. 레스의 경우는 건강한 식단대로 음식을 먹는 대신 화면에 빠져드는 쪽을 선택했고 결국 큰 타격을 입었다.

요즘 영양은 많은 사람이 관심 갖는 주제이고 당연히 그래야만 한다. 내가 최근에 확인해본 결과 아마존닷컴에는 음식과 관련된 책이 22만 9,384권이나 됐다. 식단에 관한 책이 넘쳐난다. 영양은 수십 년 전에는 별로 관심을 받지 못하는 주제였지만 지금은 주류로 자리 잡았다. 사교 모임에서 사람들이 하는 이야기를 잘 들어보면 '디톡스 요법'을 따라 해보았다는 이야기, 요즘 어떤 영양제를 먹고 있다는 이야기, 최근에 먹어본 비건 음식이 너무 맛있어서 놀랐다는 이야기 등이 많다.

　하지만 돈을 낭비하고 생명이 위험해지는 일이 없게 하려면 반드시 제대로 된 정보를 갖춘 소비자가 돼야 한다. 영양은 이제 더 이상 유행에 불과한 것이 아니라 전성기를 맞은 과학이다. 우리는 이 과학을 진지하게 받아들일 필요가 있다. 한때 우리는 무엇을 먹었는지, 어떤 공기를 들이마셨는지, 피부가 어떤 물질에 접촉했는지 따위를 주의 깊게 살펴볼 필요가 없었다. 태양, 송전선, 텔레비전 화면, 휴대폰 등을 통해 방사선이나 전자파가 와 닿는지를 주의 깊게 살펴볼 필요도 없었다. 하지만 건강에 대한 관심이 높아진 지금은 그렇지 않다. 이제 그건 먼 과거의 이야기일 뿐이다.

　오늘날에는 무엇이 어떤 경로를 통해 우리에게 접근하는지를 전부 모니터링해야 건강해질 수 있다. 먹는 것이 곧 그 사람이라는 말이 있다. 우리의 건강은 음식뿐만 아니라 호흡과 접촉 등을 통해 몸으로 들어오는 모든 것이 좌우한다. 몸에 접근하는 모든 경로를 통제할 수는 없지만 관심을 기울인다면 먹고 마시는 것을 충분히 조절할 수 있다.

　제대로 먹지 않으면 뇌가 제대로 기능하지 못한다. 많은 사람이 커피 한두 잔에 머핀이나 베이글로 아침을 떼우거나 아예 아무것도 먹지 않는다. 그러고는 점심으로 커다란 샌드위치, 도리토스 한 봉지, 설탕이 가득한 탄산음료를 먹는다. 자기가 그런 것을 잔뜩 먹어놓고서 졸음이 쏟아지는 이유를 궁금해한다(고혈당 음식 문제는 잠시 후에 다시 이야기하겠다). 퇴근 후에는 햄버거를 먹고 맥주를 한두 잔 마시고 텔레비전을 보며 휴식을 취한다. 알아차렸겠지만 과일과 채소를 매우 적게 섭취한다. 체중은 나날이 증가하는데 뇌가 잘 돌아가기 위해 필요한 영양분은 부족해서 뇌는 굶주리고 있다.

전분과 당분을 많이 섭취하면 뇌의 상태가 맑지 못해서 집중하기가 어렵다. 이왕 음식을 먹어야 한다면 일을 잘하게 도와주는 건강한 음식을 먹는 게 어떤가? 이 책에서는 지면 관계상 건강한 식단에 대해 자세한 조언을 제공하기가 어렵지만 몇 가지 기본 사항을 강조하고자 한다. 극심한 빈곤에 시달리는 경우가 아니라면 올바른 식단은 충분한 수면과 마찬가지로 실천하기가 그다지 어렵지 않다. 이 책을 읽고 있는 사람이라면 누구나 그럴 형편이 될 것이다. 수면의 경우처럼 우선 올바른 방법에 대해 배운 다음 실천하기만 하면 된다.

영양과 뇌를 집중적으로 다루기 전에 일반적으로 건강한 영양 섭취의 기본 원칙과 구체적인 실천법을 알려주겠다.

- 유기농으로 재배한 무첨가 식품, 즉 자연식품을 먹어라. 포장된 가공식품이나 오래 보관하기 위해 방부제 처리한 식품을 피한다. 토마토 통조림을 비롯한 몇 가지 예외를 제외하고는 가공을 거치지 않고 밭이나 농장 또는 바다에서 곧장 식탁으

로 오는 식품이 가장 건강에 좋다. 건강한 식단에 관해 매우 철저하게 진행된 연구 중 하나인 '중국 연구China Study'는 채식이 가장 좋다는 결론을 내렸다. 그 연구진은 중국 전역의 100개 이상의 마을에서 식습관을 조사했다. 채식이 가장 바람직했다. 일반적으로 채소와 자연식품을 많이 섭취하는 것이 건강과 상관관계가 있다는 것도 분명했다. 채식을 할 수 없거나 원하지 않는다면 가능한 범위 내에서만 하면 된다.

• 섭취한 영양소가 제대로 흡수되도록 하라. 소화를 돕기 위해 레몬을 짜 넣은 따뜻한 물 한 컵으로 하루를 시작하는 사람들이 있다. 중년인 내 친구 한 명도 신선한 주스를 만들어 마시면서 큰 효과를 보았다. 그녀는 과일(블루베리, 사과, 바나나 반 개, 레몬 반 개)과 채소(당근, 오이, 시금치, 생강)를 튼튼한 믹서기에 넣고 스피룰리나 한 큰술, 단백질 파우더 한 큰술, 천연 감미료 스테비아 한 봉지, 물을 추가해서 간다. 친구는 이렇게 말했다. "아침에 마시고 하루 종일 간식으로도 먹어. 점심은 건강한 샐러드를 먹고 저녁은 조금만 먹어. 이렇게 먹기 시작하니까 에너지, 집중력, 생산성이 아주 좋아지는 걸 느껴! 체중도 줄었고!"

• 붉은 고기를 적게 먹어라. 붉은 고기를 꼭 먹어야 할 때는 목초를 먹여 키운 유기농 소고기나 물소 또는 사슴고기를 먹는게 좋다. 생선, 돼지고기, 닭고기, 콩, 영양소 풍부한 채소 등을 먹는다. 스테이크를 한 번에 통째로 먹어치우지 말고 4분의 1을 잘라 샐러드에 올려서 먹는다. 많은 전문가가 소고기뿐만 아니라 돼지고기, 닭고기, 심지어 생선도 먹지 말라고

조언한다.

- 가능하다면 일상에서 글루텐을 먹지 않는 식단을 실천해보자. 나도 글루텐이 없는 식품을 먹기 시작한 뒤 6주 만에 9킬로그램을 감량할 수 있었다. 예전보다 머리가 맑아진 느낌이다. 글루텐을 함유하지 않은 음식만 먹기가 생각만큼 그렇게 어렵지 않다. 밀, 맥아, 호밀이 들어간 음식을 먹지 않으면 된다. 빵, 케이크, 쿠키, 크래커, 파스타, 맥주, 간장 등을 포함한 음식이 여기에 포함된다.

- 가능하다면 유제품을 끊는다. 일부 전문가들은 우유, 치즈, 아이스크림에 이르기까지 모든 유제품을 식단에서 없애라고 조언한다. 내가 아는 훌륭한 영양학자도 유제품을 끊으라고 설득했지만 나는 성공하지 못했다. 원한다면 한번 시도해보고 큰 변화가 있는지 확인해보라.

- 국내에서 생산한 식품만 먹는다. 호르몬, 항생제, 살충제, 기타 화학물질을 사용하지 않고 생산된 식품을 먹는다. 충격적인 진실을 전하는 책 『패스트푸드의 제국』과 다큐멘터리 「푸드 주식회사」를 본 적 있다면 모든 대량 생산업체와 유명 브랜드가 만드는 식품을 피하고 신뢰할 수 있는 식품 생산자가 공급하는 식품을 먹어야 한다는 사실을 잘 알 것이다. 대형 제약 기업들과 비슷한 '대형 농업 기업'들이 식품에 넣는 호르몬, 방부제, 기타 화학물질은 서서히 우리를 중독시키고 영양소 흡수를 방해한다. 따라서 유해한 화학물질, 첨가물, 오염물질이 들어가지 않은 식품만 섭취하는 것이 합리적이다. 구매처가 어디든 식품이 어디에서 생산됐고 무엇이 들어가는지

를 꼼꼼히 따져보아야 한다. 만약 가능하면 화단에 작은 텃밭을 만들어서 신선한 채소와 과일을 직접 키워보자. 힘들다면 출처가 확실한 곳에서 사라.

- 보충제를 제대로 복용하라. 「하버드 맨즈헬스 워치」 2012년 4월호에 따르면 성인 인구의 절반이 최소 한 가지 이상의 식이 보충제를 사용한다. 보충제는 미국 식품의약국FDA의 규제를 받지 않아서 의약품보다 판매하기가 훨씬 쉽다. 생산 비용이 저렴하여 막대한 수익을 창출하는 경우도 많다. 2010년에 미국인들이 보충제에 지출한 금액은 280억 달러에 이른다. 하지만 소비자들은 대부분 과학적 증거에 기반해 보충제를 소비하는 게 아니라 그럴싸한 광고에 현혹당해 보충제를 구입한다.

  같은 잡지에 실린 보고서에 따르면 종합비타민조차도 값어치를 못한다고 한다. 성인의 경우 매일 비타민 D3 1,000국제단위IU, 탄산칼슘 또는 구연산칼슘 1,000밀리그램, 오메가3 지방산, DHA, EPA 1,000밀리그램을 섭취할 것을 권장한다. 이런 보충제를 사용하기 전에 의사와 상의해야 한다. 대부분의 경우는 의사가 먹어도 된다고 할 것이다. 이 책에 담긴 조언을 따라 매일 올바르게 영양을 섭취한다면 몸이 필요한 영양소를 흡수할 수 있어서 굳이 보충제를 먹지 않아도 된다.

지금까지 설명한 올바른 영양 섭취의 기본 원칙을 따르는 것은 결코 유난이라고 말할 수 없다. 신체적인 건강뿐만 아니라 정신 건강을 유지하기 위해서는 누구나 실천해야 하는 내용이다. 뇌가 민첩함과 집중력을 유지할 수 있도록 꼭 주의 깊게 살펴야 하는 영양소는 바로 포도당이다. 포도당은 뇌의 주요 에너지원이다. 포도당 수치가 하루 종일 일정하게 유지되면 집중력을 유지할 가능성이 커진다.

안타깝게도 많은 사람이 포도당 수치가 크게 치솟았다가 떨어지게 음식을 섭취한다. 커피와 머핀 또는 베이글로 하루를 시작하면 췌장이 당을 처리하기 위해 다량의 인슐린을 분비한다. 혈중 포도당 수치가 치솟았다가 인슐린이 목표치에 도달하면 뚝 떨어진다. 우리는 포도당 수치가 떨어질 때마다 카페인과 탄수화물을 섭취하기 위해 커피를 찾게 된다. 이런 식의 주기가 하루 종일 계속된다.

거리마다 하나씩 스타벅스나 던킨도너츠가 있는 이유가 무엇일까? 왜 카페인과 설탕이 잔뜩 든 식품을 함께 팔까? 바로 포도당이 큰 폭으로 오르내리는 이 주기가 돈이 되기 때문이다. 카페인과 탄수화물 판매자들은 지구상에서 가장 위험한 합법적인 마약 공급업자다. 그 위험성을 인지하는 사람이 극소수이기 때문에 영업을 계속할 수 있다.

특히 탄수화물 함량이 높고 단백질 함량이 낮은 점심 식사를 하게 되면 혈중 글루코스 수치가 급격하게 상승했다가 떨어져서 졸음이 몰려오게 된다. 그래서 점심 식사 직후 오후 3시쯤에는 항상 슬럼프가 찾아온다. 원래 오후에는 활기가 없으니 어쩔 수 없다고 생각할지도 모른다. 아니면 그냥 막연히 오후에 낮잠 자는 시간이 주어지는 나라에서 살고 싶다고 느낄지도 모른다. 하지만 점심에 단백질이 풍부한 음식을 먹는 것만으로 포도당 수치가 안정돼 오후의 슬럼프를 피할 수 있다. 만약 오후에 졸음이 오면 간단히 운동한 다음 사과나 바나나를 먹거나 잠깐 낮잠을 잔다.

하루 종일 뇌가 제대로 기능할 수 있도록 하려면 올바른 영양을 섭취해 포도당 수치가 심한 변동 곡선을 그리지 않게 해야 한다. 단백질이 포함된 아침을 먹는다. 점심에는 균형 잡힌 식사를 한다. 과일 간식과 간단한 운동으로 오후의 슬럼프를 무찌른다. 신선한 과일과 채소를 많이 섭취해 뇌에 필요한 영양소를 공급한다.

마시는 커피의 양에도 주의를 기울일 필요가 있다. 카페인 중독자였던 잭처럼 전 세계의 무수히 많은 사람이 매일 카페인을 섭취한다. 합리적으로 생각했을 때 카페인은 수행 능력을 개선해주는 약물이 분명하다. 한 연구에 따르면 하루에 커피를 4잔 마신 여성은 그렇지 않은 여성보다 우울증 위험이 크게 낮다. 현명하게 사용하면 카페인은 적이 아니라 동지이다. 커피 한 잔을 마시면 집중력이 향상되고 사고력이 민첩해진다. 하지만 정신 에너지를 유지하려고 할 때는 너무 많은 카페인 섭취에 의존하지 말고 '집중력의 여섯 기둥'을 실천하려고 노력하는 게 좋다.

그렇다면 카페인 섭취가 너무 과도하다는 것을 어떻게 알 수 있을까? 혈압 상승, 심박수 상승, 초조와 불안, 배탈, 두통, 어지럼증, 불면증과 같은 바람직하지 않은 부작용이 나타난다면 카페인을 너무 많이 섭취하고 있다는 뜻이다. 카페인은 이뇨 작용을 일으켜 평소보다 소변을 자주 보게 한다. 합리적인 범위 내에서 허용되는 부작용이다. 또 카페인은 배변을 촉진하는 효과도 있다. 심하지만 않으면 괜찮다. 카페인은 갑자기 사용을 중단하면 안 된다. 서서히 줄여야 심한 두통이 발생하지 않는다.

카페인에 대한 결론은 다음과 같다. 적당히 섭취하면 좋고 너무 많이 섭취하면 해롭다. 나는 하루에 커피를 두세 잔 마시는데 내가 가장 좋아하는 집중력 보조제다. 꼭 카페인을 섭취하고 집을 나선다.

◆◆◆◆◆◆
운동이 뇌에 긍정적인 영향을 미친다

1부에서 소개한 사람들은 모두 신체적으로 활발하게 활동할 때 전성기를 누렸다. 예를 들어 잭은 하키 선수로 활약했던 대학 시절에 큰 행복과 성공이 따라왔다. 샤론 역시 학창 시절에 스포츠를 통해서 큰 도움을 받았다.

운동이 뇌 기능을 개선하는 효과가 있다는 사실은 연구를 통해 널리 입증된 사실이다. 한 예로 2011년에 일리노이대학교의 연구진은 네 그룹의 쥐를 대상으로 실험했다. 첫 번째 그룹은 왕족처럼 편안한 생활을 누렸다. 견과류, 과일, 치즈를 먹었고 우리에는 장난감이 가득했다. 두 번째 그룹도 같은 대우를 받았지만 우리 안에는 작은 쳇바퀴가 있다는 점이 달랐다. 세 번째 그룹은 가엾게도 건식 사료, 물, 잠자리만 갖춰진 우리에서 생활했다. 네 번째 그룹의 환경도 세 번째와 비슷했지만 쳇바퀴가 갖춰져 있었다. 연구진은 쥐들에게 인지 테스트를 하고 뇌 조직을 연구했다. 그 결과 장난감과 호사스러운 음식이 쥐의 두뇌 능력을 개선해주지 못한다는 사실이 밝혀졌다. 큰 차이를 만든 변수는 쳇바퀴뿐이었다. 쳇바퀴를 이용한 쥐들은 그렇지 못한 쥐들보다 뇌가 더 건강했고 인지 테스트에서 더 나은 결과를 냈다.

운동은 삶에 활력과 열의를 불어넣고 뇌의 에너지를 충전해주는 놀라운 효과가 있다. 이 사실을 더 확실하게 확인하고 싶다면 내 친한 친구이자 동료인 존 레이티 박사가 쓴 『운동화 신은 뇌』를 읽어보길 바란다. 그 책에서 레이티 박사는 운동이 저기압부터 주의력결핍과잉행동장애, 중독, 폐경, 알츠하이머에 이르는 다양한 증상을 물리치는 최고의 방어 효과가 있다고 설명한다. 뇌가 몸의 근육과 똑같은 원리에 따라 쓸수록 강해지고 쓰지 않으면 위축된다는 사실을 보여준다. 결정적인 연구 증거들이 그 책의 주장을 뒷받침하고 있다. 운동이 뇌를 위한 최고의 강장제 중 하나라는 것은 의심의 여지가 없다. 모두가 운동을 충분히 한다면 정신의학뿐만 아니라 의학 전반에서 약물의 사용이 빠르고 크게 줄어들 것이다.

물론 러닝머신에서 달리기한다면 건강에는 정말 좋겠지만 생각만 해도 지루한 사람이 대부분일 것이다. 쥐는 쳇바퀴에서 달리는 것을 좋아하지만 나를 포함한 사람들은 그렇게 하염없이 달릴 생각을 하면 열의가 식는다. 재미도 없고 시간도 오래 걸린다. 땀도 많이 난다. 실제로 달리기와 같은 운동을 시작했다고 해도 오랜 운동으로 다져져 멋진 몸매와 근육을 뽐내는 이들에 비해 자신이 초라하게 느껴질 것이다. 결국은 철인 3종 경기에 출전하기 위해 훈련하는 완벽한 몸과 뛰어난 운동 능력을 가진 사람들처럼 되는 것을 포기해버리고 만다. 어떻게 해야 할까?

운동을 지속하려면 무엇보다 운동이 재미있어야 한다. 친구와 매일 걷는 것으로 시작해보자. 규칙적인 운동 습관을 기르고 싶어 하는 친구와 아침이나 저녁에 산책한다. 반려견이 있다면 더욱 좋다. 겨울에는 옷을 따뜻하게 입고 나가면 된다. 운동을 일상의 습관으로 만드는 또 다른 방법은 운동을 일종의 놀이로 바꾸는 것이다. 나는 32년째 가장 친한 친구와 화요일 오후에 스쿼시를 친다. 물론 운동도 되지만 친구와 함께 놀 수 있는 시간이기도 하다.

산책이나 스쿼시와는 달리 비용은 좀 드는 세 번째 방법이 있다. 전문가의 지도를 받는 방법이다. 돈이 아까워서라도 빼먹지 않고 운동을 하게 된다는 점과 전문가의 지도에 따라 게으름을 부리지 않게 된다는 장점이 있다.

2003년에 나는 고관절을 교체하는 수술을 받았다(오랫동안 스쿼시를 친 탓이었다). 몇 주 동안 재활을 거친 후 사이먼 잘츠먼Simon Zaltsman이라는 러시아계 트레이너의 지도로 운동을 시작했다. 그가 내 인생을 바꾸었다. 잘츠먼은 60대이지만 온몸이 벽돌처럼 단단하다. 그는 세계적인 수학자이자 세계적인 운동선수이기도 하다. 미국에 온 이후로 트레이너로 일하고 있다.

그는 똑똑한 데다 특유의 점잖은 유머감각을 갖고 있다. 그래서 운동하는 동안 몸은 힘들지언정 절대로 지루하지 않다. 예를 들어 그는 운동을 처음 시작한 날 나에게 근력 운동을 시켰다. 중간에 너무 힘들어서 나도 모르게 "오, 신이시여!"라는 탄식이 터져나왔다. 그때 잘츠먼은 러시아 억양이 두드러지는 말투로 "신은 지금 당신을 도와줄 수 없습니다."라고 냉정하게 일격을 날렸다.

나는 게으르고 운동을 싫어하지만 잘츠먼이 지도하는 운동 시간은 늘 기다려진다. 그는 운동을 '좋은 고문'이라고 부른다. 운동을 하는 동안 그가 나에게 웃음을 선사해 주리라는 것을 아는 덕분에 운동이 좋아졌다. 2013년에 다른 쪽 고관절을 교체하는 수술을 받았는데 그동안 열심히 운동한 덕분에 수월하게 끝났다. 잘츠먼의 지도 덕분에 2003년 때보다 회복 속도가 훨씬 빨랐다.

마지막으로 섹스도 운동에 포함된다는 점을 기억하라. 섹스는 심장 박동과 신진대사를 촉진하고 뇌에 산소를 공급하고 몸에는 유익한 호르몬을 공급한다. 오르가슴은 건강에 좋다. 무엇보다도 섹스는 즐겁다. 그러니 섹스를 많이 할수록 좋다(물론 상대방의 동의가 있을 시에만). 섹스는 건강에 좋고 누구나 할 수 있는 능력을 타고나며 돈도 들지 않고 재미있는 몇 안 되는 일 중 하나이다.

9장 [명상과 마음 관리]
최상의 상태로 끌어올리자

내가 지긋지긋했던 담배 중독에서 벗어날 수 있었던 방법에 대해 알려주겠다. 1990년에 나는 더 이상 금연을 미룰 수 없는 상황이 됐다. 고등학생 때부터 피워온 담배를 끊고 싶다는 생각은 많이 했지만 딸 루시가 태어나면서 담배를 끊지 않으면 안 되는 상황이 됐다.

단번에 끊으려는 시도를 여러 번 했지만 매번 다시 피우게 됐다. 그러다가 보스턴의 '미친 러시아인'이라고 불리는 전문가를 찾아갔다. 최면 요법으로 금연을 도와주는 사람인데 많은 사람이 효과를 보았다고 했다. 하지만 뛰어난 명성에도 불구하고 지갑만 가벼워질 뿐 나에게는 별다른 도움이 되지 않았다.

다음으로는 하라는 대로만 정확히 따라 하면 효과를 장담한다는 행동학자를 만났다. 그가 지시한 방법은 이러했다. "담배를 원하는 만큼 피워도 됩니다. 하지만 담배를 피울 때 1센트를 계좌에 넣어야 합니다. 계좌에 모인 돈은 나중에 자선단체에 기부할 겁니다. 두 번째 담배를 피울 때는 2센트 세 번째는 4센트를 넣어야 합니다. 한 개비를 피울 때마다 내야 하는 돈이 2배가 됩니다. 마음껏 피우되 한 개비 피울 때마다 두 배씩 계산하세요." 이 방법으로 계산하면 30번째 담배를 피울 때 자선단체에 기부해야 할 돈이 536만 8,709달러가 된다. 당연히 나는 이 방법을 따를 수가 없었다. 자신이 부끄러웠다. 나쁜 사람, 중독자, 약한 사람, 형편없는 남편, 형편없는 아빠처럼 느껴졌다.

그다음에는 침술사를 만났다. 바늘이 두려웠지만 담배를 끊을 수만 있다면 그 정도의 고통은 기꺼이 참을 수 있을 것 같았다. 그런데 놀랍게도 침을 맞는 게 좋았다. 필라멘트 크기의 바늘이 몸에 꽂히자 엔도르핀이 분비됐다. 부드러운 음악이 흘러나오는 가운데 테이블에 누워 침을 맞으면 근심 걱정이 사라지는 기분이었다. 일주일에 두 번씩 침 맞는 시간이 기다려졌고 12주 동안 한 번도 빠지지 않았다. 정말 좋았다! 하지만 금연은 성공하지 못했다.

그래도 침술은 침을 맞을 때의 그 좋은 감각을 다시 느끼고 싶다는 욕구를 자극했다. 장거리 달리기와 명상 모두 비슷한 효과를 낼 수 있다고 했다. 평소 게으른 내가 장거리 달리기를 할 가능성은 만다린어를 배울 가능성만큼 낮았기에 명상을 선택하기로 했다.

명상은 효과가 있었다. 나는 마침내 담배를 끊었고 지금까지 수십 년 넘도록 피우지 않았다.

◆ ◆ ◆ ◆ ◆

명상으로 마음과 집중력을 동시에 챙겨라

명상의 수많은 효과는 잘 알려져 있다. 스트레스 감소, 혈압 감소, 에너지 수치 상승, 인지 기능 개선, 차분함과 행복감이 커지는 효과 등. 하지만 명상의 이로움은 거기에서 그치지 않는다. 내가 니코틴 중독에서 벗어나도록 도와준 명상은 수많은 사람에게 놀랍고도 다양한 효과를 가져다주었다. 최근 연구에 따르면 명상은 심리적인 기능의 개선을 도와준다. 불안, 중독, 우울증, 섭식 장애에 대한 효과가 입증됐다. 심지어 리더십 기술에도 도움을 준다. 마이클 캐롤의 저서 『마음챙김과 리더The Mindful Leader』에는 리더들이 명상을 통해 경영 기술을 키울 수 있도록 돕는 프로그램이 소개된다.

이 장에서는 이미 잘 알려진 명상에 관한 정보를 되풀이하기보다는 일상생활에 명상 수련을 더해야 하는 이유를 알려주려고 한다. 명상을 시작하는 데 도움이 될 만한 정보도 알려주겠다. 명상해보라고 권하면 보통은 이런 반응이 돌아온다. "(눈알을 굴리며) 명상에 대해서는 저도 잘 압니다. 옛날부터 전해져 내려오는 수련 방법이라면서요. 똑똑한 부자들이 비싼 돈을 주고 수행에 들어가 며칠이나 몇 주 동안 물과 곡물만 먹으면서 방석에 앉아 있는 그거 잖아요. 뭐, 건강에 좋겠죠. 밀풀 주스를 매일 1회 마시고 2주간 디톡스를 하는 것만큼이나 말이에요. 미안하지만 전 생각 없어요. 전 명상보다 머스터드를 뿌린 핫도그와 노란 치즈가 듬뿍 올라간 나초를 먹으며 텔레비전을 보면서 쉬는 게 더 좋거든요. 제가 명상하는 일은 하늘이 두 쪽 나도 없을 겁니다."

나도 예전에 치실 사용에 대해 똑같이 생각했지만 지금은 매일 사용한다. 내가 치실을 사용하게 된 계기는 정말로 써야 하는지 물었을 때 치과의사가 해준 대답을 듣고 나서였다. 그는 "잃고 싶지 않은 치아에만 치실을 사용하면 됩니다."라고 했다. 그 후 열심히 치실을 사용하게 됐다. 하루에 두 번은 해야 하는데 한 번만 한다. 명상은 하루에 한두 번 한다. 그렇게 해야 해서가 아니라 하고 나면 기분이 좋아져서 한다. 실제로 명상이 여러모로 건강에 좋다는 사실도 잘 알고 있다. 나 자신도 놀랄 일이지만 명상이 너무 좋아서 여러 다양한 수련법을 익혔을 정도이다.

명상 수행의 핵심은 아주 간단하다. 방해받을 일 없는 공간에서 편안한 의자에 앉는다. 두 발을 바닥에 대고 양손은 의자의 팔걸이에 올려놓거나 무릎 위에 편안하게 둔다. 그런 다음 눈을 감고 호흡에 집중한다. 숨을 들어마시고 내쉰다. 강물에 떠내려가는 나뭇잎처럼 생각이 떠다니는 것을 지켜본다. 생각을 평가하지 않고 무심하게 바라본다. 판단하지도 말고 관심을 기울이지도 않는다. 그저 호흡에만 집중하고 머릿속을 지나치는 모든 생각은 무관심하게 지켜봄으로써 의식적인 참여에서 최대한 벗어난다. 이것이 명상이다. 진지한 수행자들은 20분 이상 명상을 하지만 최소 3~5분 동안 하루에 두세 번만 해도 기분이 나아지고 집중력이 향상된다. 혈압, 심박수, 호흡수, 체온도 안정된다.

시중에는 명상하는 방법을 가르쳐주는 좋은 책이 매우 많다. 앞에서 언급한 기업 리더들을 대상으로 한 책 외에도 두 권을 더 추천한다. 앤디 퍼디컴Andy Puddicombe의 『당신의 삶에 명상이 필요할 때』와 리디아 자일로스카Lidia Zylowska 박사의 『ADHD를 위한 마음챙김 처방』이다. 두 책에서 소개하는 방법 모두 실천하기 쉽다. 게다가 철저한 연구를 통해 집중력 향상은 물론 명상이 가져오는 여러 건강상의 이로운 효과를 증명하고 있다.

◆ ◆ ◆ ◆ ◆ ◆
뇌에 자극을 주는 다양한 방법을 활용해라

명상이 뇌와 신체에 모두 좋듯이 정신적 자극도 다양한 이점을 제공한다. 새로운 과제를 시도하거나 일상의 과제를 새로운 방법으로 수행함으로써 뇌의 한계를 확장하면 집중력이 향상될 뿐만 아니라 치매를 포함한 노화의 해로운 영향력을 막을 수 있다.

뇌의 한계를 밀어붙이는 가장 확실한 방법은 한 번도 해본 적이 없는 무언가를 배우는 것이다. 음악에 대해 거의 몰랐던 50대 친구가 피아노를 배우기로 했다. 그녀는 악보 읽는 법을 배우면서 뇌에 자극을 주었다. 그 결과 뇌에 '불이 붙은' 느낌을 받았다고 한다. 여러 외국어를 배운 또 다른 친구도 새로운 외국어를 배울 때마다 같은 느낌을 받는다.

하버드대학교, 존스홉킨스대학교, 매사추세츠공과대학교 같은 일류 대학교들이 무료로 개방한 온라인 공개 수업MOOC을 이용하는 방법도 있다. 인터넷에 접속해서 테드TED 강연을 들어도 좋다. 두뇌를 훈련시켜주는 프로그램을 제공하는 루모시티Lumosity나 뉴로네이션과 같은 다양한 사이트도 방문해보라.

다양한 인지 기능을 향상해 주는 컴퓨터 게임들도 있다. 예를 들어 탄탄한 연구 기반을 토대로 하는 코그메드Cogmed는 활성 작업 기억력을 개선해준다. 활성 작업 기억력이란 우리가 일시적으로 정보를 저장하고 처리할 수 있는 능력을 말한다. 일주일에 5일씩 한 번에 30분 정도 코그메드 게임을 하면 활성 작업 기억력의 개선 효과가 확실하게 보장된다. 역시나 과학적 연구 결과를 기반으로 하트매스HeartMath가 만든 엠웨이브emWave를 해봐도 좋다. 연구를 통해 효과가 입증된 엠웨이브는 불안감을 줄이고 성과를 올릴 수 있게 해준다.

패트리샤 마르크스Patricia Marx는 「뉴요커」에 비슷한 제품인 브레인HQ를 직접 사용해 본 경험을 쓴 평론을 실었다. 평론에는 이런 제품들에 대한 매우 유익하고 흥미로운 정보가 담겨 있다. 그녀는 "해롤드 블룸과 데이트할 수 있을 정도로 똑똑해지지는 않았지만" 매우 즐거운 경험이었고 큰 효과를 보았다고 말했다. 브레인HQ의 창업자 마이클 메르제니히Michael Merzenich는 그 효과가 "몇 년 동안 지속될 것"이라면서 효과가 줄어들 경우 다시 이용하면 된다고 했다.

물론 뇌의 한계를 밀어붙이는 다른 방법도 많이 있다. 자동변속기가 달린 자동차만 운전해 보았다면 수동변속기가 달린 차를 운전하는 법을 배워보자. 오른손잡이라면 왼손으로 글씨를 써보자. 한 손으로 원을 그리고 다른 손으로는 사각형을 그리고 두 발로 삼각형을 그려볼 수도 있다.

뇌에 도전 과제를 주고 주의력 시스템을 훈련하는 습관을 길러라. 워드프로세싱 프로그램을 이용해 뇌를 훈련하는 방법을 하나 소개한다. 먼저 가로 5칸과 세로 5칸으로 이루어진 격자판을 그린다. 격자판을 인쇄한 다음 각 빈칸에 1부터 25까지의 숫자를 마음대로 넣는다.

정신 자극 게임 보드

17	4	5	12	22
8	1	11	16	3
2	20	14	19	7
18	24	9	10	13
21	6	15	25	23

펜이나 연필을 가져와 1부터 25까지의 숫자를 차례대로 최대한 빠르게 두드려 보자. 얼마나 걸리는지 시간을 측정한다. 다음에는 25에서 1까지 반대로 해본다. 여러 번 해서 숫자의 위치가 외워질 정도가 됐다면 표를 10개 인쇄해서 각각 다르게 숫자를 채워 넣는다. 주의력을 훈련하고 뇌를 단련하는 탁월한 운동이다.

또 다른 연습법도 있다. 책상을 보았다가 시선을 다른 곳으로 향한다. 빈 종이에 책상 위에 놓인 물건을 전부 그린다. 자신의 책상이 아니라 동료의 책상으로 하면 난이도가 더 올라간다. 또는 부엌 수납장을 열고 잠시 안을 들여다본 다음 닫고 그 안에 든 물건을 기억나는 대로 적어보는 방법도 있다.

존 F. 케네디는 연극이 시작되거나 비행기가 이륙하기를 기다릴 때 게임을 하곤 했다. 세로로 아무 알파벳이나 7개를 적는다. 각 알파벳의 맞은편에 아무 알파벳이나 7개를 더 적는다. 예를 들어 다음과 같은 모양이 된다. 한 쌍의 글자에 해당하는 머릿글자를 가진 유명인의 이름을 적는다. 예를 들어 F. N.에는 플로렌스 나이팅게일, E. C.에는 E. E. 커밍스, M. M.에는 마릴린 먼로가 있을 수 있다. 나에게 가장 먼저 떠오르는 이름들이다. 나머지는 직접 한 번 해보자. 머릿글자마다 한 명이 아니라 두 명씩 적으면 훨씬 어려워진

F. N.
_____

B. P.
_____

N. L.
_____

E. C.
_____

M. M.
_____

R. W.
_____

T. A.
_____

다. 알파벳을 하나 더 추가해 한 칸에 3개씩 적고 거기에 해당하는 유명인의 이름, 중간 이름, 성을 적으면 정말 어렵다.

물론 가로세로 낱말 퍼즐과 스도쿠도 있다. 인지 자극과 뇌 훈련을 다루는 웹사이트가 넘쳐난다. 대체 어느 정도이기에 넘쳐 나느냐고? 구글에서 '온라인 인지 자극 사이트'를 검색하면 640만 개의 항목이 뜬다. 그리고 아마존에서 '뇌 게임'을 치면 관련 도서가 8,038권이 검색되며 '인지 자극'은 2,267권이나 뜬다. 하지만 기본적인 핵심만 파악하면 직접 게임을 만들 수도 있다. 재미도 있고 그 자체로 인지 자극을 준다.

나는 글을 쓸 때 음악을 듣기도 하는데 집중력에 효과가 매우 좋다. 나는 오래전부터 글을 쓸 때 클래식 음악을 들었다. 내 개인적인 생각으로는 음악은 집중을 방해할 수 있는 두뇌의 일부분을 활성화해 집필에 전념할 수 있게 해준다. 영국에서 록음악가로 활동하다가 음향 과학자가 된 어떤 사람은 내 생각을 과학적으로 입증했다. 그는 듣는 이의 주의를 크게 사로잡지 않는 음악을 만들었다. 놀랍게도 그 음악을 들으면서 글쓰기나 다른 과제를 수행하면 집중력이 크게 향상된다. 음악은 확실히 집중력을 개선해줄 수 있다. 지금 이 글을 쓰면서도 그 음악을 듣고 있다. 직접 들어보고 싶다면 웹사이트 focusatwill.com을 방문해보길 바란다. 분명 그 효과에 감탄할 것이다.

10장 [긍정적 인간관계]
인간관계는 강력한 비타민이다

인간관계는 성장, 건강, 성취감, 기쁨에 도움이 되는 가장 강력한 힘이다. 우리는 인간의 관계 중 가장 순수한 형태를 사랑이라고 부른다. 인간의 연결이 널리 퍼져나가면 자신보다 더 크고 유익한 무언가의 일부가 된 느낌이 된다. 인간관계는 강력하지만 대개 엄격함이나 규율, 희생, 노력 같은 강력한 원동력과 비교당해 작고 보잘것없는 것으로 무시당하기 일쑤이다. 물론 이런 것들도 중요하지만 좋은 인간관계가 뒷받침해줘야만 비로소 제 힘을 발휘할 수 있다.

매튜 리버먼의 말을 또 인용하겠다. "많은 사람이 오직 돈을 벌거나 회사의 수익 창출을 돕기 위해서 직장에 다니는 거라고 말한다. 이런 생각은 사람들에게 동기를 부여하는 건 사리 추구뿐이라고 한다. 자신의 이익만을 기준으로 세상을 바라보는 관점이다. 이러한 생각은 너무 오랫동안 사회에 퍼져 있었고 직장에 대한 현대인의 유일한 담론으로 자리 잡았다. 하지만 이 담론은 근본적으로 잘못됐다. 우리를 우리답게 만들어주는 이유들이 상당 부분 빠져 있기 때문이다." 리버만의 연구가 증명하듯 우리 사회가 귀를 기울여야 하는 주제는 바로 연결이다.

◆ ◆ ◆ ◆ ◆ ◆
닫힌 문의 열쇠는 인간관계와 감사함에 있다

사람과의 관계뿐만 아니라 시, 좋아하는 의자, 초원이나 호수, 아이디어, 목표 등의 무생물과의 관계도 도움이 된다. 다양한 대상과의 연결감은 정신의 명료함과 집중력을 끌어올리고 건강, 행복, 생산성을 높이는 가장 저렴하고 효과적인 방법이다. 정말 간단하다. 인생에서 연결의 힘이야말로 최상의 결과를 만든다. 그리고 단절보다 비참한 결과를 낳는 것도 없다.

나는 연결을 '또 하나의 비타민 C' 또는 '인간관계 비타민'이라고 부른다. 연결은 중요한 비타민 C인 아스코르브산만큼이나 생명 유지에 필수적이다. 우리는 비타민 C가 결핍되면 괴혈병으로 목숨을 잃는다. 마찬가지로 '인간관계 비타민'이 없으면 정서적으로나 육체적으로나 고통스러워진다.

1989년에 처형당해 최후를 맞이한 루마니아의 독재자 니콜라에 차우셰스쿠의 통치 기간 고아원에서 살았던 아이들의 사례를 생각해보자. 당시에는 피임이 불법이어서 많은 부모가 원치 않는 자녀를 끔찍한 고아원에 버렸다. 당연히 아이들을 안아주는 사람도 없었고 인력 자체가 턱없이 부족했다. 고아원의 아이들은 먹고 목욕하고 화장실에 가는 것을 동시에 해야만 했다. 아기들은 오랫동안

기저귀를 갈아주지 않아 심한 발진으로 고생했다. 수십 명이 한 방을 썼고 조금이라도 골치 아프게 구는 아이들은 침대에 묶여 있었다. 나중에 연구자들은 이 아이들이 위탁 가정으로 들어간 아이들보다 뇌의 백질 크기가 작다는 사실을 발견했다. 백질은 지방으로 된 중요한 통로로 뇌 세포체 사이를 연결한다.

수감자, 노인, 정신 질환자 등 인간관계 비타민 결핍에 시달리는 또 다른 사람들에 대해서도 생각해보자. 인간관계가 부족한 이런 사람들은 죽음으로 향하는 느린 내리막길을 거친 뒤 결국 죽음에 이른다. 이런 죽음에는 정확한 사인이 규명되지도 않는다. 일반적으로 그들의 사망 진단서에는 암, 뇌졸중, 심장마비, 감염 등이 사망 원인으로 기재된다. 하지만 하나같이 그 질병들의 시작은 인간관계의 단절로 인한 외로움, 우울증, 무기력, 피로함이다.

하버드대학교 공중보건대학원의 리사 버크먼Lisa Berkman 교수의 연구는 인간관계 비타민의 결핍이 치명적이라는 사실을 확실하게 보여준다. 버크먼이 주도한 연구는 의학계를 뒤흔들었다. 1970년대에 처음 발표된 그 연구는 사회적 고립이 흡연, 비만, 고혈압만큼 조기 사망을 일으키는 위험 요소가 된다는 사실을 증명했다. 처음에 전문가들은 그 결과를 의심했다. 하지만 전 세계에서 시행된 연구에서 같은 결과가 나와 이제는 사실로 여겨지고 있다. 버크먼은 사회과학자로서는 최초로 고립과 사망의 연관성을 증명했다. 추방을 죽음보다 더 두려운 형벌로 여긴 고대인들의 생각이 사실로 드러났다.

그녀는 사회와의 단절이 개인의 건강과 장수에 미치는 위험을 알아보기 위한 연구를 계속했다. 사회적 지원이 효과적이기 위해서는 구체적인 특징을 갖추어야 한다는 사실을 알아냈다. "사회적 지원이 건강에 이로운 효과를 끼치려면 소속감과 친밀감을 모두 제공해야 하며 역량과 자기효능감을 느끼도록 도와주어야 한다."

인간관계 비타민은 비용이 들지 않고 절대로 고갈되지도 않는다. 다른 어떤 힘보다 삶을 개선하는 강력한 효과가 있다는 점에서 매력적이다. 하지만 사람들은 시궁창에 떠다니는 맥주병이라도 되듯 인간관계 비타민에 시선도 주지 않는다. 보통 사람들은 이 비타민의 힘을 대수롭지 않게 여길지도 모르지만 똑똑한 기업들은 이미 알아차리고 있다. 예를 들면 소프트웨어 기업 SAS는 직원들이 배우자와 자녀를 직장으로 데려와 함께 점심을 먹을 수 있도록 한다. 조지아주의 애틀랜타 주택국은 직원들이 서로를 보면서 일할 수 있도록 사무실의 칸막이를 낮췄다. 그러자 생산성과 사기가 크게 올라갔다. 하버드대학교 화학과는 구성원들이 더 긴밀한 관계를 맺을 수 있는 학내 문화를 조성하려고 노력했다. 그 결과 우울증과 자살이 크게 줄어들었다.

앞에서 언급한 것처럼 우리는 전자기기를 통해 과도하게 연결됐지만 실제로는 단절된 역설의 시대에 살고 있다. 니콜러스 크리스태키스Nicholas Christakis와 제임스 파울러James Fowler는 저서 『행복은 전염된다』에서 무작위로 선정한 미국인 3,000명을 대상으로 시행한 연구를 소개한다. 그들은 얼마나 많은 사람이 친밀한 사회적 관계를 맺고 있는지 알아보고자 했다. 친밀한 사회적 관계를 중요한 문제에 관해 논의할 수 있는 사람과 여가 시간을 함께 보내는 사람으로 정의했다. "미국인의 친밀한 사회적 관계는 평균적으로 4명에 불과하다. 대부분은 2~6명이었다. 안타깝게도 한 명도 없는 경우가 미국인의 12%나 됐다. 반대쪽 극단은 8명이었고 미국인의 5%가 해당됐다."

이어서 크리스태키스와 파울러는 소셜 네트워크 연구에서 밝혀진 흥미롭고도 놀라운 사실에 관해 설명한다. 예를 들어 소셜 네트워크의 특성에는 전염성이 있다. 기분, 습관, 관행이 사람 사이에 전파되면서 직접적으로 아는 사람들뿐만 아니라 친구의 친구의 친구에게까지 영향을 미친다.

저자들의 설명에 따르면 전염성의 효과는 3단계를 넘어 4단계 거리에 있는 사람에 이르면 사라진다. 하지만 우리는 친구의 친구의 친구가 우리의 감정, 생각, 행동에 중요한 영향을 미친다는 사실을 알아차리지 못한다. "한 사람이 다른 사람에게 영향을 미치는 경향은 대단해 보이지 않는다. 하지만 우리와 직접적인 관계를 맺고 있는 사람들 너머의 존재는 우리의 생각과는 달리 우리에게 큰 영향을 미친다."

이처럼 인간관계는 건강에 좋을 뿐만 아니라 영향력이 상당하므로 친구를 현명하게 선택해야 한다. 물론 친구나 친구의 친구가 누구와 어울리는지는 통제할 수 있는 일이 아니다. 기쁨, 낙관주의, 비만, 우울증, 폭력 등 그 대상이 무엇이든 "소셜 네트워크는 뿌려진 씨앗을 부풀리는 경향이 있으므로" 자신이 어울리는 사람에 관해 최대한 잘 알아야 할 필요가 있다.

긍정적인 에너지가 전염성이 있고 미소가 건강에 좋다는 사실은 과학적으로 입증이 됐다. 크리스태키스와 파울러가 발견한 사실에 따르면 웨이터가 미소로 손님을 응대했을 때 손님들의 만족도가 커졌고 팁을 더 많이 주었다. 그리고 33명의 남성 프로 크리켓 선수에게 기분을 측정하는 기계를 착용시켜 경기 중 그들의 기분을 관찰했다. 선수 자신의 행복과 팀 동료들이 느끼는 행복 사이에는 경기 상황과는 무관하게 확실한 연관성이 있었다. 또 팀 동료들의 행복감이 높아지면 팀 전체의 성적도 좋아졌다.

이처럼 과학적인 증거는 확실하다. 그렇다면 현실적으로 우리가 던져야 할 질문은 다음과 같다. 어떻게 하면 사람들과 연결된 삶을 살 수 있을까? 다행히도 진지하게 임하기만 한다면 꽤 쉽게 해결할 수 있는 문제이다. 놀라운 효과가 있는 '인간관계 비타민'을 매일 섭취할 수 있는 실용적인 10단계 계획을 소개한다.

- 함께 식사하라. 매일 누군가와 함께 아침, 저녁, 야식을 먹는다. 혼자 사는 사람은 점심을 누군가와 같이 먹는다. 하루 종일 전자기기로만 사람들을 만나지 말고 실제로 사람들과 얼굴을 마주하고 접촉하는 습관을 기른다.
- 육체적인 사랑을 나누어라. 환자들은 내게 찾아와 섹스를 위해 시간 내기가 너무 어렵다고 불평한다. 파트너가 있다면 섹스를 위한 시간을 내라. 섹스는 헤아릴 수 없을 정도로 우리에게 좋지만 그 이로운 효과는 양적으로도 측정이 가능하다. 오르가슴을 느끼는 동안에는 우울하거나 냉소적이거나 슬프거나 화가 날 수 없고 살아 있음을 느끼지 못할 수도 없다. 그러니 많이 느끼길.
- 사진을 간직한다. 사랑하는 사람, 반려동물, 장소를 찍은 사진을 지갑, 가방, 일하는 장소에 놓고 자주 쳐다보자.
- 혼자 걱정하지 마라. 오랜 시간 혼자 고민에 빠지게 되면 정

신 건강에 매우 안 좋다. 만약 걱정에서 벗어날 수 없다면 누군가에게 전화를 걸거나 만나서 커피를 마시거나 사무실을 찾아간다. 현재의 고민에 관해 논리적으로 해결해줄 수 있는 사람을 찾는다. 혼자 걱정하면 몸과 정신이 더 해롭다. 두려움으로 얼어붙어서 지능도 떨어진다. 반면 다른 사람과 연결돼 있으면 상황이 변하지 않고 걱정이 지속돼도 그렇게 약한 기분이 느껴지지 않는다. 능숙하게 상황에 대처할 수 있는 힘이 훨씬 커진다.

• 밖으로 나가라. 출퇴근 시간 외에도 하루에 한 번 이상 밖으로 나간다. 자연 속에서 심호흡해보고 자연과 교감해보자. 하늘을 바라보며 경외심을 느껴보자. 구름 한두 점 낀 파란 하늘을 보면서 햇살을 쬐는 것이 베르무트를 넣고 레몬을 곁들인 진을 마시는 것보다 훨씬 좋다. 자연에서 나오는 강력하지만 돈은 들지 않는 정신적 영양소를 들이마시자.

• 반려동물을 키워라. 반려동물도 우리에게 강력한 비타민을 제공한다. 만약 반려동물을 키울 수 없다면 어떤 방법으로든 동물과 어울리려고 시도해보자. 동물들은 인생이라는 어려운 수수께끼의 답을 알고 있고 그 답은 우리에게 알려주고 싶어 한다. 프로이트도 조피라는 이름의 차우차우를 키웠고 무척 귀여워했다. 그는 조피가 환자들의 기분을 차분하게 가라앉힌다고 믿어 상담실에 함께 두었다.

• 직장에서 절친한 친구를 만들어라. 당장은 업무에 방해가 되더라도 이 관계를 최대한 가꿔나간다. 우정의 힘은 시간이 지남에 따라 효과를 발휘한다. 우정을 위한 노력은 생산성을 높

여주고 직장에 출근하고 싶어지는 마음이 들게 하는 큰 결실이 된다. 직장에 친한 친구가 있으면 월요일 아침이 기대되는 무언가가 생긴다. 즐거운 시간을 보낼 수 있고 성공을 같이 축하할 수 있다. 상황이 나쁠 때는 당신의 문제를 함께 걱정해준다.

• 사내 정치에 개입하지 마라. 뒷담, 험담, 사내 정치의 달콤한 유혹을 물리쳐야 한다. 그 순간에는 재미있고 흥미진진하겠지만 결국은 직장에 단절 문화를 조장하는 부정적인 영향을 끼칠 뿐이다.

• 일뿐만 아니라 가족과 친구를 위한 시간도 내라. 너무 늦기 전에 지금 당장 그렇게 해야 한다. 내가 정신과 의사로서 가장 자주 듣는 고통스러운 한탄은 "왜 진작 할 수 있을 때 하지 않았을까요?"라는 말이다. 일에 전념하는 직장인이 저지르는 가장 심각하고도 흔한 실수는 일 이외의 것들에 너무 낮은 우선순위를 부여하는 것이다. 특히 친구나 가족이 그렇다. 물론 모든 친구와 친밀한 관계를 이어갈 수도 없고 가족에게 무한한 시간을 쏟는 것도 불가능하다. 하지만 그들에게 돈독한 관계가 이어질 만큼 충분한 시간을 쏟는다면 당신의 인생에 활력을 불어넣어준다.

• 회사 이외의 단체에 가입한다. 함께할 때 큰 만족을 느낄 수 있고 가치 있는 도움을 줄 수 있는 단체여야 한다. 디너 클럽, 농구 팀, 축구 팀, 극단이 될 수도 있다. 교회, 유대교 회당, 기타 종교 단체가 될 수도 있다. 합창단, 북클럽, 승마 클럽, 정치 단체에 가입할 수도 있을 것이다. 자신에게 큰 의미가 있

고 즐거움을 느낄 수 있으며 기꺼이 시간을 투자할 이유가 있다고 생각되는 단체를 찾자.

인간관계 비타민은 여러모로 효과가 강력하지만 몇 가지 중요한 주의 사항도 있다.

인간관계는 선한 힘 못지않게 파괴적인 힘도 발휘한다. 범죄조직 내부의 공고한 관계, 마오쩌둥이 이끄는 공산당, 제2차 세계대전 당시의 나치, 오사마 빈 라덴의 추종자들만 봐도 알 수 있다. 타인과 관계를 맺고자 하는 인간의 욕구는 워낙 깊고 강력해서 건강한 관계를 찾지 못할 경우 위험하고 때로는 사악한 관계로 대신하려고 한다. 이 책을 읽는 사람들은 갱단에 들어가거나 테러리스트가 되지는 않겠지만 신뢰할 대상을 신중하게 결정할 필요가 있다. 혼자 걱정하지 않는 것만큼이나 함께 걱정할 사람을 신중하게 선택하는 것도 중요하다. 사실 나는 사람을 너무 잘 믿는 편이다. 동료 또는 소중한 친구라고 생각해서 믿었다가 뒤통수를 맞은 아픈 경험도 있다. 사업과 관련해서 당한 배신이라 사업을 위해 치러야 하는 비용이라고 생각한다. 그래도 상처받았고 지금도 생각하면 여전히 고통스럽다.

하지만 당신이 함께 걱정을 나누기에 적합한 친구를 찾아낸다면 정말 행운이라고 할 수 있다. 내 가장 친한 친구 피터 메츠Peter Metz 는 내가 걱정이 있을 때마다 찾는 친구다. 우리는 30년 동안 화요일마다 함께 스쿼시를 쳤다. 스쿼시를 친 후에는 한잔하면서 서로의 걱정과 기쁨을 나눈다. 피터와 함께하는 시간은 내 인생을 여러 번 구해주었다.

친구에게 당신이 겪는 문제를 알맞게 제시해야 한다. 앞에서 전자기기 중독에 시달린 레스를 만났다. 그가 친구 조에게 이렇게 말한다고 해보자. "인터넷 중독 문제로 도움이 절실하게 필요해. 정말 심각한 문제야. 그 얘기를 좀 할 수 있을까?" 문제에 관해 이야기하고 파고들고 상대방이 듣고 반응하는 것만으로 큰 도움이 된다. 레스는 이렇게 말할 수도 있다. "난 네가 해결책을 제시하기를 원하거나 기대하지 않아. 그냥 듣고 내가 질문하는 데 답해주기만 하면 돼. 내 문제를 꼭 해결해줘야 한다고 자네에게 부담을 주는 건 아니야. 그냥 내 말을 듣고 네 생각을 말해줘."

이렇게 하면 상대방도 나에게 똑같이 문제를 상의해도 된다는 뜻이므로 서로 도우며 관계가 더욱 돈독해질 수 있다. 이 과정은 통제로 이루어지는 게 아니라 서로 간의 신뢰로 이루어진다. 이런 행동을 하는 동안 무의식은 계속 일을 한다. 갑자기 해결책과 새로운 행동이 나타날 수 있다.

앞에서 말했듯이 삶을 인간관계 비타민으로 채워줄 나만의 단계와 실행 계획을 세워야 한다. 집중력의 여섯 기둥 중에서 이 단계는 가장 보람 있고 실행하기 쉬우며 놀랍게도 특별한 효과를 낸다. 인생의 가장 큰 기쁨과 만족은 성취, 친밀감, 일과 사랑에서 나온다. 모두 중요하니 한쪽에만 치우치지 말고 모두에 관심을 쏟자. 균형이 필요하다.

인간관계 비타민 외에도 마음을 건강하게 해주는 중요한 것이 또 있다. 한 친구의 아버지는 10년 동안 11번의 심장마비를 일으켰고 62세의 나이로 세상을 떠났다. 평소 열심히 일했고 술을 너무 많이 마시는 데다 힘든 일을 많이 겪어서 건강도 나빠질 수밖에 없었다. 결국은 심장이 무척 약해졌고 아침에 침대에서 일어나기도 쉽지 않아졌다. 그래도 친구의 아버지는 힘들게 일어나 옷을 입고 베란다로 나갔다. 해먹에 누워서 오렌지 나무에 핀 꽃을 감상하고 향기를 맡고 반짝이는 나뭇잎 사이로 보이는 파란 하늘을 바라보며 하루를 보냈다. 그게 그의 전부였지만 그런 시간을 보낼 수 있다는 사실에 감사했다. 내가 인간관계 비타민을 언급하자 친구는 말했다. "감사 비타민도 추가해 줘."

친구가 높이 평가한 감사 비타민의 가치는 경험적 연구 자료로도 증명이 된다. 삶을 순탄하게 살 수 있게 해주는 요인을 조사한 조지 베일런트의 종단 연구에서 감사는 최상위권에 속한다. 무엇을 가졌는지보다 자신이 가진 것에 대해 어떻게 생각하는지가 중요하다. 감사하는 마음은 우리가 마음만 먹으면 생각보다 쉽게 얻을 수 있다. 한 랍비가 말했듯이 "행복은 자기가 원하는 걸 손에 넣는 게 아니라 지금 가지고 있는 걸 원할 때 찾아온다."

◆ ◆ ◆ ◆ ◆ ◆
자신의 기본 패턴과 리듬 안에서 활동하자

집중력의 여섯 기둥을 최대한 활용해 준비 작업을 끝마쳤다면 일상적인 에너지를 훨씬 쉽게 유지하고 관리할 수 있다. 하지만 분명 에너지 공급이 종일 일정하지는 않을 테니 자신만의 리듬을 찾아야 한다. 하루 중 언제 가장 에너지가 넘치고 힘든 일을 잘해낼 수 있다고 느끼는가? 일반적으로 정신이 멍할 때는 언제인가? 음악을 들어야 집중이 잘되는 사람도 있고 걸어 다니거나 다른 사람이 옆에 있을 때 집중이 잘되는 사람도 있다. 아침 또는 밤에 집중이 잘되는 사람이 있는가 하면 따뜻한 실내 또는 추운 바깥에서 집중이 잘되는 사람이 있다. 어떤 사람들은 카페인을 섭취해야 하고 어떤 사람들은 뜨거운 물로 샤워를 해야 한다. 짧게 폭발적으로 집중하는 사람이 있는가 하면 오랜 시간 최선을 다해 일하고 하루나 이틀 쉬는 방법을 선호하는 사람이 있다. 즉 집중력을 발휘하는 방식은 사람마다 천차만별이다. 자신에게 가장 적합한 방법을 알아야 한다. 그에 따라 계획을 세워라. 한 번에 에너지를 다 써버리지 말고 가장 집중이 잘되는 시간은 가장 중요한 일을 위해 남겨두어야 한다.

내 경우에는 출근한 직후에 최상의 컨디션을 유지한다. 확실히 나는 아침 에너지가 폭발하는 유형의 사람이다. 많은 사람이 비슷할 것이다. 아침에 가장 활기찬 사람은 에너지가 폭발하는 그 시간을 이메일에 파묻혀서 보내지 않도록 주의해야 한다. 이메일은 엄청나게 많은 시간을 잡아먹는다. 긴급하게 확인해야 할 사안이 아니라면 이메일에 소중한 에너지를 낭비하지 말자. 에너지가 넘치는 가장 활기찬 시간을 그렇게 써버리면 안 된다. 하루의 가장 힘들고 중요한 과제를 위해 에너지를 아껴두자. 항상 리듬을 바꾸거나 거스르려고 하기보다는 자신의 기본 패턴과 리듬 안에서 활동하는 편이 좋다.

하루만이 아니라 일주일, 한 달, 일 년 동안의 에너지 사용을 모니터링해라. 그러면 언제 열심히 일할지 예측할 수 있어서 몸과 마음을 그에 대비할 수 있다. 또 에너지를 발휘해 정신을 집중하지 않아도 되는 때를 무의식적으로 알 수 있다.

11장 [열정 관리]
좋아하는 일을 찾아서 해라

내가 다닌 고등학교인 뉴햄프셔주의 필립스 엑서터 아카데미에
는 테드 시브룩Ted Seabrooke이라는 전설적인 레슬링 코치가 있었다.
그는 훌륭한 코칭을 하고 모범적인 모습을 보임으로써 소설가 존
어빙을 비롯해 수천 명의 학생에게 영향을 끼쳤다. 그가 남긴 가장
대표적인 명언은 "머리가 가는 곳에 몸이 따라가게 되어 있다."라
는 말이다. 나는 그 말을 조금 바꿔 "마음이 가는 곳에 노력이 따른
다."라고 말하고 싶다. 사람들은 관심 있는 일일수록 열심히 일한
다. 사랑하는 가족을 부양할 돈을 벌기 위해 하루에 16시간씩 일하
기도 한다. 감정은 그 무엇보다도 강력한 동기를 부여한다.

사람들은 기분에 상관없이 최고의 역량을 발휘할 수 있다고 여
기는 경우가 많다. 물론 우리가 「스타트렉」에 나오는 외계인 스팍
이라면 기분 따위는 중요하지 않을 것이다. 하지만 우리는 인간이
므로 기분이 중요하다. 보통 사람들이 생각하는 것보다도 훨씬 중
요하다. 학교에서부터 직장에 이르기까지 우리의 성과를 좌우하는

가장 변별력 있는 요소는 바로 일하는 동안 느끼는 감정이다.

1부에서 만난 인물들의 발전과 성장을 방해한 것도 감정이었다. 레스는 심각할 정도로 화면에 빠져듦으로써 일상의 감정에서 벗어나려고 했다. 진은 자신이 이용당하고 있다는 생각에 분노와 초조함을 느꼈고 그 때문에 노력을 기울이는 데 방해를 받았다. 애슐리는 한 가지에 집중하지 못하는 자신에게 좌절감을 느꼈고 남편의 인내심도 바닥나고 있었다. 커진 좌절감 속에서 그녀는 무엇도 제대로 할 수 없게 됐다. 잭은 걱정의 노예가 됐다. 메리는 다른 사람들에게 신경 쓰느라 자신과 가족을 돌보지 못했다. 샤론은 자기가 능력 이하의 성과를 올리고 있다는 생각에 사로잡혀 계속해서 부정적인 기분을 느꼈고 성취도를 더더욱 떨어뜨렸다.

긍정적인 감정은 최상의 성과를 올리기 위한 열쇠이다. 극심한 공포는 단기적으로는 집중력을 높이지만 곧 생리적 필요성으로 인해 집중력이 줄어든다. 공포감은 오래 지속되지 못하고 다른 것으로 바뀐다. 공포감을 느껴서 집중력을 발휘하고 난 후에는 급격히 피곤해지고 무감각해지고 위험도 잘 인식하지 못하게 된다. 극심한 공포를 지속하기 위해 필요한 신경전달물질이 얼마 지나지 않아 고갈된다.

물론 공포는 여전히 일상 생활의 일부이다. 공포가 경고 신호 역할을 잘하는 경우가 가장 바람직하다. 하지만 최악의 경우에는 방해물로 작용하고 자기파괴적인 행동으로 이끈다. 지금은 고인이 된 훌륭한 학습 전문가 프리실라 베일Priscilla Vail은 "감정은 학습 능력을 껐다 켰다 하는 스위치이다."라고 말했다. 화가 나거나 불안하거나 초초해지면 하던 일에 대한 집중력이 떨어진다. 하고자 하는 일보다 나쁜 기분이나 나쁘게 기분을 만드는 원인에 더 집중하게 된다.

메리가 깨달은 바와 같이 해로운 감정은 집중을 불가능하게 한다. 예를 들어 누군가와 언쟁을 벌이는 동시에 교향곡을 작곡하기는 불가능하다. 교향곡 작곡에 몰두하든지 싸움에 집중하든지 둘 중 하나만 해야지 두 가지를 동시에 할 수는 없다. 스프레드시트 작업에 몰두하고 있는데 동료가 총을 들고 다가와 "네가 내 아이디어를 훔쳐 갔으니 네 머리통을 날려버릴 거야, 이 날강도 같은 놈아."라고 말한다면 스프레드시트 작업을 계속할 수 없을 것이다. 물리적으로 불가능하다. 화난 동료에게서 무기를 빼앗고 수갑을 채워 경찰에 끌고 간다 하더라도 스프레드시트에 완전히 집중할 수 있기까지는 며칠, 몇 주, 몇 달, 심지어 몇 년까지 걸릴 수도 있다.

반대로 똑같이 스프레드시트 작업을 하고 있는데 똑같은 동료가 다가와 "어제 회의에서 내 의견에 찬성해줘서 고마워. 누군가의 도움이 간절하게 필요한 순간이었거든."라고 말한다면 어떨까? 인간관계 비타민이 주입돼 에너지와 집중력이 올라갈 것이다. 그 이유는 감정이 뇌의 지배자이기 때문이다. 뇌의 깊숙한 곳에는 나머지 대뇌를 제어하는 원시적인 중추가 있다. 피질 윗부분에 있는 복잡한 중추에 비해 우리를 위험으로부터 보호하는 기능이 훨씬 뛰어나기 때문에 진화 초기부터 원시적인 중추는 뇌의 핵심이 됐다.

뇌 깊숙한 곳에 자리 잡은 이들 여러 중추가 통제권을 차지하기 위해 다툴 때 피질은 그 경쟁에 끼기는커녕 존재조차 하지 않았다. 여전히 본능이 강한 뇌의 깊숙한 부분에서는 원시적인 감정이 이성보다 우세해서 위기가 닥치면 해로운 감정 외에는 무엇에도 집중할 수 없게 한다. 두려움, 분노, 우울, 원한, 억울함 같은 부정적인 감정이 마음을 장악해버려서 나중에 후회할 말과 행동을 하고 도움을 줄 수 있는 사람들을 외면하게 만든다.

감정은 집중력과 성과뿐만 아니라 건강에까지 영향을 미친다. 하지만 그 연관성은 간단하지 않다. 예전에는 열정적이고 경쟁심이 강한 A형 성격이 차분한 B형 성격보다 심장마비에 걸릴 위험이 더 크다고 알려져 있었다. 하지만 좀 더 면밀하게 연구해보니 그 내용을 반박하는 결과가 나왔다. 그다음에는 C형 성격이 암에 걸릴 위험이 높다는 이야기가 나왔지만 역시나 추가적인 연구를 거치고 나서 그 이야기도 사라졌다.

이제 D형까지 등장했다. 네덜란드의 요한 데놀렛Johan Denollet 박사가 이끄는 연구진은 지난 20년 동안 부정적인 정서와 사회적 억제에서 높은 점수를 보이는 성인들을 연구해했다. 데놀렛은 이들을 '고민에 빠진 사람distressed'이라는 뜻에서 D형이라고 부른다. 연구 결과 D형 성격일수록 심장 질환의 위험이 크고 회복 시간이 느리다는 사실이 드러났다. 자신이 D형인지 가늠해보고 싶은 사람은 www.health.harvard.edu/newsweek/Type_D_for_distressed. htm을 방문하면 된다. 만성적으로 괴로움을 느끼는 D형 성격에 속하는 사람일수록 심장마비 위험이 높고 회복 시간이 느리다. 또한 보통 사람들보다 집중하기 힘들어하고 자기파괴적인 행동을 할 확률이 크다.

다행히도 이 문제를 해결할 수 있는 건설적인 방법이 많이 있다. 이 책에서 소개하는 모든 조언은 인생의 괴로움을 줄이고 최고의 역량을 발휘할 수 있게 돕는다. 그러니 한두 달 동안 실천해 본 뒤에 자가 진단을 다시 해보면 이전과 다른 점수가 나올 수 있다.

◆ ◆ ◆ ◆ ◆
부정적인 감정은 집중력을 떨어뜨린다

폭군 같은 상사나 가학적인 교사들이 군림하던 시대는 빠른 속도로 막을 내리고 있다. 왜 폭군이나 사디스트가 몰락했는가? 그들이 잔혹해서도 정치적인 올바름에 어긋나서도 아니다. 팀원들의 성공을 가로막아 팀의 실적을 올리지 못했기 때문이다. 그들은 자신들의 성과를 향상하지 못할 뿐 아니라 자신들의 관리하에 놓인 사람들에게서 최고의 역량을 끌어내지 못했다. 행복하지 않을수록 성과가 저조한 반면 일을 사랑하는 사람들은 항상 최고 기록을 뛰어넘는 실적을 올렸다. 마음속에 부정적인 감정이 없다면 아무런 방해 없이 일에 집중할 수 있다.

부정적인 감정이 집중력을 떨어뜨리는 때가 자주 있다. 따라서 현재 상황을 잘못 해석하고 있지는 않은지 고려해보아야 한다. 우리는 전혀 도움이 되지 않는 심리적 방어기제를 작동시켜 스스로 문제를 만들고 현실을 잘못 해석하는 경우가 많다. 약간의 올바른 자각만으로 잘못된 부정적인 감정과 믿음의 뿌연 안개에서 벗어나는 데 큰 도움이 된다.

◆ ◆ ◆ ◆ ◆
자신의 심리적 약점을 알고 있어야 한다

앞서 말했듯이 기술의 발달이 문제의 한 원인이지만 개인의 심리도 집중력에 큰 영향을 미친다. 집중력을 무너뜨리는 현대의 생활방식을 관리하고자 한다면 감정과 콤플렉스를 스스로 관리하는 법을 배워야 한다. 정서적 고통이야말로 제일 주의를 산만하게 만든다.

따라서 개인의 심리를 관리하는 데 도움이 되는 몇 가지 간단한 팁을 알려주겠다.

1. 자신에게 잘 맞는 방식으로 일하라. 예를 들어 사람들과 함께 일하는 방식을 좋아한다면 함께 일하고 혼자 있는 시간을 너무 많지 않게 한다. 반대로 혼자 일하는 방식을 선호한다면 사람들과 어울리는 시간을 줄이고 일할 수 있는 구조를 만들어라. 위험을 감수하고 싶다면 위험을 감수하라. 위험 감수가 싫다면 하지 마라. 갈등을 원하지 않는다면 먼저 나서서 평화를 추구하라. 싸우기를 좋아한다면 법률가나 기업가가 돼라. 이런 직업들은 투지가 귀중한 자산이 되기 때문이다. "먼저 너 자신을 알고 자신에게 진실하라."는 인간의 모든 지혜 가운데서도 가장 존경받고 오랫동안 많은 사람이 공감한 말이다. 이와 같은 지혜는 고대 그리스의 철학자도 말했고 『성경』『토라』 그리고 셰익스피어의 작품에 나온다. 표현만 조금씩 다를 뿐이다.

2. 자신을 흥분시키는 게 무엇인지 파악한다. 언제 특히 짜증이 나는가? 잘난 체하는 사람을 볼 때? 누군가 말을 끊고 끼어들 때? 누군가 부탁할 때 정중하게 말하지 않고 고맙다고도 하지 않을 때? 비굴한 아첨꾼을 볼 때? 겉으로 남을 차별하지 않는 척하는 위선자를 볼 때? 잘 나가는 사람의 이름을

파는 사람을 볼 때? 허풍이 심한 사람을 볼 때? 지나친 원칙주의자를 볼 때? 유난히 화와 짜증을 돋우는 상황이 무엇인지 미리 파악해둔다. 실제로 그런 상황이 닥치면 자리를 피하거나 꾹 참고 속으로 이렇게 생각한다. '이 짜증나는 인간이 내 기분을 상하게 하고 일과를 망치게 내버려두지 않을 거야. 저 사람 때문에 폭발하고 싶은 내 안의 분노를 다스리겠어.'

3. 자기 자신을 상대하는 심리치료사가 되어보라. 어린 시절을 되돌아보며 "어렸을 때의 문제 중 해결되지 않고 지금까지 이어진 문제가 무엇인가?"라고 묻는다. 대개는 문제가 무엇인지 분명하게 알 수 있지만 그렇지 않을 수도 있다. 다른 사람들에게는 명백하더라도 당사자는 너무 고통스러워서 보지 않으려 할 수 있기 때문이다. 주변의 믿을 수 있는 사람과 함께 문제를 짚어본다. 어릴 때 일 중독이었던 아버지를 기쁘게 해주고 싶거나 이기고 싶어서 일 중독이 됐는가? 현재 불안에 시달리는 이유는 어릴 때 부모로부터 조건 없는 사랑을 받지 못했기 때문인가? 어릴 때부터 모든 것을 혼자 해내야 한다고 느꼈기 때문에 지금 무자비할 정도로 경쟁심이 치열한가?
어릴 때 부모의 배신을 겪어서 누구도 믿을 수 없는 사람이 됐는가? 부모 대신 형제자매를 돌봐야 했던 경험 때문에 지금까지도 습관적으로 타인을 돌보려고 하는가? 이런 크고 명백한 문제들을 알아차렸다면 통찰과 연습을 통해 없앨 수 있다. 같은 실수를 반복하는 것을 멈추면 가장 중요한 일에 집중하는 능력도 크게 향상된다. 어린 시절의 문제는 쉬지도 않고 집중을 방해한다. 통찰을 약간만 해도 근본적인 원인이 과거에 있는 문제를 극복하는 데 큰 도움이 될 수 있다.

5. 무엇이 자신을 흥분시키는지 알아보라. 여기에서 말하는 흥분은 성적인 흥분이 아니다. 일과 관련해 무엇이 당신을 흥분시키는지 알라는 뜻이다. 당신은 무슨 일을 좋아하는가? 외과의는 수술을 좋아하고 기업가는 큰 수익을 안겨주는 거래를 좋아한다. 교사는 학습 내용을 이해하지 못해 고생하는 학생을 돕고 싶어 하고 작가는 좋은 문장을 쓰고 싶어 한다. 감정은 성과를 떨어뜨릴 수 있지만 반대로 올려줄 수도 있다. 자신을 흥분시키는 일이 무엇인지 알고 그 일을 가능한 한 많이 하도록 하라.

5. 도움을 구하고 받아라. 다른 사람들이 내가 모르는 사실을 알려주거나 나에게 결정적인 통찰을 제공해 줄 수 있다.

인생을 가장 심하게 망치는 사람들은 보통 다른 사람들의 말을 듣지 않고 자신만의 생각을 고집한다. 남의 방식대로 성공하느니 차라리 내 방식대로 밀고 나가 실패하는 쪽을 선택할 정도로 자신의 생각을 밀어붙인다.

옳다고 믿는 대로 행하되 다른 사람의 의견도 어느 정도는 수용해야 한다. 『성경』은 이러한 지혜를 잘 표현하고 있는데 「잠언」에는 "교만은 패망의 선봉이요 거만한 마음은 넘어짐의 앞잡이니라."라는 말이 나온다. 고대 그리스인, 셰익스피어, 허먼 멜빌, 아서 밀러가 쓴 비극에도 비슷한 말들이 반복해서 나온다. 아집은 주의를 산만하게 하는 정도를 넘어서 사람의 눈을 완전히 멀게 한다.

투영은 편집증을 일으키는 주요 원인이다. 편집증적인 사람은 남들이 자신을 해치려 한다고 느끼는데 자신의 공격적인 감정을 다른 사람들에게 투사했기 때문에 그렇게 느낀다. 다른 사람들은 그녀를 해치려 하지 않으며 진실은 그 반대다. 하지만 그는 절대로 자신의 공격적인 감정을 인정하지 않는다. 그는 감정을 인정하기 싫은 탓에 타인에게 투사하며 현실을 완전히 잘못 읽는다.

편집증은 우리 주변에서 흔히 볼 수 있다. 극단적인 경우인 폭력적이고 정신병적인 편집증은 드물다. 대부분 사람은 때때로 편집증에 빠진다. 자신의 감정을 타인에게 투사해 어리석은 결정을 내리기 전에 스스로를 되돌아볼 필요가 있다. 또한 편집증적인 감정은 주의를 매우 산만하게 하며 하루 종일, 일주일 내내, 때로는 일년 내내 머릿속을 차지하기도 한다. 현실을 직시하고 편집증적인 상태에서 벗어나는 능력은 더할 나위 없이 값진 도움이 된다.

우리를 곤경에 빠뜨리는 또다른 방어기제로 부정이 있다. 부정은 투영과 마찬가지로 우리의 심리를 보호하기 위해 오래전부터 형성돼온 방어 기제다. 부정은 바로 눈앞에 놓인 현실도 보지 못하게 한다. 보통은 어떻게 대처해야 할지 모르기 때문에 부정한다. 당연히 문제를 부정하면 문제가 악화될 뿐이다. 부정도 투영처럼 매우 흔하게 발생한다. 부정을 막는 좋은 방법이 있다. 주변 사람들에게 내 약점을 솔직하게 지적해달라고 부탁하면 도움이 된다. 내가 놓치는 부분을 볼 때마다 주저하지 말고 말해달라고 부탁하라. 그리고 사람들이 솔직하게 말해주면 아무리 듣기 싫은 말이라도 절대 원한을 가지면 안 된다.

우리를 곤경에 빠뜨릴 수 있는 세 번째 방어기제는 반동 형성이다. 5장에서 자신보다 남을 우선시하는 유독성 처리자였던 메리의 이야기를 하면서 소개했다. 반동 형성을 방어기제로 사용할 때는 무의식적으로 느끼는 실제의 감정과 반대되는 표현을 하게 된다. 자신에게 최선인 선택을 하지 않는 사람들이 많은 이유를 알 수 있다. 열악한 직장, 공격적인 상사, 턱없이 낮은 수준의 급여를 참고 받아들이고 남이 공을 가로채도 가만히 있고 부당한 대우에도 항의하지 않는다.

이러한 사람들은 내면의 분노를 인정하거나 자신을 위하는 행동을 하지 못한다. 이기적으로 비춰질 만한 행동도 못 한다. 분노를 투영하는 편집증적인 사람과 달리 반동 형성을 사용하는 사람은 감정이 의식에 도달하기 전에 그 감정을 반대로 바꾼다. 이 문제를 해결하기 위해서는 '내가 왜 이걸 참을까?'라고 스스로에게 물어봐야 한다. 또 배려심 많은 동료가 '너는 왜 이걸 참고 있니?'라고 물을 때 귀기울여 들어야 한다. 부당한 대우를 받고 있음을 누군가가 지적해준다면 자신이나 가까운 누군가와 대화를 나눠본다. 억지로 순교자를 자처하지 마라. 충분히 합리적이고 유용한 공격성을 발휘해 자기 주장을 관철해야 한다.

이 책에서 내내 강조한 바대로 집중력을 유지하기 위해서는 여러 기술을 사용할 수 있다. 특히 자신을 심리적으로 이해해야 하며 내가 나이기에 모르는 사각지대를 알아차려야 한다. 셰익스피어의 작품 속 리어왕은 과도한 사랑과 숭배를 갈망하다가 막내딸 코델리아의 진실한 사랑을 알아차리지 못했다. 코델리아의 두 언니는 아버지가 원하는 대로 아첨의 말을 쏟아냈다. 하지만 코델리아는 과장 없이 덤덤하게 사랑을 표현했다. 이에 리어왕은 코델리아를 추방했고 결국에는 그도 코델리아도 비극적인 몰락의 길을 걷게 된다. 리어왕은 가장 중요한 진실을 발견해야 하는 순간에 집중력을 잃었다. 그 이유는 숭배받고자 하는 욕망이 너무 컸던 나머지 딸의 진정한 사랑을 알아차리지 못한 탓이었다. 리어왕 같은 상사를 겪어본 적 있는가? 얼마나 많은가? 인간은 권력을 얻을수록 냉정한 진실에 귀기울이는 능력이 떨어지는 듯하다. 진실을 감당할수 없어서 더 성장할 수 있게 해주는 잠재력을 펼치지 못하는 리더가 얼마나 많을까?

집중력을 지속하려면 진실을 다룰 수 있는 능력이 필요하다. 그리고 진실을 다루기 위해서는 자신의 심리적인 약점을 알아차릴 수 있어야 한다. 만약 리어왕이 "나이가 들고 죽음에 가까워질수록 사랑과 확신을 원하게 되는구나. 이제 내 권력도 인생도 끝이 보인다는 사실을 받아들일 용기가 필요해."라고 생각했더라면 어땠을까? 자신을 진심으로 가장 사랑하는 딸과 그가 가진 전부를 잃지 않았을 수 있다.

◆ ◆ ◆ ◆ ◆

F 상태에서 벗어나 C 상태로 진입하라

집중력의 여섯 기둥을 활용하면 감정을 관리하는 데 큰 도움이 되겠지만 그래도 피곤한 건 어쩔 수 없다. 머릿속이 안개로 가득 찬 것처럼 멍하거나 짜증이 날 수도 있다. 당신은 C 상태에서 F 상태로 이동하는 자신을 발견하게 된다. C 상태란 이성적이고cool 침착하고calm 차분하고collected 신중하고careful 호기심 있고curious 정중하고courteous 배려심 많고caring 일관되고consistent 집중하는concentrated 상태다. F 상태는 두렵고fearful 피곤하고fatigued 허약하고feeble 제정신이 아니고frantic 잘 잊어버리고forgetful 좌절하고frustrated 무기력하고feckless 괴팍하고fractious 믿음이 가지 않고flakey 금방이라도 욕설f-word을 내뱉기 직전인 상태다.

F 상태에 오래 머물면 자신은 물론 업무에도 엄청난 피해를 줄 수 있으므로 즉각 개입할 방법을 미리 머릿속에 마련해두어야 한다. F 상태는 업무를 망친다. 에너지가 고갈되고 서서히 F 상태로 들어가고 있다고 느껴지면 다음 중 한 가지 방법을 시도해 보자.

- 건강한 간식을 먹는다. 과일, 채소, 견과류, 다크 초콜릿 한 조각 등.
- 짧게 운동을 한다. 존 레이티 박사가 '뇌 휴식'이라고 부르는 휴식을 취해 보자. 점핑 잭 25개, 팔굽혀펴기 10개, 제자리 빨리 뛰기 1분 같은 간단하고 신속한 운동은 즉각 뇌를 리셋해준다. 운동하기 어려운 상황이라면 2분 동안 최대한 빨리 계단을 오르내린다. 이것도 불가능하면 건물 안에서 빠르게 산책해보자. 밖에서 하면 더 좋다.
- 명상하거나 낮잠을 잔다. 5분만 명상해도 활기가 되살아날 수 있다. 스스로를 괴롭혔던 감정과 거리를 두고 떠다니는 감정을 가만히 관찰하면 긍정적이고 객관적인 관점을 얻을 수 있다. 많이 피곤하다면 낮잠을 잔다. 짧게나마 낮잠을 잘 수 없는 사람도 있다. 잠들려다가 시간만 낭비하거나 너무 오래

자버려서 문제다. 하지만 만약 가능하다면 휴대폰 알람을 15분에서 20분으로 설정해두고 자는 게 좋다. 잘만 활용할 수 있다면 깜짝 놀랄 만한 효과가 있다.

- 인간관계 비타민을 주입한다. 친구에게 전화하거나 동료와 재미있는 이야기를 나누거나 좋아하는 음악을 듣는다.
- 약물을 이용한다. 카페인은 빠르게 에너지를 폭발시키는 효과가 있다. 다만 너무 지나치게 의존하지만 않으면 된다. 리탈린이나 애더럴 같은 주의력결핍과잉행동장애 치료제를 처방받고 있다면 F 상태로 들어가고 있다는 느낌이 있을 때 약을 먹으면 되겠다.
- 유머를 활용한다. 웃음은 활력을 불어넣는 데 놀라울 정도로 효과적이다. 책상 서랍에 유머집을 넣어두거나 유튜브에서 재미있는 동영상을 찾아본다.
- 실험한다. 자신에게 가장 적합한 방법을 찾는다. 안전하고 합법적인 방법이라면 무엇이든 가능하다.

◆ ◆ ◆ ◆ ◆

가슴속에 불꽃이 있어야 빛이 난다

목표를 감정과 일치시키고 감정을 목표와 일치시키는 것이 무척 중요하다. 그렇지 않으면 평생 인간이 활용할 수 있는 중요한 도구를 사용할 수 없게 된다. 마음이 없으면 목표에 완전히 집중하고 열정적으로 목표를 추구할 수 없다.

오래전 앤드류 카네기는 나폴레온 힐에게 헨리 포드, 존 D. 록펠러, 조지 이스트먼, F. W. 울워스, 토머스 에디슨 등 당시 가장 성공한 부자 500명을 인터뷰하는 일을 의뢰했다. 이 프로젝트의 목표는 그들의 성공 요인을 알아내는 데 있었다. 1937년에 출간된 나폴레온 힐의 저서 『생각하라 그리고 부자가 되어라』는 오늘날 자기계발서의 고전으로 자리 잡았고 지금까지 수백만 부가 팔렸다. 그 책은 인터뷰하는 사람들에 발견되는 성공의 '비밀'이 성공에 대한 '불타는 열망'이라고 밝힌다. 다른 말로 '가슴 속 뜨거운 불꽃' '소명' '성공 의지' '직업 윤리'라고도 부를 수 있다. 어쨌든 이 강렬한 욕망과 강렬한 감정 없이는 절대로 성공할 수 없다.

위대한 장군들은 그들이 이끄는 군대가 전투를 앞두고 어떤 준비를 해야 하는지 많은 고민을 했다. 군대 음악이 존재하는 이유가 뭐겠는가? 군악은 세련되지는 않지만 맡은 역할을 훌륭하게 해낸다. 군인들의 사기를 북돋우고 활력을 불어넣는다. 목표를 달성해내기 위한 전투가 벌어진다. 가슴 속에 뜨거운 불꽃이 있어야만 더 큰 노력이 빛을 발할 수 있다.

◆ ◆ ◆ ◆ ◆ ◆
일의 스위트 스팟을 찾아서 해보자

우리가 만약 기계라면 비판을 들었을 때 격한 감정이 샘솟지 않는다. 아무런 감정도 들지 않으면 사람들은 다음과 같이 말하게 된다. "직장인은 성인이고 각자 맡은 분야의 전문가다. 그들에게 필요한 칭찬은 급여뿐이다. 오히려 비판을 고맙게 받아들이고 긍정적인 변화의 발판으로 삼고 나아가야 한다." 실제로 그런 사람이 한 명이라도 있을까? 뭐, 열심히 찾으면 한 명쯤은 있을 수 있다. 하지만 대다수는 겉으로는 비판을 기꺼이 받아들이는 척해도 집에서는 홀로 술을 홀짝거리며 회사를 욕할 게 분명하다.

골프를 치는 사람이라면 "굿샷이 한 번 나오면 계속 도전하게 된다."라는 말을 종종 듣게 된다. 무언가 어려운 일을 잘해낸다면 우리는 직장을 정말 재미있게 다닌다. 평소 형편없는 샷만 날려서 괴로움이 계속되더라도 단 한 번 굿샷을 날리면 큰 즐거움을 맛보게 되고 그 재미에 계속 도전하게 된다.

적어도 나에게 일의 즐거움은 매일 굿샷을 하나씩 날리는 것과 비슷하다. 굿샷은 두 개, 세 개, 또는 그 이상이 될 수도 있다. 하지만 보통은 적어도 하나는 만든다. 퇴근할 때 그 굿샷 하나가 위안이 되어준다. 대다수 사람은 일을 끝마치고 집으로 돌아갈 때 그날의 모든 실수를 하나씩 곱씹는다. 하지만 나는 그러지 않으려고 노력한다. 계속 실수만 되짚는다면 결국 자신의 일이 싫어질 수밖에 없기 때문이다.

매일 실패만 거듭되는 장소로 출근하고 싶은 사람이 있을까? 실수에서 배움을 얻어야 한다는 옛말은 맞는 말이지만 실수보다 성공을 곱씹어야 발전이 이뤄진다. 이를 입증하는 과학적 증거도 있다. 일과 성공을 연결지을수록 출근하고 싶은 마음이 커지고 실수를 통한 배움에 좀 더 개방적이 된다. 긍정적인 감정은 어려운 일에 대한 집중력을 높여주는 반면에 부정적인 감정은 시간이 지날수록 회피하는 방식으로 일에 대처하게 만든다.

여기에는 미묘한 차이가 있다. 긍정적인 감정이든 부정적인 감정이든 극단적이면 효과가 없다. 실수를 돌아보고 배움을 얻지 않으면 실수를 끝없이 반복하게 된다. 반면에 성공을 즐기지 못하고 잘못한 일에만 집중하면 우울감에 빠지거나 비관적이 될 수 있다.

실수에 너무 집착하지 말고 굿샷을 즐기도록 노력해야 한다. 굿샷을 치는 횟수가 적더라도 말이다. 대부분의 사람들은 성찰에 능숙하지 못해서 자신의 실수를 돌아볼 때 자기기만에 빠지기 쉽다. 하지만 내가 믿고 나를 진심으로 생각해주는 누군가가 실수를 지적해준다면 진지하게 받아들여야 한다. 스스로의 힘으로는 절대로 보지 못하는 부분을 돌아보게 해주므로 오히려 고마운 일이다.

자신을 위해 이 사실을 꼭 기억하자. 막무가내로 열심히 일하지 마라. 누가 시키지 않아도 자연스럽게 열심히 일하게 되는 업무 환경에 자신을 놓아야 한다. 만약 그렇게 되면 직업윤리는 전혀 신경 쓰지 않아도 된다. 스스로가 원해서 열심히 일할 것이기 때문이다. 그런 경우라면 일에 대한 열정과 사랑이 자연스레 직업윤리가 된다. 나는 이것을 일의 '스위트 스팟'이라고 표현한다. 스위트 스팟은 다음 페이지의 그림과 같이 세 가지 영역이 교차하는 지점에서 찾을 수 있다.

첫 번째 영역은 내가 좋아하는 일이다. 두 번째 영역은 내가 잘하는 일이다. 그리고 세 번째 영역은 돈이 되는 일이다. 이 세 가지의 교집합이 바로 내가 스위트 스팟이라고 부르는 마법의 영역이다. 스위트 스팟에서 많은 시간을 보낼수록 행복과 성공이 커지고 유연한 집중력과 몰입도 높아지며 강한 동기가 부여된다. 반면에 스위트 스팟 밖에서 시간을 보낼수록 좌절감과 박탈감이 커지고 F 상태에 자주 놓이며 성공할 가능성도 줄어든다.

현재 당신이 불행한 직장 생활을 하고 있다고 해보자. 재능, 두

뇌, 지식을 최대한 활용할 기회가 주어지지 않고 도전의식을 자극하지도 않는다. 이런 상황에서 당신은 그냥 월급만 받고 있는가, 아니면 뭔가 방법을 찾아보려고 하는가? 안타깝게도 대다수는 불행한 현실을 그냥 받아들이는 수밖에 없다고 생각한다.

일의 스위트 스팟

돈이 되는 일

스위트 스팟

잘하는 일　　　　좋아하는 일

상사에게 불만을 제기하면 신뢰를 잃거나 해고당할까 봐 걱정한다. 이러한 태도에는 더욱 안타까운 부작용이 따른다. 직장 생활이 불행하면 대부분 스스로를 망치는 결과를 낳는다. 이는 어떻게든 표시가 날 수밖에 없다. 업무를 제대로 처리하지 못하거나 늦게 출근하고 일찍 퇴근하거나 인터넷 서핑으로 시간을 낭비할 수도 있다. 가장 중요한 자기관리가 제대로 이루어지지 않으면 어떤 식으로든 경력이 망가질 수 있다.

내가 정신과 의사로 일하며 만난 환자와 내담자 중에는 상사와의 솔직한 대화가 매우 긍정적인 결과로 이어진 경우가 많았다. 예를 들어 레스는 인터넷 중독을 끊기 위한 치료 과정에서 직장 생활이 불행하다는 사실을 깨달았다. 그래서 그는 상사를 찾아가 "제가 이 회사에 어떤 기여를 하고 있는지 이야기를 나누고 싶습니다."라고 말했다. 레스는 그 대화를 시도하기 전 중요한 숙제를 해놓았다. 회사에서 자신에게 더 적합하다고 생각되는 직책을 찾아놓은 일이었다.

솔직한 대화는 여러 가지 면에서 도움이 됐다. 레스는 창의력을 더 많이 발휘할 수 있는 마케팅 부서로 옮겼고 그곳에서 능력을 발휘하고 성공할 수 있었다. 그의 상사는 레스의 기존 업무를 대신할 사람을 찾았다. 그 일에 잘 맞는 사람이라 매끄럽게 잘해나갔다. 부서를 옮긴 레스는 인터넷에 중독된 산만하고 불행한 사람에서 업무 만족도가 높고 합리적인 사람으로 변했다. 관리자라면 먼저 나서서 직원들과 이런 솔직한 대화를 나눠야 한다. 직원 입장에서는 먼저 이야기를 꺼내기를 망설일 수도 있다.

감정의 영역을 관리할 때는 '인생은 좋은 것'이라는 기본 전제를 깔고 시작하자. 그런 생각에는 큰 힘이 담겨 있지만 간과되는 경우가 많다. 고대 로마의 스토아학파 철학자 에픽테토스는 매사에 인생을 긍정적으로 바라보았다. 에픽테토스는 다리를 저는 노예였다. 그는 장애가 있는데도 자주 매를 맞았고 주인에게 예속되어 있었지만 행복했다. 그에게 깊은 인상을 받은 주인은 행복해지는 방법을 가르쳐주면 자유롭게 해주겠다고 약속했다. 그러자 에픽테토스가 말하기를 사람은 자신의 생각 외에는 아무것도 통제할 수 없다고 조언했다. "상황이 원하는 대로 흘러가게 하려 애쓰지 말고 그냥 자연스럽게 흘러가도록 내버려 둔다면 삶이 훨씬 수월해지게 됩니다." 에픽테토스의 외적인 상황은 비참했을 수도 있다. 하지만 그는 그럭저럭 좋은 삶이라는 생각으로 살아 있다는 사실 자체에 감사했다. 주인은 그의 조언에 감명받아 정말로 에픽테토스를 노예에서 해방시켜주었다. 그 후 에픽테토스는 다른 사람들에게 자신의 철학을 가르치며 여생을 보냈다. 제자 플라비우스 아리아누스가 그의 가르침을 모아 『지혜에 관한 작은 책, 엥케이리디온』으로 엮었다. 로마 군인들은 그 책에서 큰 감명을 받아 전투에 돌입하기 직전에 읽었다.

'인생은 좋은 것'이라고 여기며 기본적으로 긍정적인 태도를 보이면 삶을 괴롭히는 부정적인 감정의 늪에 빠지지 않을 수 있다. 많은 지식인들은 삶을 긍정적으로 바라보는 태도가 어리석을 뿐만 아니라 너무 단순한 생각이라며 비웃는다. 하지만 위대한 스토아 철학자의 삶과 업적에서 확인할 수 있듯 이러한 생각은 고대로부터 내려오는 견고한 지적 뿌리를 가지고 있다.

부정적인 감정은 활력과 집중력을 떨어뜨린다. 따라서 인생을 부정적으로 바라보는 생각을 가급적 피하는 것이 좋다. 생각은 감정 상태에 좌우된다. 우리가 무엇을 느끼는지에 따라 어떤 생각을 하는지가 결정된다. 보통 사람들은 마음의 안팎에서 일어나는 일들이 감정을 결정한다고 잘못 생각한다. 하지만 실제로는 감정이 생각과 행동을 결정한다. 삶을 긍정적으로 바라보는 태도를 가질수록 실제로 삶을 잘 헤쳐나갈 수 있다.

12장 [구조 만들기]
구조의 힘을 활용해라

조안 키티스터Joan Chittister 는 베네딕토회 수녀이면서 작가와 강연가로 활동하고 있다. 그녀는 수련 수녀들의 교육과 감독에 직접 참여해 열정적인 수련 수녀들에게 기본적인 질문을 던졌다. "왜 우리는 기도를 할까요?" 그러면 수련 수녀 하나가 손을 들고 다음과 같이 답했다. "우리는 주님을 사랑하고 사랑하는 주님을 매일 경배하기 위해서입니다."

"맞는 말입니다. 하지만 그게 우리가 기도하는 이유는 아니에요."

또 다른 수련 수녀가 조안 수녀의 답에 당황하며 손을 들고 말했다. "우리가 기도하는 이유는 하느님과의 영적 유대를 강화하기 위해서입니다."

"맞는 말입니다. 하지만 그게 우리가 기도하는 이유는 아닙니다."

이쯤 되면 지금까지 자신들이 기도하는 이유를 완벽하게 잘 알고 있다고 믿어온 수련 수녀들은 좌절했다. 그리고 존경하는 조안 수녀의 머릿속에 어떤 답이 들어 있을지 궁금해했다.

또 다른 열성적인 수련 수녀가 용기를 내 답을 했다. "우리가 기도하는 이유는 주님에게 가까이 다가가 우리의 고통 받는 영혼을 달래기 위해 기도합니다. 우리의 마음을 세속적인 걱정으로 벗어나게 하고 영적 세계로 인도하기 위해 기도합니다. 우리는 감사를 표현하고 용서를 구하기 위해 기도합니다."

"모두 맞는 말이에요. 하지만 그게 우리가 기도하는 이유는 아니지요."

또 다른 수련 수녀가 답을 맞히기를 바라며 손을 들었다. "우리는 기도해야 하기 때문에 기도합니다."

"아주 가까워요. 하지만 그게 우리가 기도하는 이유는 아닙니다." 조안 수녀가 미소 지으며 말했다. 그녀는 수련 수녀들의 심정이 느껴져서 잠시 말을 멈추었다. 수련 수녀들은 그녀가 원하는 답이 무엇인지 몰라 답답해한 나머지 얼굴을 찡그렸다.

"우리가 기도하는 이유는 종이 울리기 때문이지요." 마침내 조안 수녀가 말했다.

수녀들은 개인의 기분이나 상황과 관계없이 매일 종소리가 울리면 모두 모여 예배를 드렸다. 지극히 현실적이면서도 신의 뜻과는 상관없어 보이는 이유다. 수녀들이 모이는 이유는 바로 종이 울렸기 때문이다. 그들이 기도하는 근본적인 이유는 종이 울리면 기도해야 했기 때문이다. 이 종소리는 구조의 힘을 보여주는 완벽한 예시라고 할 수 있다.

◆ ◆ ◆ ◆ ◆ ◆
구조는 삶을 변화시키는 도구다

　생명은 구조에 의존한다. 생명이 구조 덕분에 지속될 수 있음을 보여주는 사례는 자연 곳곳에서 나타난다. 앞에서 모든 움직임을 지배하는 형상 법칙에 관해 이야기했다. 하지만 구조를 만드는 일은 절대 쉽지 않은데 물리학의 기본 법칙에 위배되기 때문이다.

　우리는 생각을 통해서 혼돈 속에서 질서를 만들어내려고 한다. 질서를 창조하려는 인간의 행위는 열역학 제2법칙에 위배되며 반대로 작용한다. 열역학 제2법칙은 자연이 무질서 상태인 엔트로피 상태를 추구한다고 말한다. 자연은 혼돈 속에서 질서를 만들려는 우리의 시도를 거부하고 반발한다. 마치 자연이 "끼어들지 마. 나한테는 나만의 비밀이 있고 그 비밀은 절대로 알려줄 수 없어."라고 말하는 듯하다.

　하지만 인간은 물러서지 않고 지식을 사용하며 앞으로 나아간다. 무질서에서 질서를 만들고 자연의 비밀을 캐내기 위해 생각을 멈추지 않는다. 지치고 고통스러울 수 있지만 언제까지나 계속 도전한다. 그렇게 힘들게 질서를 찾으려는 이유는 돈을 벌기 위해서다. 새뮤얼 존슨도 "돈이 아닌 다른 이유로 글을 쓰는 사람은 멍청이밖에 없다."라고 했다. 하지만 돈을 버는 다른 쉬운 방법이 많은데 왜 굳이 그렇게 힘든 방법을 선택할까? 왜 마음이 이끄는 대로 선택할까? 존슨이 확신을 담아서 말하기를 마음이 원해서 선택한 일을 제대로만 해낸다면 그 무엇보다 큰 기쁨을 느낄 수 있기 때문이다. 엔트로피와의 교전에서 승리하고, 혼란이라는 악마를 물리치고, 질서를 만들어내고, 아름다움을 창조하고, 무작위로 보이는 것에서 패턴을 알아차리고, 재치 있는 문장을 구사하고, 추상적인 생각을 구체적인 결과물로 만들어내고, 관계 속에서 조화를 이루고, 원하는 기능을 수행하는 기계를 설계하고, 마음에서 우러나오는 문장을 쓰면 기분이 좋을 수밖에 없다. 한마디로 파괴의 힘에 맞서 승리하면 기쁨을 느낀다. 파괴의 힘은 언젠가 모든 생명을 무너뜨리겠지만 잠시라도 그 힘에 저항하는 끝내주는 기분을 느낄 수 있다.

비록 드물지만 가끔은 훌륭한 아이디어가 저절로 떠오른다. 그럴 때는 정말 운이 좋은 경우다. 하지만 보통은 훌륭한 아이디어 하나를 위해 평생을 열심히 노력해야 한다. 앞에서 만난 애슐리처럼 수많은 아이디어가 미끼를 물어도 그중에서 하나라도 제대로 낚기가 힘들다.

새로운 비즈니스에 관한 아이디어가 넘치는 사람은 얼마나 많을까? 하지만 성공은 말할 필요도 없고 실제로 하나라도 실행에 옮기는 사람은 얼마나 될까? 특허를 내고 싶은 발명품 아이디어를 생각한 사람은 많다. 하지만 실제로 그 아이디어를 시장에 내놓는 사람은 얼마나 되는가? 책에 관한 훌륭한 아이디어를 가진 사람은 많지만 실제로 책을 쓰고 출판하는 사람은 얼마나 많을까? 대박이라고 생각하는 제품을 발명하고 세상의 반응을 기다리는 사람이 많지만 실제로 그 대박을 터뜨리는 사람은 얼마나 되는가?

한순간 우리는 번뜩이는 좋은 아이디어를 잡은 것 같다가도 순식간에 그 생각을 놓치고 만다. 무슨 일이 일어난 건지, 좋은 아이디어가 어디로 간 건지, 어떻게 사라진 건지 의아함만 남는다. 이렇게 대어가 미끼를 물었다가 빠져나가는 일은 자주 발생한다. 통통하게 살이 오른 송어가 깊은 웅덩이에서 의기양양한 얼굴로 우리를 빤히 바라보고만 있을 뿐이다.

앞에서 만난 애슐리를 비롯해 이런 사람들은 올바른 그물망, 즉 아이디어를 붙잡을 올바른 구조를 만들어야 한다. 기업가들의 스승으로 유명한 댄 설리번은 "최고의 아이디어는 가르치는 것이 아니라 잡는 것"이라고 말한다. 구조의 힘은 생각보다 강력한데 구조는 수행해야 하는 과제를 지시하고 일을 진행시키고 일상에 질서를 가져다준다. 오늘날처럼 정신없이 바쁘게 돌아가는 세상에서는 하고 싶은 일을 하고 하고 싶지 않은 일을 하지 않기 위해서 구조를 꼭 만들어야 한다.

구조의 예를 들어보자. 일정 캘린더. 비공개. 공개. 압운. '끄기' 상태의 스위치. 휴식을 위해 일정을 비워둔 하루. 문법. 시장 알람. 리스트. 데이트하는 날. 리듬. 알람 시계. 법률. 컴퓨터 옆의 에그 타이머. 예의. 방정식. 적절하지 않을 때는 할 말 참기. 계절. "범사에 기한이 있고 천하 만사가 다 때가 있나니"와 같은 마음가짐.

우리는 행동해야만 한다. 선택의 여지가 없다. 우리는 매일 행동하고 무언가를 실천에 옮긴다. 집중력의 여섯 기둥을 무시하고, 뇌가 행동할 준비가 돼 있지 않고, 최적의 감정 상태를 만들기 위해 노력하지 않을 수는 있어도 행동만큼은 피할 수 없다. 우리는 하루도 빠짐없이 매일 하루 종일 행동한다. 뇌는 밤낮으로 쉬지 않고 신호를 발사한다. 우리가 살아 있는 한 뇌는 우리가 원하든 원하지 않든 행동할 것이다.

구조는 간단해 보이지만 진정으로 삶을 변화시키는 도구이다. 목표 달성을 위해 계획을 세우고 그에 따라 삶을 통제할 수 있게 해준다. 계획도 구조의 훌륭한 예이다. 구조가 없으면 혼란이 생긴다. 구조가 없으면 옆길로 새기 쉽다. 구조가 없으면 중심을 잡지 못한다. 계속 이 기회에서 저 기회로 옮겨가기만 할 뿐 아무리 좋은 기회라도 활용하지 못한다. 구조가 없으면 감정 상태를 돌보지 못한다. 주변 환경에 방해 요소와 주의를 산만하게 하는 것들이 넘쳐난다. 세찬 바람에 이리저리 휘날리는 눈송이처럼 생각과 행동에 두서가 없어지고 오래 지속되지 못한다.

보이지 않는 안개는 많은 사람의 발목을 잡는다. 구조가 없는 그들의 하루는 방향성과 일관성이 부족하다. 다음 단계의 성취에 도달하려고 할 때마다 보이지 않는 안개에 가로막히기라도 한 것처럼 주춤한다. 그 안개는 체계와 질서 없는 혼돈, 집중력 부족, 확실하지 않은 목표, 에너지 손실, 우울증, 지나친 헌신, 지원 부족 또는 기타 여러 장애물로 인해 발생할 수 있다. 뿌연 안개를 뚫고 나아가려면 안개를 태워버리는 구조물을 만들어야 한다.

계획을 세우고 일정을 관리하고 목표를 설정하고 우선순위에 따라 과제를 안배하는 일은 모두 구조를 만드는 일이다. 구조가 있으면 원하는 대로 최고의 역량을 발휘할 수 있어서 성공 가능성이 커진다. 수녀가 종이 울리면 자리에 앉아 기도하는 일도 구조가 존재하는 덕분이다. 마찬가지로 증권 거래소의 트레이더도 종이 울리면 거래를 시작할 수 있다.

아이러니하게도 창의적인 사람들은 구조에 저항하며 최상의 성과를 내는 것을 방해한다. 애슐리처럼 기업가를 꿈꾸는 사람들은 나에게 종종 이렇게 말한다. "저는 루틴이나 플로 차트에 얽매일 수 없어요. 제가 원하는 일을 하고 싶을 때 할 수 있는 자유가 필요합니다. 너무 독립적이고 창의적이어서 한 가지 방식에 묶일 수 없어요." 나는 그들에게 "능력만큼 성취하지 못하는 일이 반복돼서 지치게 되면 그때 다시 찾아오세요. 행운을 빕니다."라고 말한다. 그리고 정말로 다시 찾아오는 사람들에게는 "이제 구조와 친해져 봅시다. 역사적으로 가장 위대하고 창의적인 두 천재인 셰익스피어와 모차르트를 살펴보는 일부터 시작하세요."

셰익스피어를 살펴보자. 셰익스피어의 거의 모든 희곡은 약강 5보격(펜타미터) 무운시로 쓰였다. 한 행이 약강 / 약강 / 약강 / 약강 / 약강 2개의 음절로 이루어진 5개의 음보로 이루어졌다. "음악이 사랑의 양식이라면If music be the food of lo"은 약강격의 음절이 4개 있다. 하지만 그다음에 "연주하라play on"가 온다. 강강격 음보다. 다시 말하자면 셰익스피어는 약강격 다음에 꼭 약강격이 와야 한다는 원칙에 기계적으로 얽매이지 않았다. 하지만 이 형식은 그가 무한한 다양성을 만들어내는 기본 구조를 제공했다. 만약 무운시의 형태가 없었다면 그가 넘어야 할 경계도 거스를 패턴도 없었을 것이다. 오히려 구조의 제약이 변주를 가능하게 했다. 영어뿐만 아니라 모든 언어를 통틀어 가장 위대하고 장엄하면서도 복잡한 시가 나오기는커녕 엉망진창이 됐을 것이다.

모차르트는 엄격한 음악 형식으로 작곡했다. 다른 작곡가들이라면 단조로운 음악이 나왔겠지만 모차르트의 손을 거친 그 형태는 무한한 다양성으로 이어졌다. 그의 음악에 담긴 아름다움은 청중들을 놀라게 했다. 이 놀라움은 구조를 철저하게 지키는 원칙에서 비롯되었다.

살리에리를 비롯한 모차르트의 동시대 작곡가들도 좋은 음악을 만들었지만 그들의 음악에는 모차르트의 초월성과 독창성이 없었다. 그의 경쟁자들은 질투에 사로잡혔다. 하지만 모차르트도 작곡에 사용한 형식과 구조를 먼저 마스터하지 않았더라면 절대로 천재성을 발휘할 수 없었다.

많은 창의적인 사람들이 구조가 재미를 깬다고 두려워하지만 오히려 그 반대다. 구조는 재미를 가져온다.

◆ ◆ ◆ ◆ ◆ ◆
자기만의 구조와 도구를 만들어라

단순한 구조를 사용하지 않으면 지속적인 저성과가 발생할 수 있다. 누구나 해야 할 일에 대한 업무 리스트와 같은 구조가 도움이 된다는 사실을 알고 있다. 하지만 자기에게 맞는 구조나 도구를 사용하지 못하는 것이 문제가 된다. 구조의 힘을 활용하려면 특정 문제를 해결하거나 목표를 달성하는 데 도움이 될 만한 구조가 무엇인지 스스로 생각해보아야 한다. 예를 들어 운동량을 늘리는 것이 목표라고 해보자. 무척 흔하지만 대다수가 이루기 어려운 목표이다. 밖에서 조깅하는 사람들을 지나칠 때마다 자신도 조깅을 해야겠다고 결심한 적은 셀 수 없이 많다.

충분한 운동량을 확보하려면 일정을 세워야 한다. 일정은 구조다. 예를 들어 월요일, 수요일, 토요일 오전 7시로 시간을 정해서 캘린더에 적는다. 제시간에 일어나지 못할까 봐 걱정된다면 같이 운동할 사람을 찾는다. 그 사람을 실망시키지 않으려면 제시간에 일어나야만 한다. 만약 실패하면 개인 트레이너를 고용한다. 한 번이라도 빠지면 돈이 낭비된다. 이런 방법은 조안 수녀가 말했듯이 기도할 때 종이 울리는 원리와 비슷하다. 이미 정해진 일이므로 헬스장에 가기로 결정을 내릴 필요가 없다. 정해진 날 정해진 시간에 그냥 하면 된다.

◆ ◆ ◆ ◆ ◆
목표가 명확하면 집중력이 높아진다

1. 단기 목표: 하루에 3가지 목표를 정한다. 딱 3가지여야 한다. 목표가 너무 많으면 진전이 이루어지기 어렵다. 3가지를 달성한 후 시간이 남으면 다른 목표를 세우고 이루기를 반복할 수 있다.

2. 중기 목표: 2주 동안 달성할 3가지 목표를 전한다.

3. 장기 목표: 6개월에서 1년에 걸쳐 달성할 3가지 목표를 정한다.

4. 평생 목표: 평생 동안 달성하고자 하는 목표를 정한다. 이 목록에는 행복이 3가지 이상 들어갈 수 있지만 너무 길면 안된다. 물론 평생 목표는 언제든지 바뀔 수 있지만 죽기 전에 꼭 이루고 싶은 일에 대해 생각해보는 것은 충분히 가치 있는 일이다.

5. 정기적으로 진행 상황을 평가한다. 이렇게 하면 목표에 미치지 못하더라도 집중력이 커지고 목표를 달성하고자 하는 동기도 부여된다.

6. 검토하고 수정한다. 목표를 정기적으로 검토한다. 이것은 마

음을 새롭게 다지는 가장 좋은 방법이다. 목록은 언제든지 수정할 수 있다. 적어두지 않고 머릿속에만 간직하면 의도하지 않은 형태로 바뀔 수 있으므로 반드시 적어두어야 한다. 수정하지 않더라도 주기적으로 들여다보며 옆길로 새지 않았는지 확인한다.

이렇게 체계적으로 목표를 설정하려면 현대인에게 가장 어렵고도 중요한 과제를 실행해야만 한다. 바로 우선순위를 정하는 일이다. 확대된 자유라는 현대 사회의 가장 위대한 성취는 저주이기도 하다. 할 수 있는 일이 너무 많다. 이 저주를 축복으로 바꾸려면 반드시 우선순위를 정해야 한다.

명확하게 정의된 목표는 놀라울 정도로 집중력을 높여주는 효과가 있다.

구조를 만들 때는 창의성을 마음껏 발휘할 수 있다. 예전에 충동적으로 과소비를 일삼는 탓에 일상에서 어려움을 겪는 여성을 치료한 적이 있다. 그녀는 재무 설계사가 신용카드를 모두 없애라고 할 정도로 막대한 신용카드 부채에 시달리고 있었다. 하지만 그녀는 신용카드가 꼭 필요할 때가 있을까 봐 없애고 싶지 않았다. 그래서 그녀는 다음과 같은 해결책을 생각해냈다. 물이 담긴 그릇에 신용카드를 넣어 그 그릇을 냉동실에 넣었다. 신용카드를 없애지 않았으니 정말 필요할 때 사용할 수 있다. 하지만 얼음이 녹는 데

걸리는 시간이 충동적인 결정을 내리지는 않았는지 자신을 되돌아보게 해주었다. 카드를 사용하기 위해 오랜 시간을 기다리는 동안 충동은 점차 사그라들었다. 정말 천재적인 발상이다.

내가 내리는 결정도 구조다. 이 구조는 일종의 켜고 끄는 스위치와 같다. "이렇게 할 거야." 또는 "저건 하지 않을 거야."라고 말이다. 하지만 구조가 자유를 제한한다는 이유로 구조에서 빠져나가려는 사람들이 많다.

나는 사람들이 일상을 체계적으로 관리할 수 있게 도와주는 크레이지비지CrazyBusy라는 앱을 만들었다. 무료로 다운로드할 수 있으며 다양한 기능이 있다. 이 앱은 변수를 입력하면 어떤 작업을 꼭 해야하는지 작업의 가치를 평가해준다. 스톱워치, 현대의 생활방식을 관리하는 팁, 실제로 어디에 시간을 사용하고 있는지, 시각화할 수 있는 평가 도구, 다양한 뇌 게임 및 집중력 향상을 돕는 운동법도 앱에 담겨 있다. C 상태(진정, 집중, 주의, 창의성)를 지속하고 F 상태(좌절, 잘 잊어버림, 제정신 아님, 변덕스러움)를 피하는 방법도 가르쳐준다. 사용자 친화적인 이 앱은 일상에 구조를 더하는 간단하고 실용적인 방법을 제공한다. 이 앱은 별로 중요하지 않은데 많은 시간을 필요로 하는 일을 피할 수 있게 해주며 꼭 해야 하는 일을 더 많이 처리할 수 있게 해준다.

◆ ◆ ◆ ◆ ◆ ◆
구조를 놀이로 만들면 흥미로워진다

사람들이 유용한 구조를 만들지 않는 가장 큰 이유는 지루하다는 생각 때문이다. 부담스럽고 따분하다고 생각한다. 구조의 힘을 최대한 활용하려면 재미 요소를 넣어야 한다.

스티븐 코틀러는 이렇게 적었다. "안타깝고 아이러니하게도 성인들은 놀이를 시간낭비라고 여긴다. 하지만 놀이는 생존을 위해 꼭 필요한 행위다. 놀이는 뇌에 가장 큰 보상이며 최고의 성과, 탁월한 창의성, 삶의 만족도를 달성하는 데 반드시 필요한 행위다. 만약 최고의 자아에 이르고자 한다면 일을 놀이로 만들어야만 한다. 놀이가 일이 되면 동기를 부여하는 우리의 능력이 크게 줄어들수밖에 없다. 이 상태가 지속되면 언젠가는 열정을 잃게 되고 잠재력을 완전히 발휘할 수 없게 된다." 구조를 놀이로 만들면 단조롭고 따분하지 않고 흥미로워진다. 행동의 변화도 일어날 수 있다.

폭스바겐은 제한 속도를 어기는 운전자들의 수를 줄이기 위한 아이디어 창안 경연을 주최했다. 대회 우승자는 카메라를 통과하는 각 차량의 속도를 기록하는 '과속 복권'을 만들었다. 과속한 차량의 운전자는 우편으로 소환장을 받았다. 하지만 제한 속도를 준수한 차량의 운전자는 속도 위반자들이 낸 과태료에서 나온 상금을 받았다. 과속 복권이 생긴 후 단속 카메라가 있는 곳의 평균 속도는 시속 32킬로미터에서 25킬로미터로 21% 감소했다.

스웨덴에서는 사람들이 지하철역에서 올라올 때 에스컬레이터가 아닌 계단을 이용하도록 장려하는 방법을 공모하는 경연이 열렸다. 우승한 아이디어는 계단을 피아노 건반으로 바꾸자는 제안이었다. 그래서 계단을 오르는 사람이 한 걸음을 내디딜 때마다 음이 흘러나왔다. 계단 사용자는 기존에 비해 66% 더 급격히 증가했다.

유럽의 한 공원에는 쓰레기통에 폭탄이 떨어지는 소리를 내는 장치를 장착해 쓰레기가 버려질 때마다 폭탄 터지는 소리가 났다. 쓰레기를 넣을 때마다 나는 폭탄 터지는 소리는 아이들의 흥미를 자극했다. 아이들은 스스로 쓰레기를 줍기 시작했다. 어른들도 마찬가지였다. 이 쓰레기통에는 하루에 72킬로그램의 쓰레기가 모였다. 같은 날 공원의 다른 일반 쓰레기통에 모인 쓰레기는 41킬로그램에 불과해 큰 차이가 났다.

또 다른 경연은 재활용을 장려하는 아이디어를 공모했다. 어떻게 하면 사람들이 인도에 마련된 재활용 통에 빈 병을 많이 넣을 수 있을지를 경연의 참여자들은 고심했다. 대회의 우승자는 재활용 통을 오락기로 만들었다. 병을 넣으면 불빛이 번쩍이고 음악이 흘러나오고 화면에 점수가 떴다. 첫날 저녁 이 오락기 재활용 통을 사용한 사람은 100명 가까이 됐지만 근처의 일반 쓰레기통을 사용한 사람은 단 2명뿐이었다. 재활용 병을 넣는 통을 오락기처럼 바꾸자는 생각이 사람들이 빈 통을 재활용 센터로 가져오는 지루한 일을 하도록 도와주었다. 이처럼 지루한 작업에 새로움을 더하면 실행에 옮길 확률이 높아진다. thefuntheory.com의 혁신가들과 마찬가지로 누구나 상상력을 발휘해 힘든 일을 피하지 않고 실행하도록 도와주는 아이디어를 떠올릴 수 있다.

◆ ◆ ◆ ◆ ◆ ◆
구조를 만들어서 내적 장애물을 극복하라

"새로운 구조가 어떤 도움이 될 수 있을까?"

자신의 특정한 문제나 목표를 생각해보고 이렇게 물어보자. 새로운 구조는 직장을 옮기거나 새로운 정보 저장 시스템을 구매하는 것처럼 아주 대대적인 일일 수 있다. 집중력이 커지는 시간대로 회의를 옮기거나 비서에게 매주 수요일 오전 10시에는 아무런 방해도 받지 않도록 요청하는 일처럼 소소할 수도 있다. 새로운 구조가 어떤 변화를 불러올 수 있을지 대담하고 창의적인 아이디어를 떠올려 보자. 구조와 체계는 업무를 수행하는 데 도움이 돼야 하지만 완벽할 필요는 없다. 가장 좋은 구조는 자신에게 알맞게 직접 만드는 구조이다. 내적인 장애물을 극복하게 해주는 외적인 구조에 대해 생각하는 습관을 들인다.

마지막으로 기억할 것이 있다. 축소하고 위임하고 제거하라. 삶을 단순화할수록 구조를 제어하기가 쉬워진다. 처음에는 축소, 위임, 제거가 어렵게 느껴질 것이다. 세상에 쓸모 없는 것은 없을 테니까! 하지만 틀렸다. 우리의 책상, 옷장, 자동차, 서랍뿐만 아니라 캘린더에도 쓸모 없는 잡동사니가 넘쳐난다. 앞에서 말했듯 종소리는 기도나 그 어떤 행동을 하게 하는 훌륭한 이유가 될 수 있다. 하지만 스스로 설정하지도 원하지도 않는 종소리의 맹목적인 노예가 되지 않도록 조심해야 한다. 종소리가 빈 주차장에서 울리는 자동차 경보기가 돼서는 안 된다.

자신의 삶을 찬찬히 돌아보면서 물리적 공간과 일정을 모두 살펴보고 메스를 무자비하게 휘두르며 쓸데없는 것들은 잘라내라. 축소하고 위임하고 제거한 후에는 적어도 한동안은 빈 공간을 그냥 내버려 둔다. 현대 사회의 물리학의 법칙을 기억하자. 시간은 지키지 않으면 빼앗긴다.

[총정리]
유연한 집중력을 사용하자

나는 희망 비즈니스에 종사한다. '만약 ~라면'이라는 희망이 현실로 이루어지도록 돕는다. 내가 이 직업을 가진 후로 느끼는 보람 중 하나는 복구할 수 없을 정도로 끔찍한 상황은 없다는 사실을 확인하는 데 있다. 제대로 부채질만 해준다면 희망의 불씨는 언제든 다시 타오를 수 있다.

나는 대부분 사람들이 최선을 다한다는 사실도 알게 됐다. 그들은 대충 건성으로 살아가거나 때로는 삶을 총체적 난국으로 만들기도 하지만 그 난장판 속에서도 매 순간에 최선을 다한다. 자신이 할 수 있는 것보다 못하려는 사람은 거의 없다. 작가 조셉 우드 크러치Joseph Wood Krutch에 따르면 아나톨 프랑스Anatole France는 모든 사람에게 해당하는 이런 말을 했다. "모든 사람은 자신을 위한 구원을 찾고자 한다."

내가 이 책을 위해 만든 여섯 명의 인물들은 모두 할 수 있는 최선을 다하고 있었다. 그들을 다시 살펴보면 주의력 결핍 성향, 개인의 집중력, 내면을 들여다보는 여정에 관해 적절한 교훈을 얻을 수 있다. 이들이 각각 어떻게 발전했는지는 다음과 같다.

레스는 중독으로 고통을 겪었다. 그가 중독에 빠진 대상은 인류의 역사에 등장하지 않았던 전자기기였다. 나는 레스가 전자기기로 자신의 병을 치료하고 있다는 사실을 깨달았다. 더 큰 문제를 알아차릴 수 있도록 도와주었다. 레스가 스스로 치료하려고 했던 병은 무엇이었을까? 아내, 상사, 그리고 자신의 기대를 충족할 능력이 없다는 두려움에서 비롯된 경미한 우울증이었다. 그가 전자기기 사용을 조절할 수 있게 되자 레스는 상사 칼과의 업무 관계가 좋아졌고 직장에서 숨겨진 재능을 더 발휘하기 시작했다. 이러한 변화는 물론 가정생활의 개선으로도 이어졌다.

자신의 삶을 되찾으려는 진의 노력은 쉽지 않았다. 누구나 마찬가지지만 변화는 느리게 일어나고 중간에 멈추기도 하고 좌절도 있다. 하지만 인생은 난파선이라는 개념을 접하고 나자 그녀는 달라졌다. '통제권을 다시 가져와야 해. 계속 이리저리 떠밀린 순 없어.'라고 생각했다.

통찰이 실제로 도움이 되고 변화로 이어진다면 새롭거나 훌륭해서가 아니다. 삶에 관한 중요한 통찰은 대부분 새롭지도 훌륭하지도 않다. 오히려 무수히 많은 사람이 얻은 통찰이므로 평범한 경우가 대부분이다. 자신을 알아라. 진실을 말하라. 열정을 따르라. 자신에게 진실하라. 거짓 우상을 숭배하지 마라. 자신에게 가장 중요한 것에 집중하라. 다른 사람을 위해 살지 말고 내 인생을 다른 사람에게 맡기지 마라. 상사는 아버지나 어머니가 아니라는 사실을 잊지 마라. 진실하라. 자신을 옹호하라. 더 이상 어린아이가 아니라는 것을 알아라. 이런 흔하디흔한 통찰이 삶을 극적으로 바꿀 수 있다.

통찰에 담긴 힘은 맥락과 타이밍에서 나온다. 고통을 느꼈던 극단적인 상황에서 진은 '나에게는 내가 지금 사용하는 것보다 더 큰 통제력이 있다.'라는 지극히 평범한 통찰을 얻었지만 큰 힘을 발휘했다. 그녀는 새로 얻은 힘을 이용해 쓸 데 없는 약속을 줄이고 친구들과 따뜻한 유대감을 쌓고 혼자만의 시간을 내 명상을 하고 배우자에게 맞서 싸우는 것까지 내가 추천한 여러 단계를 거쳤다. 물론 쉽지 않았다. 하지만 절박함이 그녀를 변화로 이끌었다.

애슐리는 인생에서 가장 큰 고통을 겪고 있었다. 그녀를 괴롭힌 것은 나르시시스트 부모의 존재였다. 그녀의 어머니가 특히 그랬다. 하지만 그렇다고 해서 꼭 애슐리의 삶이 망가질 필요는 없었다. 앞에서 여러 번 언급하고 보여주었듯이 그 무엇도 삶이 망가질 이유가 돼서는 안 된다. 항상 희망은 있다. 애슐리는 상담 시간에 어머니가 얼마나 잔인하고 질투심 많고 이기적이었는지를 떠올렸다. 나는 눈물을 흘리는 그녀의 옆에 앉아 있었다.

"과거는 절대로 변할 수 없겠죠?" 그녀가 물었다.

"어머니가 한 일은 절대로 변하지 않을 것입니다. 하지만 당신의 감정과 행동은 얼마든지 바뀔 수 있어요."

"정말인가요? 거짓말하지 마세요!"

"사실입니다. 당신은 어머니가 만든 사막에서 걸어 나올 수 있어요."

그 순간 애슐리는 감히 이전에는 꿈도 꿀 수 없었던 희망을 품었다. 그다음은 희망을 실천으로 옮기는 것이었다. 그리고 결정을 내리고, 삶에 구조를 적용하고, 수면과 식습관을 개선하고, 남편과 사랑을 자주 나누는 연습을 해나갔다. 이 모든 힘이 합쳐져서 진전이 이루어졌다.

잭은 걱정에 빠진 나머지 결혼생활을 위기로 몰아넣었다. 걱정은 그의 유전자와 어린 시절에서 비롯됐다. 아이러니하게도 그는 유독한 걱정을 떨쳐버리기 위해 가장 안전하다고 느끼는 그 마음의 상태를 포기해야 했다. 약물 치료는 잭에게 큰 효과가 있었다. 처음에는 약을 복용할 생각이 없었지만 점점 공허해져서 난파선으로 변해 버린 삶을 보고 뭔가 해보기로 결심했다. 신경전달물질 세로토닌이 걱정, 불안, 분위기를 조절하는 중요한 역할을 하기 때문에 세로토닌 재흡수 억제제인 졸로프트를 처방했다. 잭은 약물 치료 덕분에 힘차게 출발했지만 그것만으로 충분하지는 않았다. 그래서 유독성 걱정에 가장 효과적이라고 할 수 있는 격렬한 운동 매일 하기와 다량의 인간관계 비타민도 처방했다. 잭과 나는 1년이 넘는 시간 동안 정기적으로 만났다. 상담 시간에 잭은 걱정으로 얼룩진 상상의 세계에서 초점을 바꾸고 유독성 걱정을 줄이는 실험을 했다. 그는 해로운 걱정에서 완전히 벗어나지는 못했지만 아내에게 먼저 다가가 예전과 많이 달라진 모습을 보여주었고 덕분에 가족이 무사히 재회할 수 있었다.

메리는 자랄 때 다른 사람을 더 중요하게 생각했던 결과가 자신을 포함한 가족 전체를 구했다고 느꼈다. 그래서 그녀는 그 습관을 포기하면 자신과 가족이 위험해질 거라고 느꼈다. 하지만 그녀는 성인이 돼서는 자신을 제외한 모든 사람을 돌보느라 삶이 불행해졌다. 나는 메리가 자신을 돌보는 것이 결코 이기적인 일이 아님을 이해할 수 있도록 도왔다. 결코 부정적인 이기심이 아니라고. 먼저 자신을 돌봐야만 다른 사람도 돌볼 수 있다고 말이다. 메리는 이기적인 사람이 된 것 같은 불편한 감정을 견뎌내면서 자신이 만든 난파선을 볼 수 있었다. 그 절박한 상태에서 그녀에게 떠오른 생각은 아주 간단했다. 더 이상은 안 해!

분노가 샘솟았다. 좋은 분노였다. 그녀가 수십 년 동안 억지로 밀어낸 분노였다. 그녀는 몇 달 동안 분노를 있는 그대로 느꼈고 그 감정을 길잡이 삼아 예전 같으면 곧장 뛰어들었을 상황을 피해 갔다. 곤경에 처한 사람을 돕는다거나 문제에 부딪힌 프로젝트를 구하겠다고 스스로를 희생하면서까지 나서는 일을 더 이상 하지 않았다.

나는 메리에게 운동, 명상, 친구와의 정기적인 점심 식사를 하라고 권했다. 친구와 있을 때 친구에 관해서만 이야기하지 말고 자신에 관해 이야기하는 법을 연습하라고도 했다. 놀랍게도 친구는 메리의 이야기를 듣는 것을 좋아했다. 다들 메리가 달라졌다고 입을 모아 말했다. 가끔 예전으로 돌아갈 때도 있었지만 그때마다 더 이상 타인의 즐거움을 위해 자신의 삶을 희생하고 싶지 않다고 다짐했다. 생존을 위해 남들이 꼭 필요한 것도 아니라는 근본적인 통찰이 그녀를 계속 더 나은 삶으로 나아가게 했다.

샤론은 가장 극적인 발전을 보였다. 운이 좋게도 치료가 불가능한 상태가 아니었기 때문이다. 샤론은 전문가의 개입에 신속하고 강력하게 반응했다. 샤론의 사례가 우리에게 많은 것을 가르쳐줬다. 대중들은 주의력결핍과잉행동장애뿐만 아니라 일반적인 학습장애에 대해 이해해야 한다. 데이비드 닐먼부터 리처드 브랜슨와

찰스 슈워브에 이르기까지 세계적으로 뛰어난 인재들도 학습 장애가 있었다. 학습 장애에 엄청난 재능이 들어 있는 경우가 많다는 사실이 널리 퍼져야 한다.

현대 사회에서 살아가는 사람들이 직장에서 집중력을 발휘하려고 할 때 앞을 가로막는 흔한 실수에 대해 살펴보았다. 이 책의 여정이 끝나가고 있다. 그런 의미에서 집중력을 지속하고 생산성을 높이고 맑은 정신을 유지하는 방법을 요약해서 알려주겠다.

1. 우선순위를 정하고 지금 이 순간에 가장 중요한 일에 집중하라.

2. 그 무엇과도 비교할 수 없는 사랑과 인간관계의 강력한 힘을 일상생활에서 느껴라.

3. 크레이지비지 앱을 다운로드하라. 이 앱은 집중력이 여러 방향으로 분산되지 않도록 길을 잡아준다. 형상 법칙을 기억하자. 자유로운 흐름의 방해물을 제거하라.

4. 쾌락은 기쁨과 같지 않다. 자극과 어려움이 느껴질 때 더 큰 기쁨을 느끼게 된다. 중독성 물질에 의존하지 마라.

5. 한가한 시간을 마련하라. 아무것도 하지 않을 때도 뇌와 기본 네트워크가 부지런히 움직인다.

6. 인간다움을 느낄 수 있는 시간을 놓치지 마라. 삶이 전자기기에 완전히 지배당하지 않도록 한다.

7. 자신을 돌보는 법을 배워라. 거절하라. 내 모든 시간을 내주지 마라.

8. 더 열심히 일하는 것만이 답이라고 생각하지 마라. 더 똑똑

하게 일해야 한다. 이 책이 처음부터 끝까지 강조하는 것이 바로 더 스마트하게 일하는 방법이다.

9. 일의 스위트 스팟을 찾아라. 좋아하는 일, 잘하는 일, 돈 되는 일이 교차하는 지점이다.

10. 에너지, 감정, 참여, 구조, 통제로 이루어진 기본 계획을 따라라.

이 책을 읽는 모두를 응원한다

이 책에서 당신의 정신을 더욱 명료하게 만들어줄 수 있는 계획을 제시했다. 그 계획을 이해한다면 사실 정신을 명료하게 만드는 데는 마법이 필요하지 않다. 오로지 과학적 원리만을 통해 집중력을 향상할 수 있다. 현대 사회는 우리의 주의와 마음을 빼앗는 도둑들이 넘쳐난다. 그 도둑들은 그 어느 때보다 교묘해지고 강력해져서 신중하고도 과학적인 방법을 이용해서 유연한 집중력을 사용할 줄 알아야 한다.

우리는 20년 전과는 완전히 다른 세상에 살고 있다. 가능성이 넘쳐나고 어떤 곳에서는 희망이 빛나지만 다른 곳은 의심과 두려움이 가득하다. 조심하지 않으면 통제권을 쉽게 빼앗길 수 있는 세상이다. 역사상 그 어느 때보다 우리의 마음에 대한 통제권을 빼앗기기가 쉬워졌다. 한때 마음은 사적인 장소였지만 더 이상은 아니다.

그렇기에 쓸모없지만 유혹적인 정보, 아이디어, 그럴듯한 궤변의 소용돌이에 빨려 들어가지 않으면서 타인의 욕망이 아닌 자신의 욕망에 따라 마음을 사용하고 관리하고 보호하고 발전시켜야 한다. 내가 유연한 집중력이라고 이름 붙인 마음의 상태를 만드는 방법을 배움으로써 다른 누군가에게 주도권을 내주지 않고 자신을 직접 책임질 수 있다. 유연한 집중력은 새로운 아이디어를 생각해내고 완전히 개발할 수 있는 상태이다. 오늘날 직장에서 흔히 볼 수 있는 화면 중독은 현대 사회가 매일 마주하는 위험을 상징한다.

우리는 공격에 이렇게 취약했던 적이 없었다. 이렇게 강력한 힘을 가졌던 적도 없었다. 집중력을 조절하는 기술을 배우면 남이 아니라 자신이 원하는 목표에 따라 마음을 발전시킬 수 있을 뿐만 아니라 상상하지 못했던 수준의 성공도 거둘 수 있다. 그 어느 때보다 많은 것이 가능해지기 때문이다.

창의력을 발휘하라. 계단을 피아노 건반으로 바꾼 사람처럼. 아이디어가 눈송이처럼 땅에 닿자마자 녹아 없어지게 하지 마라. 아이디어를 붙잡아서 정성껏 키우고 성장하는 모습을 지켜보자. 흐름을 추구하라. 정신 에너지를 최대한 유지하라. 집중력의 여섯 기둥을 실천하라. 일의 스위트 스팟을 찾아 올바른 감정 상태로 들어가라. 가능하다고 생각했던 것 이상으로 만족스러운 성취를 달성하게 해주는 구조를 마련하라.

이 책을 읽는 모두를 응원한다! 당신도 다른 사람들을 응원해야 한다. 우리는 서로를 응원해야 하니까. 좋은 말, 격려, 긍정적인 에너지가 부족해서 고통스러워하는 사람들이 많다. 자신보다는 타인에게 좋은 말을 해주기가 훨씬 쉬울 것이다. 수세기 전 성 프란시스코는 "주는 것이 곧 받는 것이다."라고 말했다. 매튜 리버먼 같은 신경과학자들이 이 말이 사실임을 과학적으로 증명하고 있다.

우리는 서로가 필요하다. 특히 갈수록 전자기기를 통해서만 이루어지는 대인관계가 조용히 사람과 사람 사이를 떼어놓고 있으므로 자주 서로를 직접 대면하는 습관을 지녀야 한다. 인간미가 느껴지는 순간을 지켜나가고 널리 퍼뜨려야 한다. 전자기기에 주도권을 넘겨주어서는 안 된다.

지금 우리가 살아 있는 이 시대만큼 흥미로운 동시에 불확실한 시대는 없다. 이 시대에 넘쳐나는 기회를 활용하기 위해 마음을 숙달하는 방법을 배우고 유연한 집중력의 기술을 익히고 긍정적인 에너지와 감정에 담긴 힘을 활용해야 한다. 그러면 최대한의 잠재력을 발휘할 추진력을 얻을 수 있다. 그리고 가장 소중한 것을 아끼고 발전시켜나가야 한다.

에필로그

이 책에서 소개한 솔루션이 과연 효과가 있을지는 각자에게 달려 있다. 개인적으로 나와 아내는 효과를 보았다. 우리 부부는 둘 다 커리어가 있다. 아내는 파트타임 심리치료사로 일하고 자원봉사 활동에 많은 시간을 쏟는다. 나는 개인 클리닉을 운영하면서 책도 쓰는데 이 책이 스무 번째. 나나 아내나 물려받은 재산이 없다 보니 생활비를 벌고 세 아이를 사립학교와 대학에 보내느라 저축한 돈도 얼마 없다. 매달 버는 돈으로 근근이 살아가는 셈이다.

가끔은 삶이 버겁고 절망적이라고 느낄 때도 있다. 하지만 우리에게 가장 중요한 일을 하고 휴식을 위한 시간도 내려고 노력한다. 그만큼 소득이 줄지만 그래도 몸과 마음의 건강을 지키고 가족으로서의 끈끈함도 이어나갈 수 있다. 아내는 일주일에 나흘씩 헬스장에 가고 정기적으로 저녁 식사 모임, 독서 모임, 운동모임, 각종 친구와의 모임도 한다. 나도 규칙적으로 헬스장에 가고 30년 넘은 절친한 친구와 격주로 스쿼시를 친다. 책을 많이 읽는 아내와는 달리 텔레비전을 많이 본다. 우리는 저녁 식사, 축구 경기, 학교 행사, 가족 휴가, 외출 등을 통해 항상 아이들과 많은 시간을 보냈다. 현재 보스턴 교외에 살고 있는데 교외 지역을 포함해 보스턴 어디를 가도 압박감이 심하고 매우 분주하다. 이보다 북적거리는 곳은 아마 뉴욕뿐일 것이다. 뉴욕에도 내 사무실이 있고 딸도 뉴욕에 산다.

이런 이야기를 구구절절하게 하는 이유는 내가 남들에게 가르치는 바를 그대로 실천하고 있다는 사실을 말하고 싶어서이다. 책에서 다루는 주제가 바로 내가 사는 세상이다. 나는 사이드라인에 비켜서서 냉정하게 관찰하는 학자가 아니라 직접 경기에서 뛰는 선수다. 나는 이 경기가 열정적이고 진지한 선수를 꼭 압도시킬 이유는 없다는 사실을 알게 됐다. 물론 보편적인 보육이라든가 부모나 보호자에게 보상해주는 것처럼 사회 정책을 통해 더 많은 사람이 정신적으로 건강한 삶을 영위할 수 있도록 놀라운 효과를 거둘 수도 있다. 아내와 나는 전문 학위가 있어서 그렇지 않은 사람들보다 훨씬 더 쉽게 생계를 유지할 수 있다.

하지만 이 책이 제공하는 솔루션은 과부하를 줄이고 정신 건강을 되찾기 위해 활용한다면 누구에게나 도움이 될 수 있다. 결과적으로 직장과 가정 모두에서 생산성이 높아질 수 있다고 믿는다. 다시 말하자면 내가 효과를 본 방법이니 독자들에게도 분명 효과가 있을 것이다.

부록

ADHD를 약물로 치료하다

이 책에서 특히 6장 주의력결핍과잉행동장애_{ADHD}를 읽으면서 혹시 자신도 주의력결핍과잉행동장애가 아닌지 의아한 사람들이 있을 것이다. 주의력결핍과잉행동장애가 있더라도 그 사실을 모를 가능성이 크다. 성인 주의력결핍과잉행동장애를 진단할 줄 아는 의사가 많지 않은 탓이다. 사실 자신이 주의력결핍과잉행동장애라는 사실을 알게 되는 것은 아주 좋은 일이다. 치료받으면 삶이 좋은 쪽으로 극적으로 바뀔 수 있기 때문이다.

대부분의 성인 주의력결핍과잉행동장애는 우울증, 불안 장애, 성격 장애, 섭식 장애, 약물 남용, 섹스 중독, 도박 중독, 쇼핑 중독 등으로 오진된다. 성인 주의력결핍과잉행동장애의 최소 75%가 진단받지 않은 상태로 남는다. 의학 분야를 통틀어 이렇게 충격적일 정도로 진단이 부족한 질환은 없을 것이다. 성인 주의력결핍과잉행동장애를 진단하는 과학이 존재하지만 의료계와 일반 대중에게 충분한 교육이 이루어지지 않고 있다. 주의력결핍과잉행동장애만큼 적절한 진단과 치료가 개인의 삶을 극적으로 개선해 줄 수 있는 질환은 없는 만큼 이는 크나큰 비극이 아닐 수 없다. 나는 주의력결핍과 잉행동장애 진단이 커리어를 바꾸고 결혼생활을 구하는 사례를 수없이 많이 보았다.

진단되지 않은 성인 주의력결핍과잉행동장애가 가져오는 가장 큰 고통은 그 어떤 이유로도 설명할 수 없는 낮은 성취도와 일관적이지 못한 성과에서 비롯된다. 탁월한 능력이 순간 반짝이지만 후속 조치가 따라주지 않아 문제다. 이 설명이 자신과 일치한다고 생각된다면 주의력결핍과잉행동장애에 대해 잘 아는 전문가와 상담해야 한다. 그것만으로 자신이나 주변 사람의 삶이 극적으로 변화할 수 있다.

나는 주의력결핍과잉행동장애 치료 전문이라서 수십 년 동안 약물을 처방해 왔다. 주의력결핍과잉행동장애 치료 약물의 사용에 관한 경험이 매우 풍부해서 어떻게 좋고 어떻게 해로울 수 있는지 정확히 알고 있다. 주의력결핍과잉행동장애 치료제는 환자에게 맞게 올바로 처방되기만 한다면 뜻밖의 행운이 될 수 있다. 반면 환자에게 잘못된 방식으로 처방되면 위험하고 때로는 치명적일 수도 있다. 아스피린, 페니실린, 물도 마찬가지다.

현재 처방되는 여러 다양한 각성제는 두 가지 기본 분자로 이루어진다. 모두 고도의 규제를 받는 물질로 연방 기관인 마약단속국 DEA, Drug Enforcement Administration의 규제 및 감독을 받는다.

그 첫 번째 분자는 암페타민AMP이다. 로드 아일랜드의 의사 찰스 브래들리Charles Bradley가 75년 전에 현재의 주의력결핍과잉행동장애를 치료하기 위해 미국에서 처음으로 사용했다. 브래들리는 원래 부대에서 행동 장애가 있는 아동 환자들의 두통을 치료하기 위해 암페타민을 처방했다. 그러자 놀랍게도 그 약을 복용한 아이들은 집중력이 높아지고 적극적으로 변했고 정서적 불안정이 줄어들었다. 이것은 주의력결핍과잉행동장애 치료뿐만 아니라 뇌의 이해를 위해서도 엄청난 발견이었다.

다른 분자는 메틸페니데이트MPH이다. 1944년에 처음 합성됐지만 집중력 문제의 치료에 사용되기 시작한 것은 과학자 레안드로 파니존Leandro Panizzon이 1954년에 새로운 버전을 개발한 이후부터였다. 그는 테니스를 치기 전에 혈압을 높이기 위해 아내에게 그 약을 주었다. 아내의 이름 리타를 따서 리탈린Ritaline이라는 이름을 붙였다. 오늘날에는 e가 빠진 리탈린Ritalin이다. 리타는 리탈린이 혈압을 상승시킬 뿐만 아니라 경기에 대한 집중력도 높여준다는 사실을 발견했다.

이 두 분자를 여러 다른 방식으로 결합해서 지속 시간이나 흡수 및 방출 방법이 저마다 다른 제품들이 만들어진다. 메틸페니데이트의 다양한 형태로는 리탈린, 리탈린 LA(장기 지속형), 콘체르타(장기 지속형), 포칼린, 포칼린 XR(장기 지속형), 메타데이트, 데이트라나(스킨 패치)가 있고 암페타민의 여러 형태로는 덱세드린, 덱세드린 스판슐(장기 지속형), 애더럴, 애더럴 XR(장기 지속형), 비반스(장기 지속형) 등이 있다. 그밖의 자극제로는 프로비질이라는 이름으로 판매되는 모다피닐 성분이 있다.

이 약물들은 주의력결핍과잉행동장애를 진단받지 않은 일반 대중에게는 처방되지 않는다. 모두 규제 물질이기 때문에 통제된 환경에서 고도의 감독 아래에서만 사용될 수 있다. 제대로 사용하면 집중력 향상 효과가 80%에 이른다. 20%는 효과가 없거나 부작용을 견디지 못하는 경우다. 모두 식욕을 억제하는 경향이 있다. 내가 주의력결핍과잉행동장애 치료 약물을 처방할 때 환자들에게 유일하게 허용하는 부작용이 원치 않는 체중 감소가 따르는 식욕 억제다. 만약 환자에게 다른 부작용이 나타나면 약물 복용을 중단하게 한다.

나는 주의력결핍과잉행동장애가 있는 사람들에게만 각성제를 처방한다. 제대로 주의력결핍과잉행동장애 검사를 받고 주의력결핍과잉행동장애가 있는 것으로 판명이 났다면 부정적으로 생각하지 말길 바란다. 일반적으로 주의력결핍과잉행동장애가 있는 성인은 창의성과 직관이 뛰어나고 기업가정신이 있으며 선구적이고 혁신적이다. 남들과는 다르게 독창적으로 사고하고 고집스러울 정도로 끈질기기도 하다. 거의 포기를 모른다. 게다가 놀라운 유머 감각, 광채, 카리스마를 보이기도 한다. 그런데도 그들이 높은 성취도를 달성하지 못하는 이유는 집중력에 일관성이 없고 세부 사항, 시간 관리, 사회적 행동, 적절한 절차에 꼼꼼하게 신경을 쓰지 못하기 때문이다.

주의력결핍과잉행동장애가 아닌 사람이 치료 약물로 처방되는 각성제를 복용하면 어떻게 될까? 일반적으로 집중력이 향상된다. 열이 없을 때 아스피린을 먹으면 체온이 약간 떨어지지만 열이 있는 사람이 먹으면 체온이 훨씬 더 많이 떨어지는 것과 비슷하다. 주의력결핍과잉행동장애가 있는 사람이 각성제를 복용하면 주의력결핍과잉행동장애가 없는데 각성제를 복용하는 경우보다 집중력이 훨씬 더 향상된다.

미디어는 각성제가 과도하게 처방되고 위험하다는 믿음을 준다.

하지만 실제로는 과소 처방되는 동시에 과다 처방되고 있다. 주의력결핍과잉행동장애를 믿지 않기 때문에 각성제를 처방하지 않는 의사들이 많다. 주의력결핍과잉행동장애가 종교적 교리가 아니라 제대로 된 연구가 이루어진 과학적 현실이라는 사실을 이해하지 못하는 것이다. 반대로 적절한 검사와 진단 없이 너무 자주 각성제를 처방해 과도 처방으로 이어지는 의사들이 있다. 모든 약물의 오용이 그러하듯 각성제를 부적절하게 사용하면 심각한 부작용이 발생할 수 있다. 미디어는 사람들이 각성제의 치료 효과를 제대로 알고 신중하게 사용할 수 있도록 제대로 된 정보를 전달해야 한다.

이 책을 읽는 독자들은 '주의력결핍과잉행동장애는 아니지만 집중력을 높여주는 약을 먹고 싶은데 각성제가 그런 효과가 있을까?'라고 생각할지도 모른다. 아마 사람들에게는 그런 효과가 나타나겠지만 현재 미국 식품의약국은 주의력결핍과잉행동장애 진단이 있어야만 각성제를 진단하도록 승인하고 있다. 여기에서 문제는 대다수 의사가 주의력결핍과잉행동장애가 성인에게 어떤 모습으로 나타나는지 잘 모르거나 아예 모른다는 것이다. 따라서 주의력결핍과잉행동장애를 진단받지 않으면 각성제를 복용할 수 없다.

일반의약품, 허브, 뇌 영양제

이제 더 혼란스럽고 논란의 여지가 있는 영역으로 들어가보자. 막대한 돈은 물론이고 세력 다툼이 걸려 있는 문제라서 주의력결핍과잉행동장애 일반의약품에 대한 진실을 드러내기란 쉽지 않다. 비처방 뇌 영양제에 관해 설명하는 가장 좋은 자료는 컬럼비아 의

과대학 리처드 P. 브라운Richard P. Brown 교수와 뉴욕 의과 대학 부교수 패트리샤 L. 거버그Patricia L. Gerbarg가 쓴 『ADHD 비약물 치료법 Non-Drug Treatments for ADHD』이다.

내 생각에 일반인들이 자유롭게 이용할 수 있는 집중력을 향상시키는 약물 중에서 가장 효과적인 것은 단연 카페인이다. 브라운과 거버그 교수의 생각은 다르며 카페인이 일으킬 수 있는 여러 가지 부작용을 언급한다. 대신 그들은 다양한 허브, 뿌리 식물, 기타 천연 물질을 추천하고 그 주장을 뒷받침하는 확실한 연구 결과를 인용한다. 그들이 가장 추천하는 물질은 로디올라 로세아, 아유르베다 허브, 바코파 모니에리, 은행나무 추출 성분 징코 빌로바, 인삼, 피크노제놀, 그리고 시중에서 다양한 이름으로 판매되는 이 성분들을 조합한 제품들이다. 직접 여러 가지를 사용해 보고 실험해 봐도 좋다. 먼저 의사에게 알리고 확실하게 효과가 증명되지 않은 제품에 너무 많은 돈을 쓰지 않도록 한다. 방금 말한 브라운과 거버그 교수의 책도 읽어보길 바란다.

페퍼민트 오일향을 빠르게 맡으면 집중력이 올라가고 로즈마리 오일을 가열해 일터 전체에 향기가 퍼지게 하면 경각심을 유지하는 데 도움이 된다는 사람들도 있다.

확실하게 입증된 방법들을 먼저 시도하고 다른 방법들에도 열린 태도를 유지하는 것이 가장 합리적이다. 하지만 자연 성분과 천연 제품 등 다양한 이름으로 불리는 제품들을 너무 믿어서는 안 된다. 기업가들이 제대로 규제가 이루어지지 않는 시장에서 간절하고 속기 쉬운 수많은 고객들을 대상으로 잇속을 챙기려는 것에 불과할 때가 많기 때문이다.

하지만 나는 열린 마음을 유지한 덕분에 이 책에서 소개한 방법들의 가치를 알 수 있었고 오늘날 간절하게 필요해지기 전까지는 아예 존재하지도 않았던 집중력 전문의로 일찌감치 명성을 쌓을 수 있었다.

감사의 말

내가 일일이 감사한 마음을 표현할 수 없을 정도로 많은 사람이 이 책에 도움을 주었다. 이 책은 다양한 분야의 많은 사람에게 조언을 얻어야 해서 그동안 썼던 그 어떤 책보다도 완성되기까지 오랜 시간이 걸렸다. 집중력, 주의, 현대 직장의 다양한 요소에 대해 도움을 준 사람들에게 진심 어린 감사의 말을 전하고 싶다.

이 책에서 소개된 이야기에 기여한 많은 환자에게도 감사를 전한다. 여러분 모두에게 말로 표현할 수 없을 정도로 정말 많은 것을 배웠습니다. 개인 정보에는 각색이 이루어질 수밖에 없었지만 우리가 함께한 노력의 결실이 여러분에게도 잘 보였으면 합니다.

글을 쓰는 과정에서 장애물에 부딪혔을 때마다 친구이자 편집자인 브론윈 프라이어가 나서서 다시 정상 궤도에 올려주었다. 그녀의 도움이 없었다면 절대로 이 책을 완성할 수 없었을 것이다.

하버드 비즈니스 리뷰 출판사의 팀에도 감사한다. 항상 격려의 말을 아끼지 않는 편집자이자 팀을 이끄는 멜린다 메리노와 그녀의 멋진 팀원들 에린 브라운, 코트니 캐시맨, 데이브 라이븐스, 니나 노치올리노, 카피 에디터 제인 게브하트에게 감사의 인사를 전한다.

 20년 동안 나의 에이전트로 일해 준 질 크니어림과 보스턴의 크니어림, 윌리엄스 앤 블룸의 멋진 팀, 특히 여러모로 이상적인 호프 데네캄프에게도 감사한다.

 마지막으로, 늘 그렇듯 25년 동안 함께한 아내 수와 우리의 세 아이 25세인 루시와 22세인 잭, 19세인 터커에게 고맙다. 가족이 있어서 내 삶이 빛날 수 있다. 또 다른 가족이자 우리 가족이 변함없이 삶을 사랑할 수 있게 만들어주는 잭 러셀 테리어 지기에게도 고마움을 전한다.

직장인들을 위한
집중력 수업

초판 1쇄 인쇄 2025년 2월 21일
초판 1쇄 발행 2025년 2월 27일

지은이 에드워드 M. 할로웰
옮긴이 정태희
펴낸이 안현주

기획 류재운 **편집** 안선영 김재열 **브랜드마케팅** 이민규 **영업** 안현영
디자인 표지 정태성 본문 장덕종

펴낸 곳 클라우드나인   **출판등록** 2013년 12월 12일(제2013-101호)
주소 우) 03993 서울시 마포구 월드컵북로 4길 82(동교동) 신흥빌딩 3층
전화 02-332-8939   **팩스** 02-6008-8938
이메일 c9book@naver.com

값 20,000원
ISBN 979-11-94534-11-2 03320